かけ算

なまえ　3 年　組

答え→169 ページ

月　日

時間 20分　合かく 80点　とく点　点

1 右の図の◯の数をもとめる式《しき》を２つつくりなさい。(10点) 1つ5

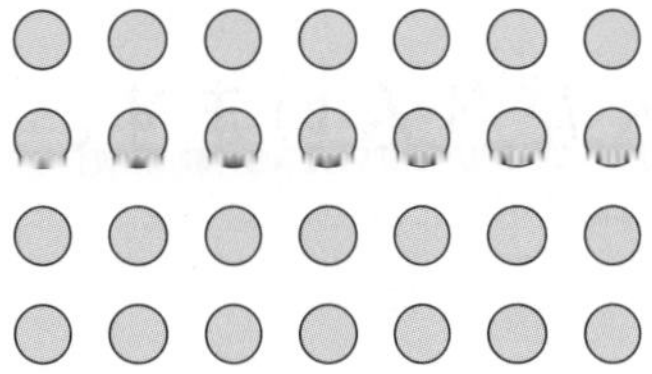

(1) 4×□＝□

(2) 7×□＝□

2 □にあてはまる数を書きなさい。(32点) 1つ4

(1) 7×3＝21，7×2＝□，7×1＝□ です。

これから，7×0 の答えは，7×1 よりも□だけ小さい数です。だから，7×0＝□ です。

(2) 0×4 は，0＋0＋0＋0 と同じです。だから，

0×4＝□ です。

(3) 10×3 は，10＋10＋10 と同じです。だから，

10×3＝□ です。

(4) 5×8＝40，5×9＝45 です。これから，5×10 の答えは，5×9 よりも□だけ大きい数です。だから，

5×10＝□ です。

3 つぎの計算をしなさい。(24点) 1つ4

(1) 3×0　(2) 0×6　(3) 0×0

(4) 3×10　(5) 90×3　(6) 500×6

4 □にあてはまる数を書きなさい。(24点) 1つ3

(1) 7×□＝56　(2) 9×□＝0

(3) 6×3＝3×□　(4) 7×□＝1×7

(5) (3×2)×5＝3×(□×5)　(6) □×4＝(2×4)×4

(7) 6×8＝6×7＋□　(8) 4×5＝4×6－□

5 1 週間は 7 日です。5 週間は何日ですか。(5点)

[　　　]

チャレンジ

6 あめを 9 人に配《くば》ります。1 人に 6 こずつ配るのと，8 こずつ配るのとでは，あめの数は全部《ぜんぶ》で何こちがいますか。(5点)

[　　　]

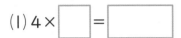

ちがいを見て①

答え→169ページ　月　日

問題　3年生の40人が図書室に入りました。
全部《ぜんぶ》のいすに1人ずつかけると，すわれない人が8人います。
いすは何きゃくありますか。

目ひょう時間　3分

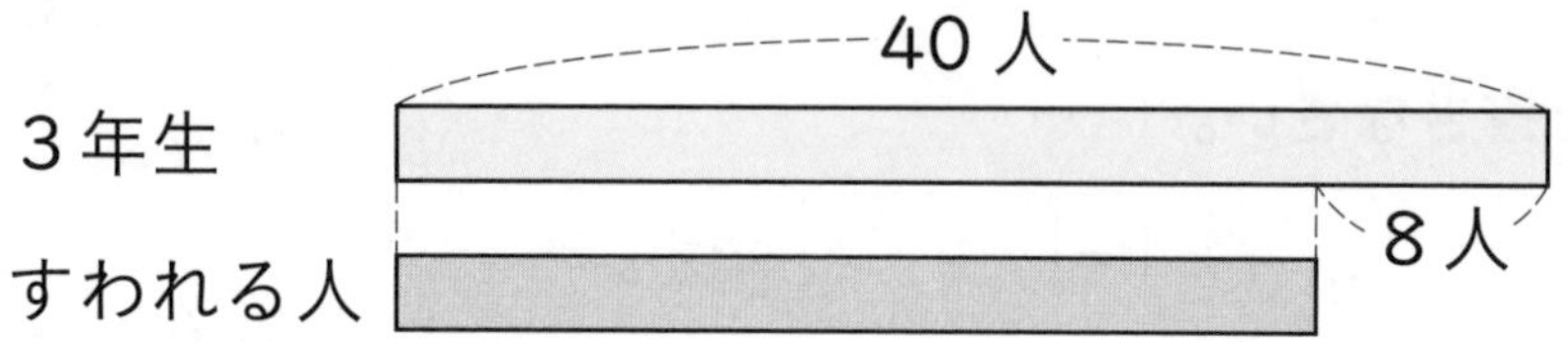

まずことばの式をつくるところから！

（ことばの式《しき》）

[　　] − [　　] ＝ すわれる人数
（いすの数）

（式）

[　　] − [　　] ＝ [　　]

（答え）

[　　]

わり算 ①

なまえ　3 年　　組

答え→169 ページ　月　日

時間 20分　合かく 80点　とく点　点

1 □にあてはまる数を書きなさい。 (24 点) 1つ3

(1) 6×□＝24　(2) 3×□＝21

(3) 3×□＝15　(4) 7×□＝42

(5) □×6＝54　(6) □×4＝16

(7) □×8＝72　(8) □×9＝9

2 つぎの問題《もんだい》を，式《しき》を書いて答えをもとめなさい。 (12 点) 1つ6

(1) 24 まいの色紙を 3 人で同じ数ずつ分けます。1 人何まいずつになりますか。

(式) [ ]

答え [ ]

(2) 24 まいの色紙を 3 まいずつ分けると，何人に分けられますか。

(式) [ ]

答え [ ]

3 つぎの計算をしなさい。 (36 点) 1つ3

(1) 18÷3　(2) 63÷7　(3) 72÷9

(4) 28÷4　(5) 48÷8　(6) 35÷5

(7) 25÷5　(8) 49÷7　(9) 16÷4

(10) 0÷5　(11) 6÷1　(12) 7÷7

4 つぎのわり算の答えを見つける九九のだんと答えを書きなさい。 (18 点) 1つ6

(1) 30÷6　□のだん　答え [ ]

(2) 24÷8　□のだん　答え [ ]

(3) 63÷7　□のだん　答え [ ]

5 色紙が 36 まいあります。 (10 点) 1つ5

(1) 1 人に 6 まいずつ配《くば》ると，何人に配れますか。

[ ]

(2) 4 人に同じ数ずつ分けると，1 人何まいになりますか。

[ ]

あなあき九九 ①

答え→169ページ

月　日

問題　[　]にあてはまる数を書きなさい。

目ひょう時間　7分

(1) [　　] ×8＝48

(2) [　　] ×4＝16

(3) [　　] ×3＝6

(4) [　　] ×2＝14

(5) [　　] ×9＝9

(6) [　　] ×5＝35

(7) [　　] ×2＝8

(8) [　　] ×6＝18

(9) [　　] ×4＝20

(10) [　　] ×5＝25

(11) [　　] ×9＝81

(12) [　　] ×2＝12

(13) [　　] ×7＝56

(14) [　　] ×8＝40

(15) [　　] ×6＝54

(16) [　　] ×1＝4

(17) [　　] ×4＝12

(18) [　　] ×3＝24

(19) [　　] ×9＝72

(20) [　　] ×6＝30

算数

3 わり算 ②

なまえ　3 年　　組

答え→169 ページ　　月　　日

時間 20 分　合かく 80 点　とく点　　点

1 つぎの計算をしなさい。(50 点) 1 つ 5

(1) 64÷8　　(2) 81÷9

(3) 24÷4　　(4) 18÷6

(5) 9÷3　　(6) 35÷5

(7) 16÷2　　(8) 15÷3

(9) 32÷8　　(10) 49÷7

2 つぎの計算をしなさい。(25 点) 1 つ 5

(1) 30÷3　　(2) 60÷6

(3) 80÷8　　(4) 0÷3

(5) 0÷5

3 56 ページの本を 1 日に 8 ページずつ読むと，何日で読むことができますか。(8 点)

[　　　]

4 50 cm のリボンを，同じ長さになるように 5 本に切ります。1 本分は何 cm になりますか。(8 点)

[　　　]

チャレンジ

5 24 このあめを，1 人に 3 こずつ配《くば》りました。すると 2 人分がたりず，もらえませんでした。全員《ぜんいん》で何人いますか。(9 点)

[　　　]

色板の数

答え→169ページ

月　　日

問題　色板《いろいた》の数を数えなさい。

目ひょう時間　3分

(1)

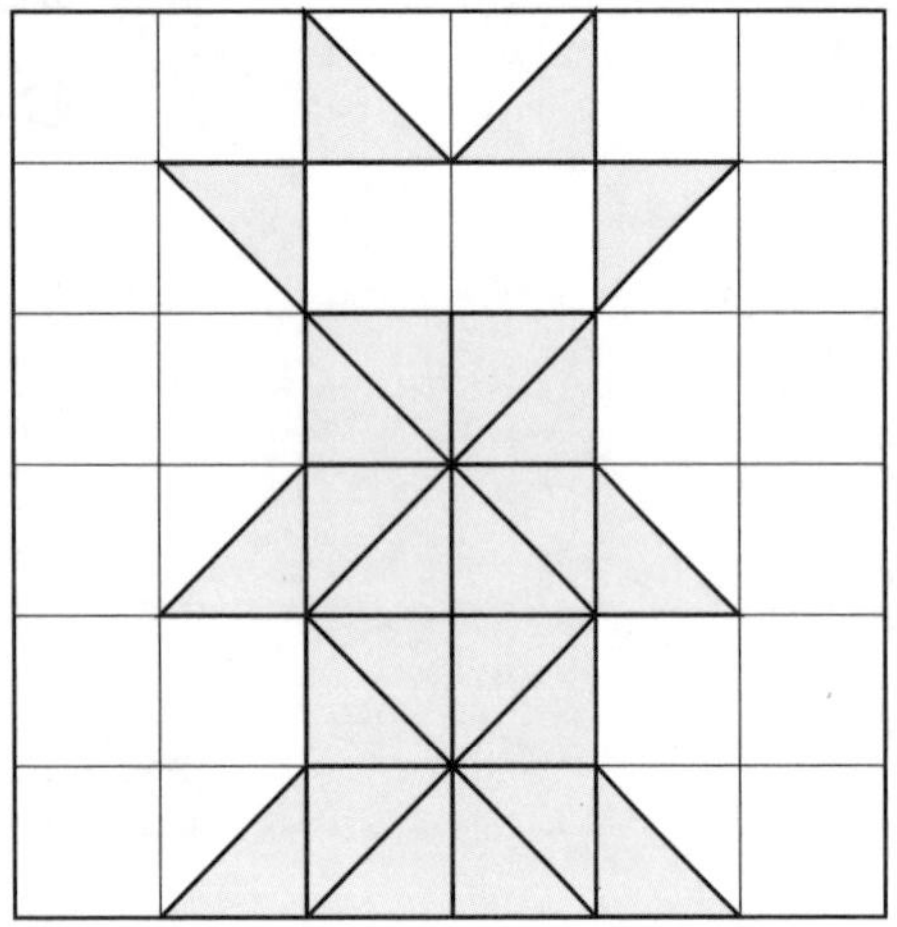

[　　　]まい

(2)

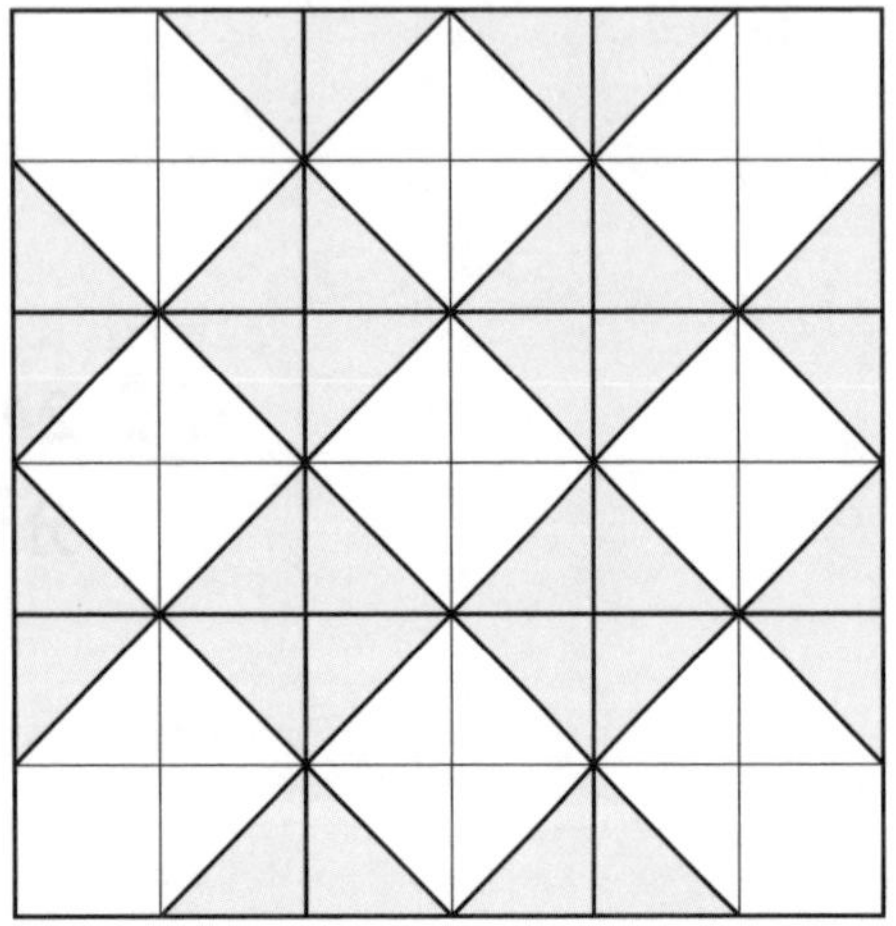

[　　　]まい

数えた色板にしるしを
入れていくといいよ。

算数 4

たし算とひき算

なまえ　3 年　組

答え→169 ページ

月　日

時間 20分　合かく 80点　とく点　点

1 つぎの計算をしなさい。(48 点) 1 つ 3

(1)	(2)	(3)	(4)
260	380	170	120
＋ 30	＋ 90	− 40	80

(5)	(6)	(7)	(8)
400	300	900	1000
＋300	＋700	−200	− 600

(9)	(10)	(11)	(12)
329	638	567	375
＋157	＋291	＋298	＋458

(13)	(14)	(15)	(16)
602	714	915	1000
−198	−540	−286	− 504

2 550 円持《も》っているかずおさんが，お店で 185 円のケーキを買いました。いくらのこりましたか。(6 点)

[　　]

3 男子が 287 人，女子が 253 人います。(6 点) 1 つ 3

(1) みんなで何人いますか。

[　　]

(2) どちらが何人多いですか。

[　　]

4 つぎの計算を，暗算《あんざん》でしなさい。(16 点) 1 つ 2

(1) 43＋64　　(2) 52−29

(3) 74＋59　　(4) 100−25

(5) 380＋70　　(6) 560−70

(7) 530＋250　　(8) 770−390

5 つぎの計算をしなさい。(24 点) 1 つ 4

(1)	(2)	(3)
1426	4673	3765
＋5376	＋1395	＋5378

(4)	(5)	(6)
6243	8417	5103
−1733	−2352	−2979

図形をかく（ます目を使《つか》って）①

答え→169ページ

月　日

問題　下のような図形を右にかきなさい。

目ひょう時間　3分

(1)

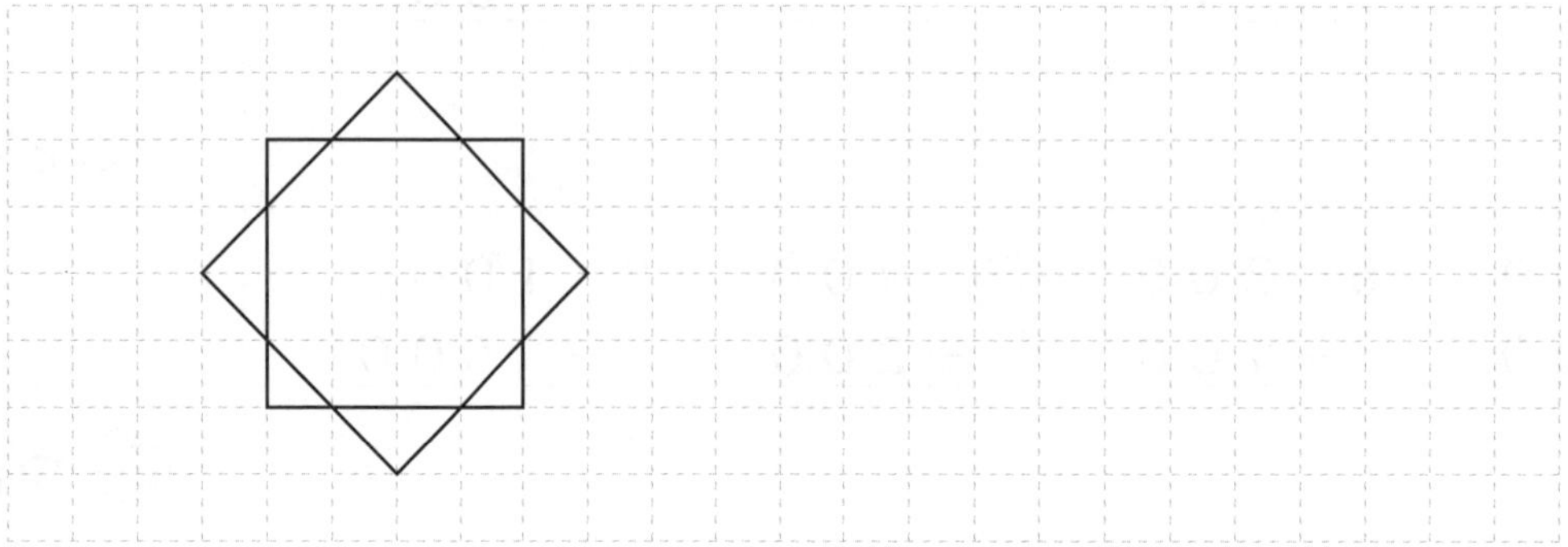

ます目の数を
しっかり数えよう。

(2)

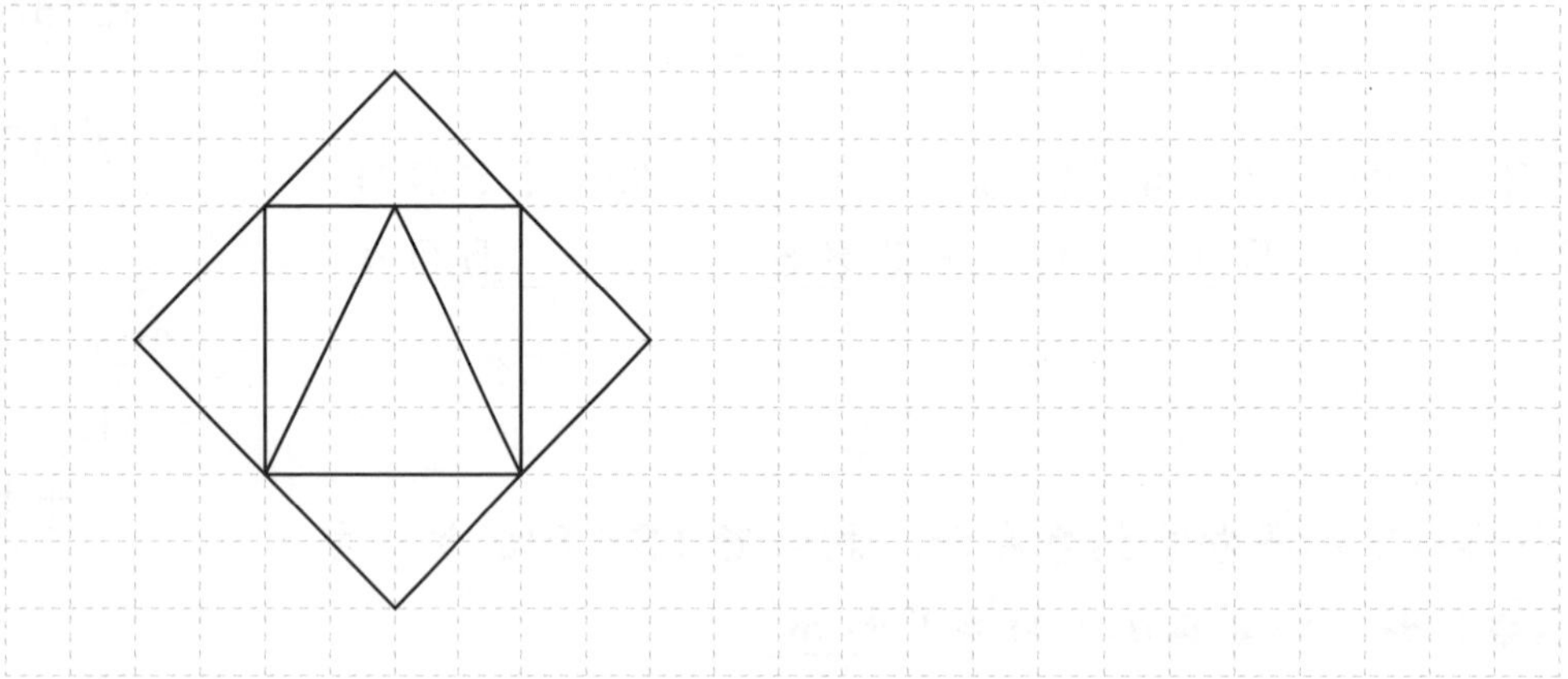

あまりのあるわり算 ①

なまえ　3 年　組

答え→169 ページ

月　日

時間 20分　合かく 80点　とく点　点

1 つぎの計算をしなさい。あまりが出るときは，あまりも出しなさい。(60 点) 1 つ 4

(1) 11÷2　(2) 36÷5

(3) 30÷8　(4) 24÷6

(5) 0÷7　(6) 44÷9

(7) 30÷7　(8) 26÷3

(9) 51÷7　(10) 22÷4

(11) 38÷5　(12) 20÷8

(13) 41÷6　(14) 54÷8

(15) 37÷9

2 つぎのわり算をして，答えのたしかめもしなさい。(16 点) 1 つ 8

(1) 18÷4　(2) 60÷7

（たしかめ）　（たしかめ）

3 70 円で 1 こ 8 円のあめを買うと，何こ買えて，いくらあまりますか。(8 点)

[　　　　　　　]

4 40 m のひもがあります。このひもから 6 m の短《みじか》いひもをつくります。短いひもが何本できて，何 m あまりますか。(8 点)

[　　　　　　　]

5 はばが 25 cm の本立てに，あつさ 3 cm の本を立てていきます。本は何さつ立てられますか。(8 点)

[　　　]

算数⑤　虫食い算（たし算）①

答え→170ページ　月　日

問題　□にあてはまる数を書きなさい。

目ひょう時間　7分

(1)

	2	1
＋	7	□
	□	4

(2)

	□	8
＋	4	□
	8	3

(3)

	1	□
＋	□	5
	5	1

一の位《くらい》からじゅんに考えていこう。

(4)

	□	1
＋	2	□
1	1	6

(5)

	7	□
＋	5	9
1	□	5

(6)

	8	□
＋	□	8
1	6	6

あまりのあるわり算 ②

なまえ　3年　組

答え→170ページ　月　日

時間 20分　合かく 80点　とく点　点

1 **つぎの計算をしなさい。あまりが出るときは，あまりも出しなさい。** (60点) 1つ3

(1) 44÷8　(2) 38÷6

(3) 60÷9　(4) 20÷3

(5) 41÷5　(6) 27÷4

(7) 60÷7　(8) 36÷8

(9) 24÷5　(10) 22÷3

(11) 11÷2　(12) 75÷9

(13) 40÷6　(14) 28÷5

(15) 50÷7　(16) 51÷9

(17) 46÷8　(18) 25÷7

(19) 56÷9　(20) 31÷6

2 **つぎのわり算で，正しいものには○，まちがっているものには正しい答えを［　］に書きなさい。** (15点) 1つ5

(1) 26÷4＝5 あまり 6　［　　　　］

(2) 40÷5＝7 あまり 5　［　　　　］

(3) 17÷3＝5 あまり 2　［　　　　］

3 **50まいの色紙があります。8人に同じ数ずつ分けようと思います。1人分は何まいになりますか。また，何まいあまりますか。** (10点)

［　　　　　　　　］

4 **みかんが34こあります。**

(1) 4こずつかごに入れると，何かごできて何こあまりますか。(7点)

［　　　　　　　　］

チャレンジ

(2) 全《ぜん》部《ぶ》入れるため，5こ入りのかごもつくります。4こ入りのかごと，5こ入りのかごはそれぞれいくつできますか。5こ入りのかごの数のほうを少なく答えなさい。(8点)

4こ入り［　　］かご　5こ入り［　　］かご

算数⑥　計算パズル（＋とー）①

答え→170ページ

月　　日

問題　□にあてはまる＋やーを書きなさい。

目ひょう時間　5分

(1) 21 □ 8 □ 13＝26

(2) 21 □ 8 □ 13＝16

(3) 21 □ 8 □ 13＝42

(4) 21 □ 8 □ 13＝0

(5) 30 □ 4 □ 12＝22

(6) 30 □ 4 □ 12＝46

(7) 30 □ 4 □ 12＝14

(8) 30 □ 4 □ 12＝38

＋やーをいろいろ
入れて計算してみよう。

大きな数

なまえ　3 年　　組

答え→170 ページ

月　　日

時間 20分　合かく 80点　とく点　　点

1 74936582 について答えなさい。 (20点) 1つ5

(1) 数字の 3 は，何の位《くらい》ですか。 [　　　　]

(2) 数字の 5 は，何の位ですか。 [　　　　]

(3) 十万の位の数字は，何ですか。 [　　　　]

(4) 千万の位の数字は，何ですか。 [　　　　]

2 つぎの漢数字《かんすうじ》は数字に，数字は漢数字に書きなおしなさい。 (12点) 1つ3

(1) 五千四百三十二万六千七百八十九 [　　　　]

(2) 三千四万八百五 [　　　　]

(3) 60080045 [　　　　]

(4) 30805070 [　　　　]

3 下の数の線で，↓のところの数を書きなさい。 (24点) 1つ4

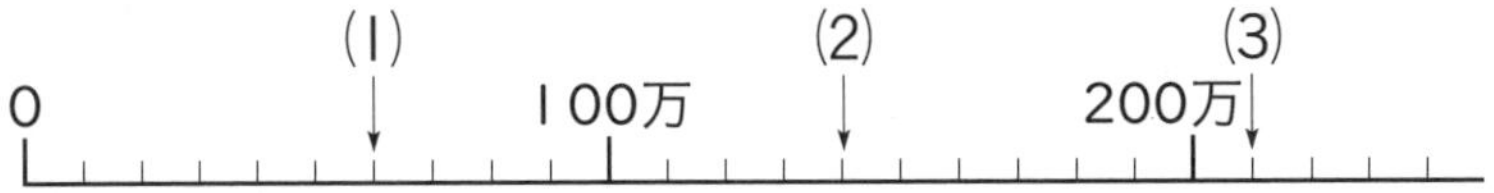

(1) [　　　　]　(2) [　　　　]　(3) [　　　　]

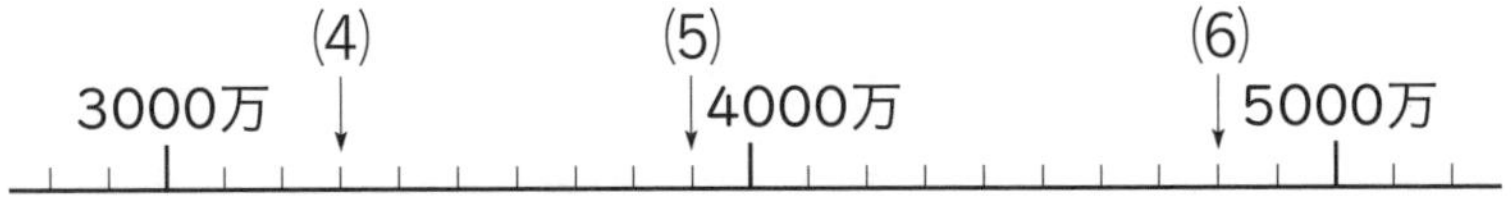

(4) [　　　　]　(5) [　　　　]　(6) [　　　　]

4 □にあてはまる数を書きなさい。 (12点) 1つ4

(1) 490 万 —— 500 万 —— □ —— 520 万

(2) 7000 万 —— 8000 万 —— 9000 万 —— □

(3) 2 千万より 100 小さい数は，□

5 つぎの数の大きいほうを，○でかこみなさい。 (20点) 1つ5

(1) (760000　　98000)

(2) (302000　　320000)

(3) (4867500　　4876500)

(4) (24536298　　24352689)

チャレンジ

6 0 から 7 までの数字のカードが，1 まいずつあります。全部《ぜんぶ》のカードを使《つか》ってできる数のうち，つぎの数を書きなさい。 (12点) 1つ6

(1) いちばん大きい数　[　　　　]

(2) いちばん小さい数　[　　　　]

思考力トレーニング

算数⑦

図形をかく（ます目を使《つか》って）②

答え→170ページ

月　日

問題　下のような図形を右にかきなさい。

目ひょう時間　5分

ななめの線ばかり
だからます目の数を
しっかり数えよう。

(1)

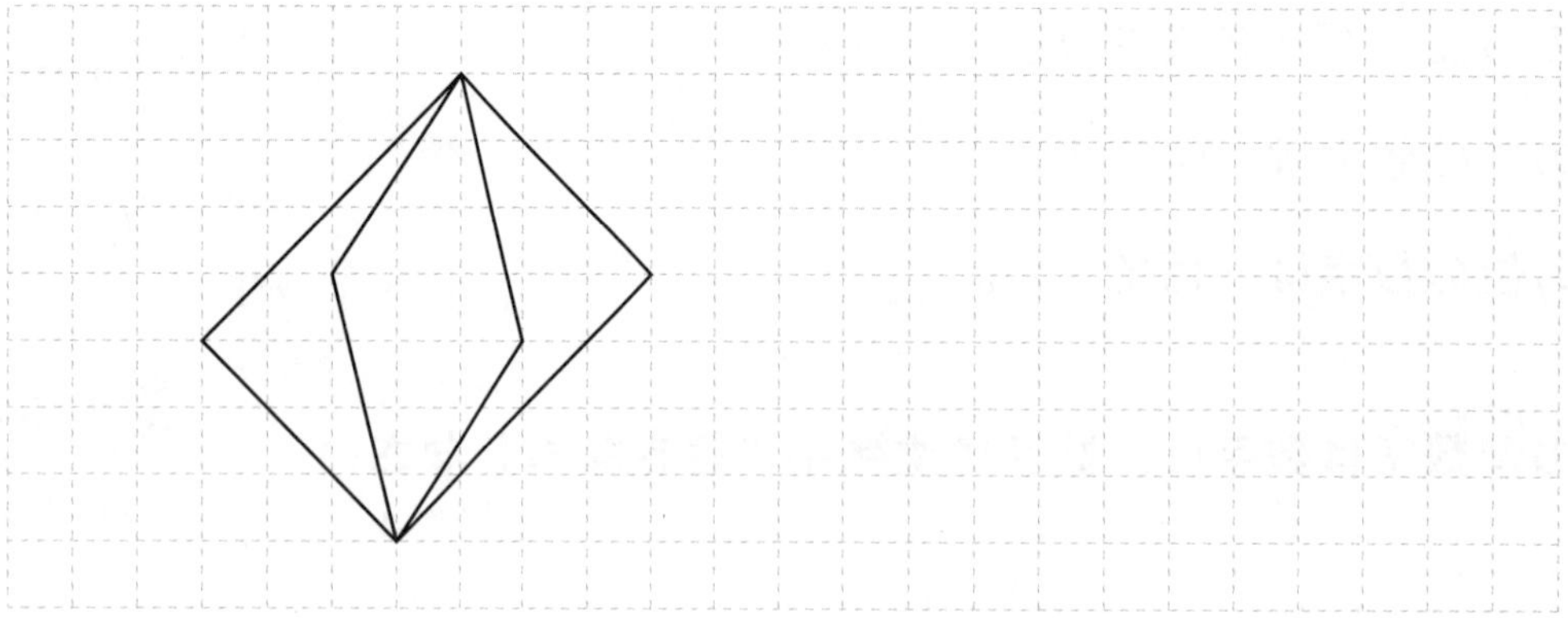

(2)

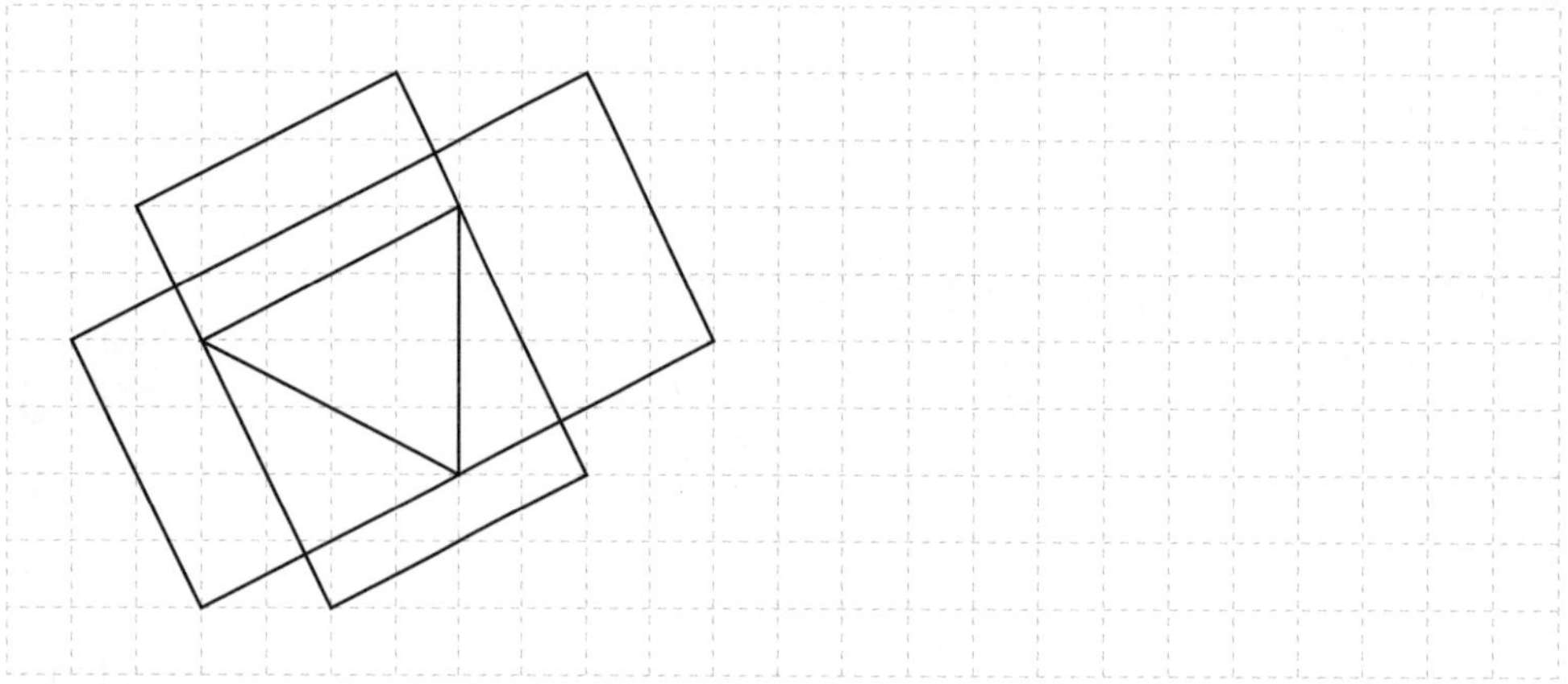

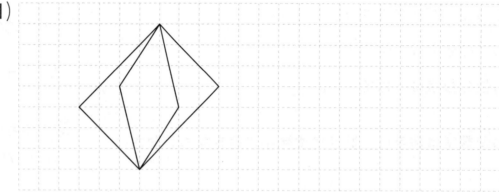

かけ算の筆算《ひっさん》 ①

なまえ　3年　組

答え→170ページ

月　日

時間 20分　合かく 80点　とく点　点

1 □にあてはまる数を書きなさい。(12点) 1つ6

(1) 32×3＝（2×3＝㋐□，30×3＝㋑□）　合わせて㋒□

(2) 73×6＝（3×6＝㋐□，㋑□×6＝420）　合わせて㋒□

2 つぎの計算をしなさい。(48点) 1つ3

(1) 43×2　(2) 13×3　(3) 58×2　(4) 47×4

(5) 23×3　(6) 18×5　(7) 24×8　(8) 68×7

(9) 412×2　(10) 231×3　(11) 430×3　(12) 730×4

(13) 308×7　(14) 704×6　(15) 345×7　(16) 528×6

3 つぎのかけ算を暗算《あんざん》でしなさい。(12点) 1つ2

(1) 30×6　(2) 40×8

(3) 50×9　(4) 80×7

(5) 360×4　(6) 350×7

4 1まい24円の画用紙を，9まい買いました。お金はみんなで何円いりますか。(6点)

[　　　　]

5 1さつ160円のノートを6さつ買いました。1000円を出すと，いくらのおつりがありますか。(7点)

[　　　　]

6 □にあてはまる数を書きなさい。(15点) 1つ5

(1) □4×6＝504

(2) 67×□＝□68

(3) 5□×3＝□77

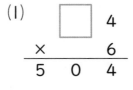

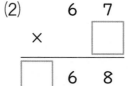

思考力トレーニング

算数 ⑧　はじめはいくつ

答え→171 ページ

月　　日

問題　色紙が何まいかありました。
おり紙をして 12 まい使《つか》い，はり絵をして 9 まい使ったので，
のこりは 14 まいになりました。
はじめ，色紙は何まいありましたか。

目ひょう時間　3 分

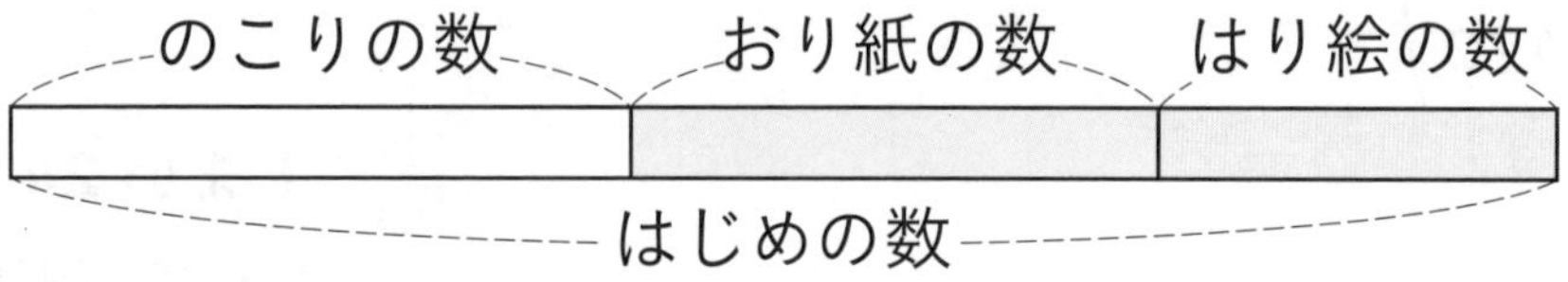
のこりの数
おり紙の数
はり絵の数
はじめの数

図をよく見てことばの
式をたててみよう。

(ことばの式《しき》)

＋　＋　＝

(式)

＋　＋　＝

(答え)

かけ算の筆算《ひっさん》 ②

なまえ　3 年　　組

答え→171 ページ　月　日

時間 20分　合かく 80点　とく点　点

1 つぎの計算をしなさい。 (60 点) 1 つ 3

(1) 43 × 2　(2) 52 × 4　(3) 61 × 8　(4) 92 × 5

(5) 83 × 6　(6) 68 × 3　(7) 54 × 4　(8) 77 × 7

(9) 96 × 6　(10) 84 × 8　(11) 74 × 5　(12) 68 × 4

(13) 544 × 8　(14) 680 × 3　(15) 523 × 6　(16) 249 × 4

(17) 238 × 8　(18) 328 × 7　(19) 537 × 4　(20) 287 × 6

2 □にあてはまる数を書きなさい。 (20 点) 1 つ 5

(1) □14 × 6 = 1884

(2) 5□6 × 9 = 4914

(3) 267 × □ = 1□68

(4) 65□ × 3 = 1□71

チャレンジ

3 たろうさんとはなこさんは，色えんぴつ(65 円)とサインペン(83 円)を，それぞれ 5 本ずつ買いました。2 人は，代金《だいきん》をそれぞれどう考えましたか。□の中にあてはまる数を書きなさい。 (20 点) 1 つ 10

たろう

色えんぴつ 5 本とサインペン 5 本をべつに計算して，合わせればいいよ。だから式《しき》は，

65×5=□，□×5=□

325+415=740　　（答え）740 円

はなこ

色えんぴつもサインペンも 5 本ずつ買ったのだから，色えんぴつ 1 本とサインペン 1 本のねだんをたしたものを 5 倍《ばい》すればいいよ。だから式は，

65+□=□，□×5=740

（答え）740 円

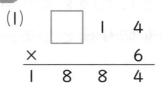

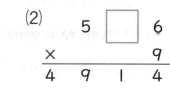

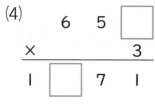

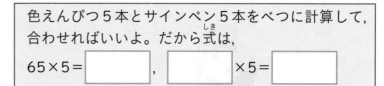

紙切り ①

答え→171ページ　月　日

問題 正方形の紙を，図のように点線をおり目にしておりました。
この紙からの部分《ぶぶん》を切り落《お》として，のこった部分を広げると，**ア**～**エ**のどれになりますか。

目ひょう時間 3分

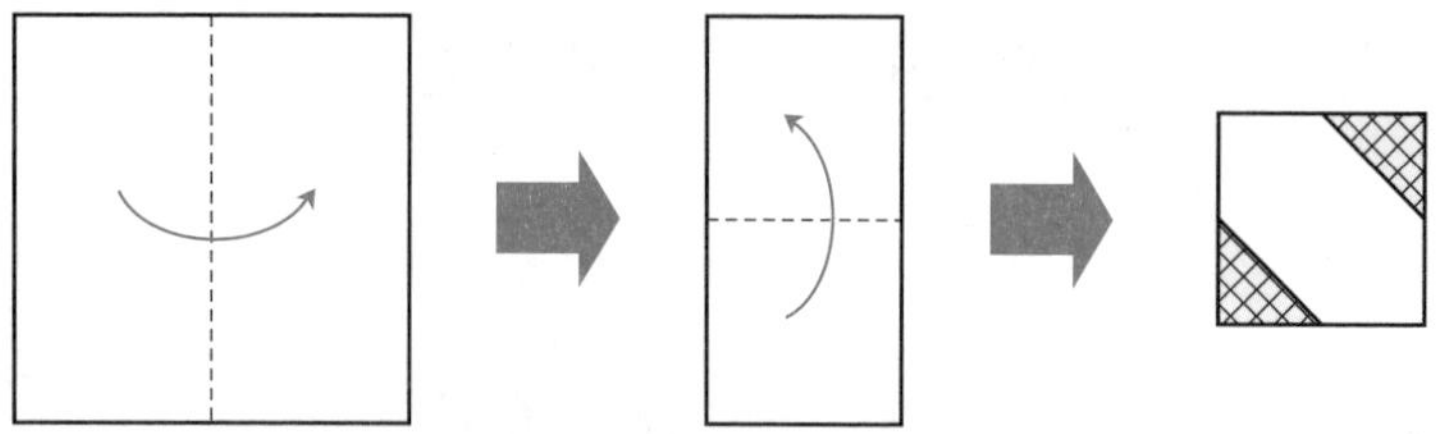

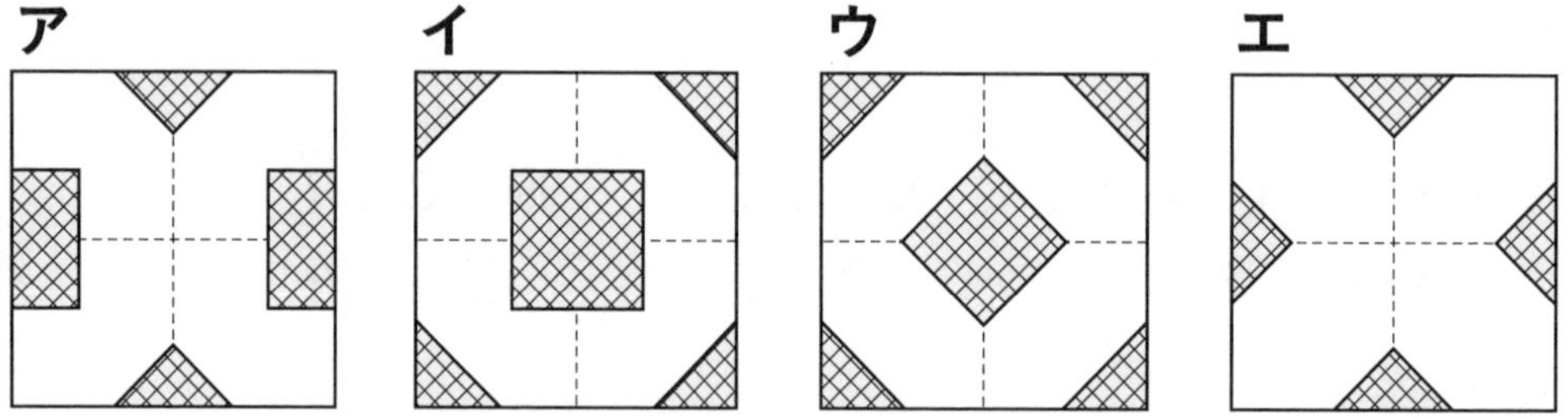
ア
イ
ウ
エ

『パズル道場（トレーニングⅡ）』（受験研究社）

切った三角形と，正方形をよく見くらべてみよう。

[　　]

チャレンジテスト 1

なまえ　3年　組

答え→171ページ　月　日

時間 25分　合かく 80点　とく点　点

1 □にあてはまる数を書きなさい。 (16点) 1つ2

(1) 7×3＝3×□　(2) 8×9＋□＝8×10

(3) 40×3＋40＝40×□　(4) 70×9−70＝70×□

(5) 4×10−4＝4×□　(6) 8×30＝30×□

(7) 7×0＋7＝7×□　(8) 40×3＝4×3×□

2 つぎの計算をしなさい。あまりが出るときは，あまりも出しなさい。 (24点) 1つ4

(1) 4×10　(2) 0×8　(3) 40×5

(4) 72÷9　(5) 41÷6　(6) 0÷4

3 つぎの計算をしなさい。 (32点) 1つ4

(1) $\begin{array}{r}547\\+286\\\hline\end{array}$　(2) $\begin{array}{r}4253\\+3788\\\hline\end{array}$　(3) $\begin{array}{r}605\\-287\\\hline\end{array}$　(4) $\begin{array}{r}7003\\-2047\\\hline\end{array}$

(5) $\begin{array}{r}87\\\times\ \ 4\\\hline\end{array}$　(6) $\begin{array}{r}34\\\times\ \ 8\\\hline\end{array}$　(7) $\begin{array}{r}308\\\times\ \ \ 7\\\hline\end{array}$　(8) $\begin{array}{r}538\\\times\ \ \ 9\\\hline\end{array}$

4 つぎの数の線で，↑のところの数を書きなさい。 (9点) 1つ3

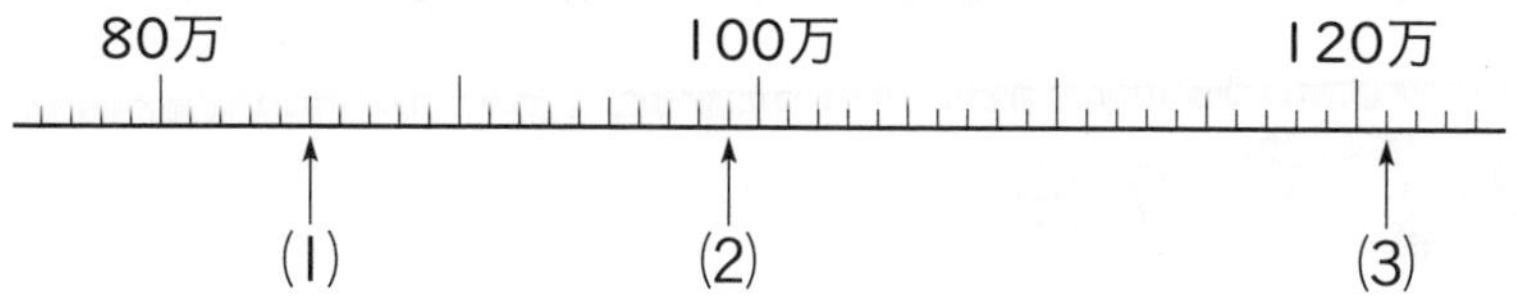

(1) [　　]　(2) [　　]　(3) [　　]

5 1さつ125円のノートを5さつ買って，1000円出しました。おつりはいくらですか。 (6点)

[　　]

6 23このボールを，3こずつ箱《はこ》に入れます。ボールを全部《ぜんぶ》箱に入れるには，箱は何箱いりますか。 (7点)

[　　]

7 32人の子どもが，長いす1きゃくに5人ずつすわっていきます。みんなすわるには，長いすが何きゃくいりますか。 (6点)

[　　]

あなあき九九 ②

答え→171ページ 月　日

問題　[　]にあてはまる数を書きなさい。

目ひょう時間　7分

(1) 4×[　]=8　　(2) 3×[　]=27

(3) 5×[　]=40　　(4) 9×[　]=9

(5) 6×[　]=18　　(6) 8×[　]=48

(7) 7×[　]=35　　(8) 9×[　]=36

(9) 2×[　]=6　　(10) 4×[　]=32

(11) 4×[　]=24　　(12) 7×[　]=49

(13) 6×[　]=36　　(14) 2×[　]=10

(15) 8×[　]=72　　(16) 5×[　]=45

(17) 1×[　]=7　　(18) 3×[　]=9

(19) 8×[　]=56　　(20) 9×[　]=27

時こくと時間 ①

なまえ　3年　組

答え→171ページ　月　日

時間 20分　合かく 80点　とく点　点

1 つぎの時こくは，何時何分ですか。 (15点) 1つ5

(1)

[　　　]

(2)

[　　　]

(3)

[　　　]

2 □にあてはまることばや数を書きなさい。 (24点) 1つ4

(1) 朝の8時を□8時，夜の8時を□8時といいます。

(2) 1時間は□分で，1分は□秒《びょう》です。

(3) 1日は□時間で，1週間は□日間です。

3 □にあてはまる数を書きなさい。 (24点) 1つ4

(1) 2時間＝□分　(2) 100秒＝□分□秒

(3) 4分＝□秒　(4) 2分10秒＝□秒

(5) 10日＝□週間□日　(6) 48時間＝□日

4 下の図を見て，つぎの時こくを，午前・午後をつけて書きなさい。 (10点) 1つ5

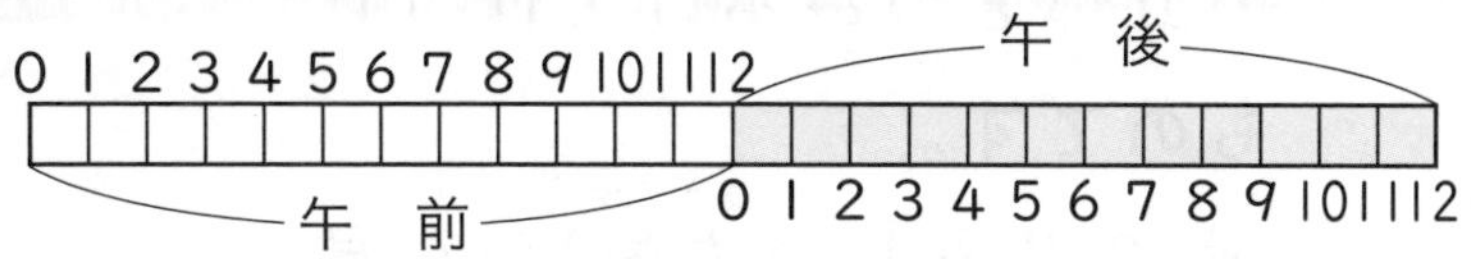

(1) 午前11時の30分前の時こく　[　　　]

(2) 午前11時の3時間後の時こく　[　　　]

5 つぎの計算をしなさい。 (20点) 1つ5

(1)
```
  3分15秒
+4  40
```

(2)
```
  8時35分
-5  20
```

(3)
```
  3時50分
+2  30
```

(4)
```
  7分15秒
-4  40
```

6 1時間25分のテレビ番組を終わりまで見たら，午後9時55分になりました。テレビ番組が始《はじ》まった時こくをもとめなさい。 (7点)

[　　　]

投《とう》えい図 ①

答え→171 ページ　月　日

問題　右の立体は，さいころの形の立体をつみあげて作ったものです。
横《よこ》(矢じるしの方向《ほうこう》)から見たときの形をかきなさい。

目ひょう時間　5分

矢じるしの方向から見たとき，
見えている面《めん》はどれかな？

(1)

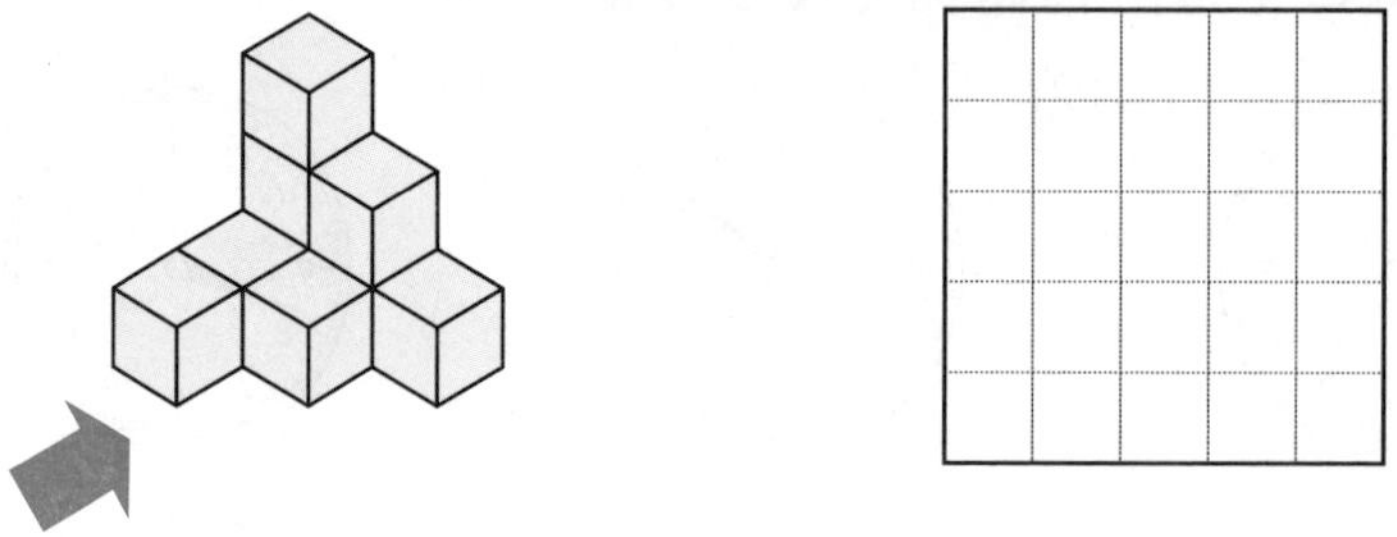

(2)

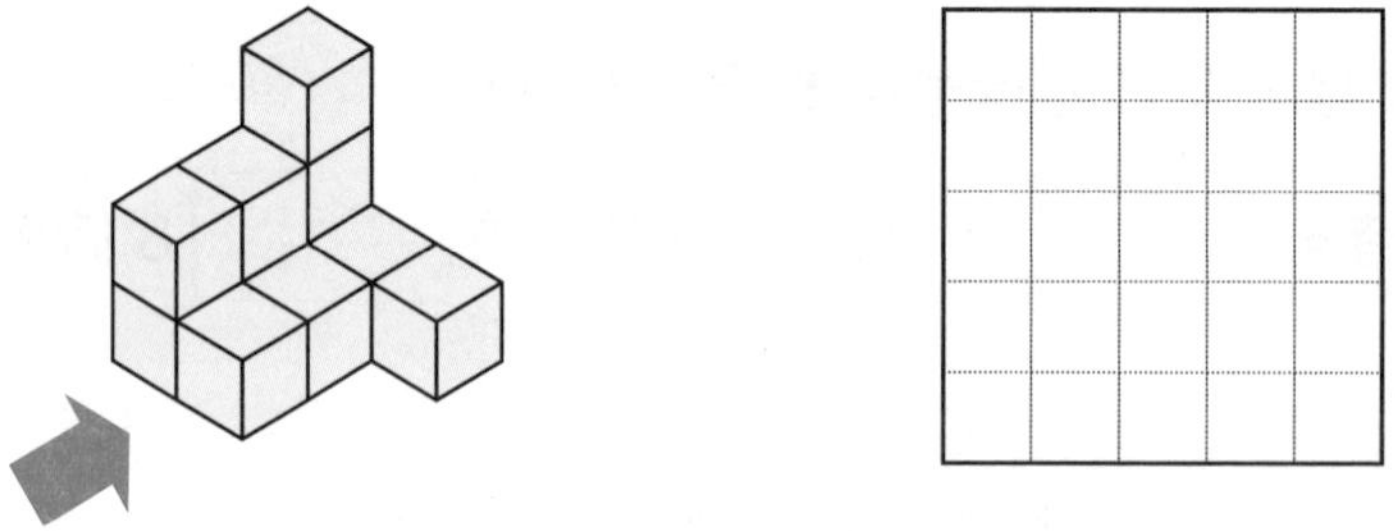

(3)

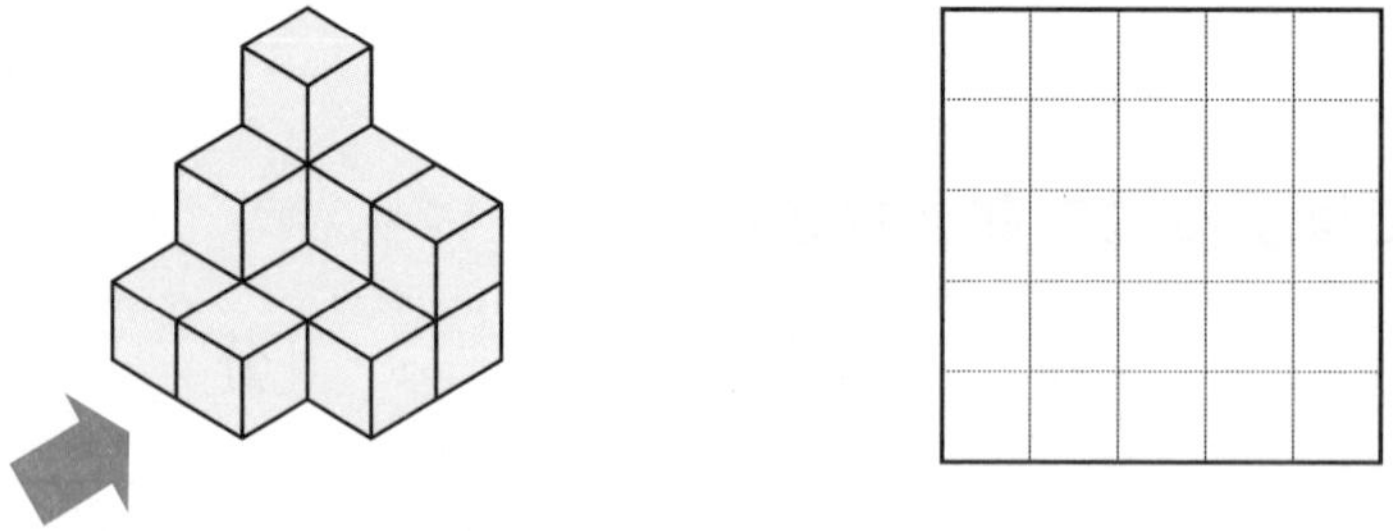

『パズル道場(トレーニングII)』(受験研究社)

時こくと時間 ②

なまえ　3年　組

答え→171ページ

月　日

時間 20分　合かく 80点　とく点　点

1 □にあてはまる数を書きなさい。(24点) 1つ4

(1) 1分＝□秒《びょう》

(2) 3分＝□秒

(3) 120秒＝□分

(4) 300秒＝□分

(5) 1分20秒＝□秒

(6) 2分30秒＝□秒

2 つぎの時こく，時間を書きなさい。(24点) 1つ6

(1) 午前10時34分から，1時間20分前の時こく

[　　　　]

(2) 午後2時18分から，4時間30分たった時こく

[　　　　]

(3) 午前8時18分から，午前9時までの時間

[　　　　]

(4) 午前9時20分から，午前11時20分までの時間

[　　　　]

3 つぎの計算をしなさい。(36点) 1つ6

(1)
　6時40分
＋1　　15

(2)
　5分46秒
＋　　20

(3)
　4時18分
＋2　　46

(4)
　8時57分
−2　　30

(5)
　13分　9秒
−　4　　25

(6)
　10時32分
−　5　　50

チャレンジ

4 まさとさんは，ある日の日の出，日の入りの時こくを調《しら》べました。日の出は午前5時25分で，日の入りは午後7時5分でした。(16点) 1つ8

(1) 昼の長さは，何時間何分ですか。

[　　　　]

(2) 夜の長さは，何時間何分ですか。

[　　　　]

ちがいを見て ②

答え→171 ページ

月　日

問題　３日間で，本を１さつ読み終《お》えました。
きょうは 30 ページで，きのうより４ページ多く読みました。
きのうはおとといより2ページ多く読みました。
おとといは，何ページ読みましたか。

目ひょう時間　３分

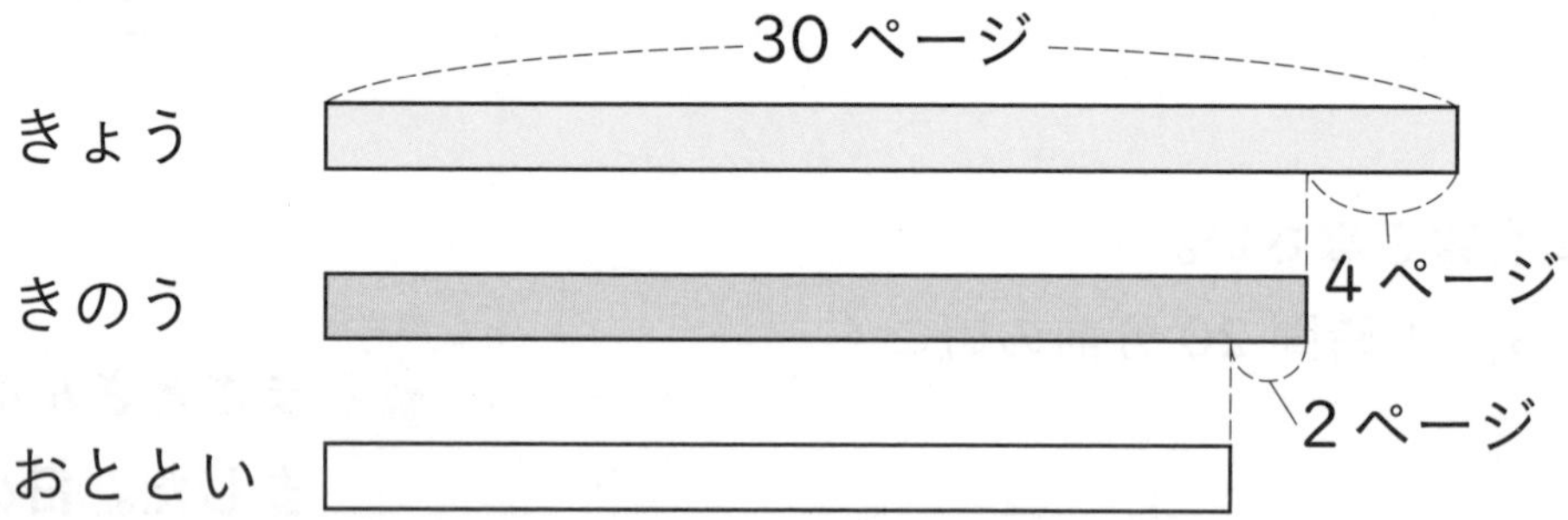
30 ページ
きょう
きのう
4 ページ
おととい
2 ページ

問題文と図をよく見てみよう。

（ことばの式《しき》）

［　　　］－［きのうより多いページ数］－［おとといより多いページ数］＝［　　　］

（式）

［　　　］－［　　　］－［　　　］＝［　　　］

（答え）

［　　　］

算数

13 長さ

なまえ　3 年　組

答え→171 ページ

月　日

時間 20分　合かく 80点　とく点　点

算数
理科
社会
英語
国語
答え

1 つぎの図は，まきじゃくの一部です。↑のところの目もりは何 m 何 cm ですか。(20点) 1つ5

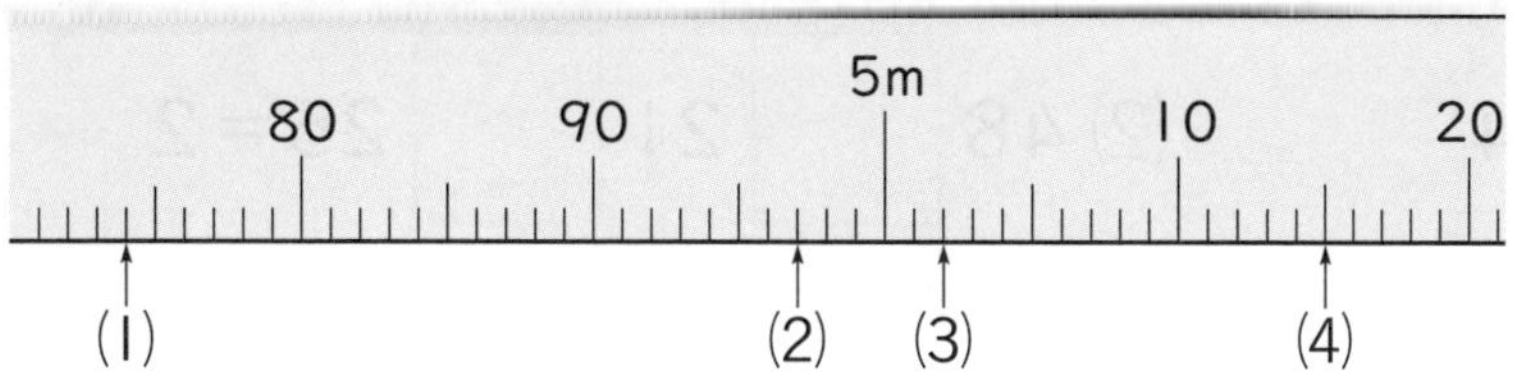

(1) [　　m　　cm]　(2) [　　m　　cm]

(3) [　　m　　cm]　(4) [　　m　　cm]

2 □にあてはまる数を書きなさい。(24点) 1つ4

(1) 3000 m＝□km　(2) 5300 m＝□km □m

(3) 6 km＝□m　(4) 2 km 500 m＝□m

(5) 8 km 5 m＝□m　(6) 9060 m＝□km □m

3 つぎの計算をしなさい。(20点) 1つ5

(1) 900 m＋800 m　(2) 2 km 600 m＋400 m

(3) 3 km 300 m－500 m　(4) 6 km－80 m

4 右の図を見て，答えなさい。(24点) 1つ6

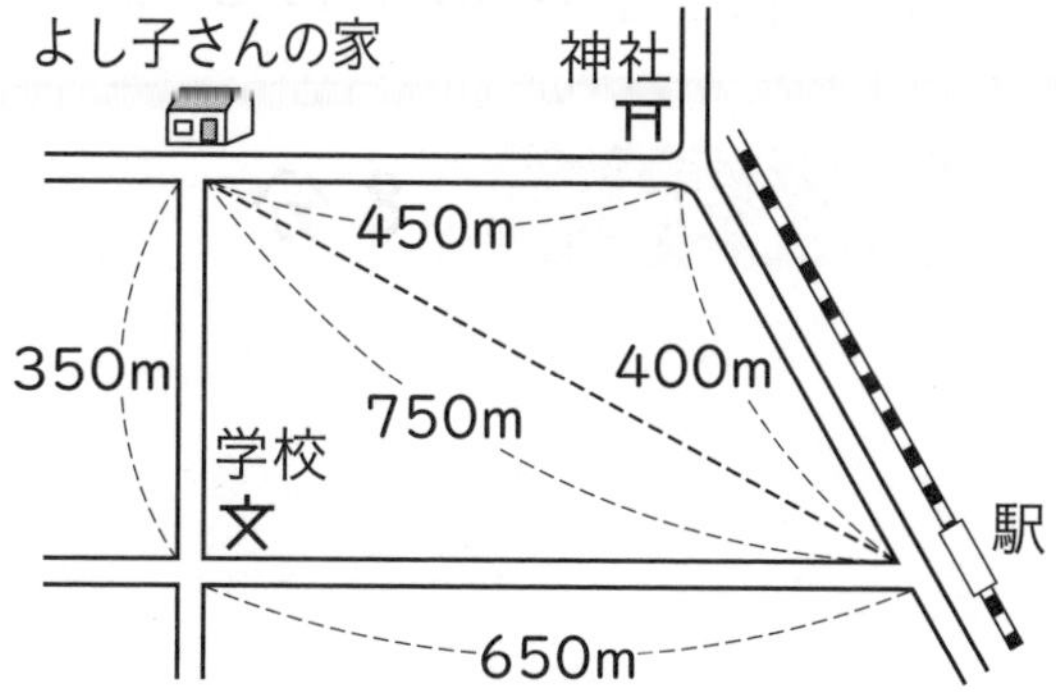

(1) 駅《えき》からよし子さんの家までのきょりは，何 m ですか。

[　　　]

(2) よし子さんの家から，駅まで行きます。

① 神社の前を通って行く道のりは，何 m ありますか。

[　　　]

② 学校の前を通って行く道のりは，何 km ありますか。

[　　　]

③ どちらの道のりがどれだけ近いですか。

[　　　]

5 □にあてはまるたんいを書きなさい。(12点) 1つ4

(1) つくえの高さ　75□　(2) 黒板《こくばん》の横《よこ》の長さ　4□

(3) 遠足で歩く道のり　5□

計算パズル（＋と－）②

答え→172ページ

月　日

問題　□にあてはまる＋や－を書きなさい。

目ひょう時間　8分

(1) 48 □ 21 □ 25＝44

(2) 48 □ 21 □ 25＝2

(3) 48 □ 21 □ 25＝94

(4) 48 □ 21 □ 25＝52

(5) 54 □ 19 □ 26＝61

(6) 54 □ 19 □ 26＝99

(7) 54 □ 19 □ 26＝47

(8) 54 □ 19 □ 26＝9

重《おも》さ

なまえ　3年　組

答え→172ページ

月　日

時間 20分　合かく 80点　とく点　点

1 3つの箱《はこ》の中でいちばん重《おも》い箱と，いちばん軽《かる》い箱を，記号《きごう》で答えなさい。（8点）1つ4

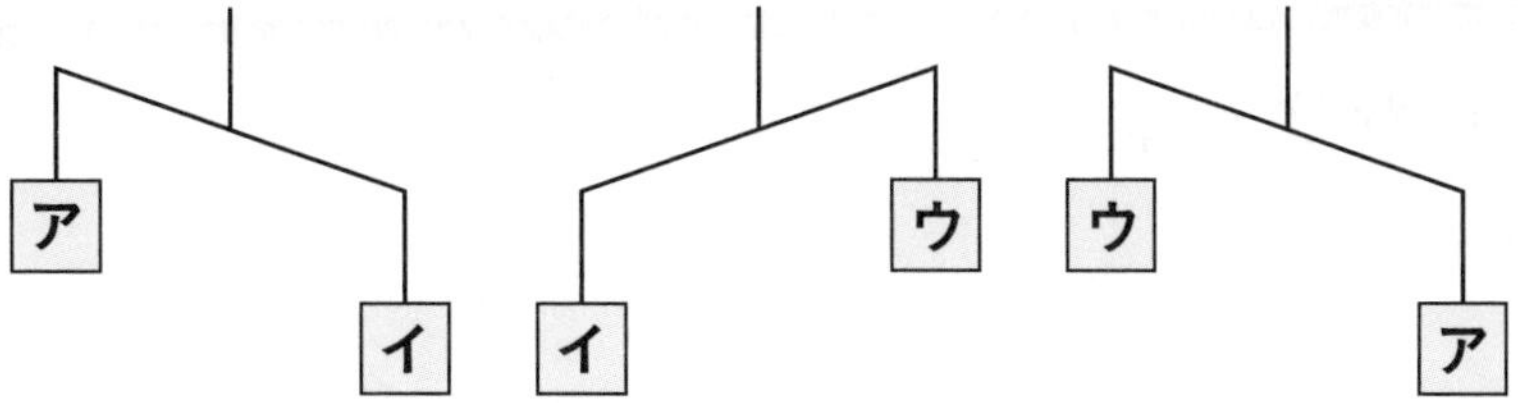

いちばん重い箱［　　］　いちばん軽い箱［　　］

2 つぎのはかりのはりがさしている重さを書きなさい。（15点）1つ5

(1)

(2)

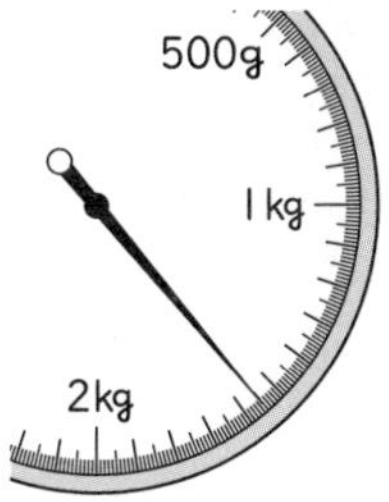

(3)

［　　］　［　　］　［　　］

3 つぎのはり（→）は，いくらをさしていますか。（15点）1つ5

(1)

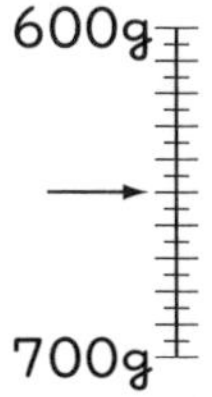

(2)

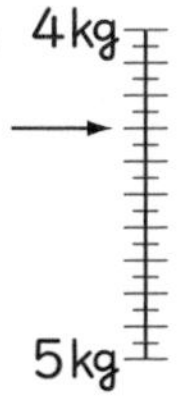

(3)

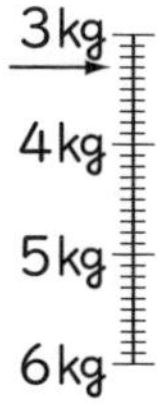

［　　］　［　　］　［　　］

4 □にあてはまる数を書きなさい。（24点）1つ4

(1) 2kg＝□g　(2) 8000g＝□kg

(3) 1kg 500g＝□g　(4) 10kg＝□g

(5) 5830g＝□kg□g　(6) 1t＝□kg

5 つぎの計算の答えを，□に書きなさい。（18点）1つ6

(1) 700g＋600g＝□g＝□kg□g

(2) 4kg 60g－3kg 800g＝□g

(3) 3kg－600g＝□g＝□kg□g

6 つぎの文で正しいものには○，正しくないものには×を，［　］に書きなさい。（20点）1つ5

(1) 四角い形のねん土を丸い形にして重さをはかると，重さがかわる。［　　］

(2) 1000gと1kgは，同じ重さである。［　　］

(3) 1円玉1まいの重さは，1gである。［　　］

(4) 体重計で，立ってはかるより，すわってはかるほうが少し重くなる。［　　］

算数⑭　まほうじん①

答え→172ページ　月　日

問題　下の表《ひょう》のあいているところに整数《せいすう》を入れ，
たてにたしても横《よこ》にたしてもななめにたしても，
それぞれ３つの数をたした答えが同じになるようにしなさい。

目ひょう時間　５分

右下の角に入る数は
いくつかな？

11		
1		15
	7	

『パズル道場（トレーニングⅡ）』（受験研究社）

たんいのかんけい

3年　組
なまえ

答え→172ページ　月　日

時間 20分　合かく 80点　とく点　点

1 □にあてはまる長さのたんいを書きなさい。 (20点) 1つ4

(1) 教室の横《よこ》はば　7 □

(2) 1円玉の厚さ　1 □

(3) 家から駅までの道のり　1 □

(4) えんぴつの長さ　18 □

(5) 富士山の高さ　3776 □

2 □にあてはまるかさのたんいを書きなさい。 (8点) 1つ4

(1) ペットボトル　500 □

(2) とう油かん　18 □

3 □にあてはまる重さのたんいを書きなさい。 (12点) 1つ4

(1) テニスボール　58 □

(2) 大人の体重　60 □

(3) ゾウの体重　4 □

4 □にあてはまる数を書きなさい。 (40点) 1つ4

(1) 1000 mm＝□ m　(2) 1 kg＝□ g

(3) 1 L＝□ dL＝□ mL　(4) 1 km＝□ m

(5) 1000 kg＝□ t　(6) 100 mL＝□ dL

(7) 1000 cm＝□ m　(8) 70 dL＝□ mL

(9) 210 mm＝□ cm　(10) 10 t＝□ kg

5 さとしさんは毎日 500 m 走るようにしています。10日間走ると，何 km 走りますか。 (10点)

[　　　　]

6 1つ 100 g のみかんが箱《はこ》に 50 こ入っています。箱の中のみかんの重さは何 kg ですか。 (10点)

[　　　　]

思考力トレーニング

算数⑮　さいころころがし ①

答え→172ページ

月　日

問題　さいころは向《む》かい合う面《めん》の数をたすと7になります。
図のような正方形のます目にそって，さいころをすべらないように転《ころ》がしていきます。
色のついたます目のいちでは，さいころの上の面の数はいくつですか。

目ひょう時間　5分

(1)

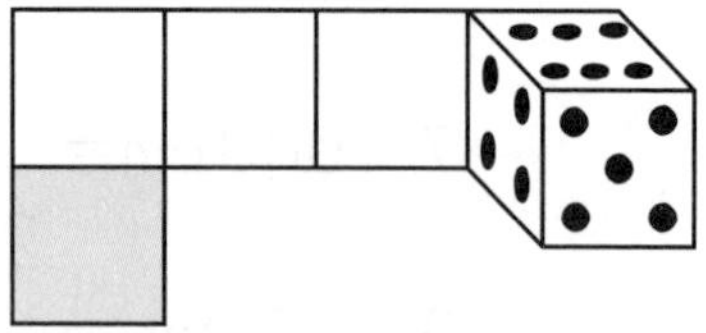

(2)

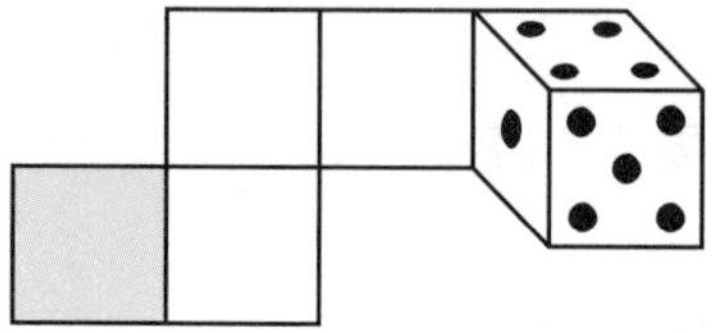

(3)

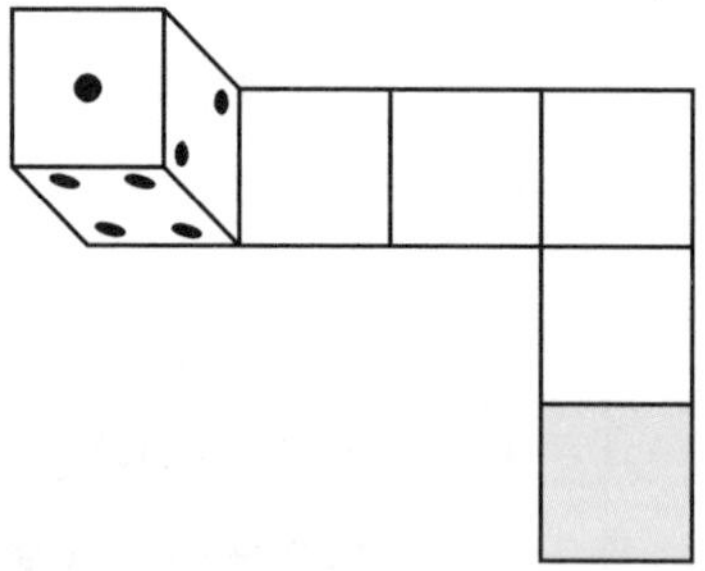

(4)

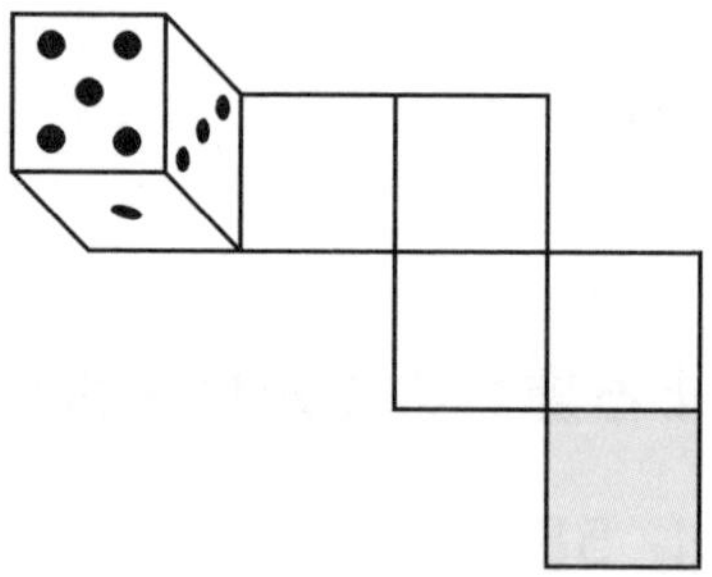

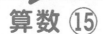

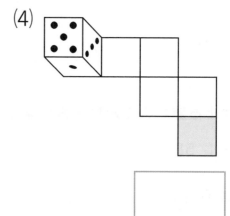

□を使《つか》った式《しき》

なまえ　3年　組

答え→172ページ　月　日

時間 20分　合かく 80点　とく点　点

1 つぎのかんけいを，ことばの式《しき》に書きなさい。 (20点) 1つ10

(□にはことば，○には＋，－，×，÷を入れなさい。)

(1) 出したお金，代金《だいきん》，おつり

おつり＝□○□

(2) 1このねだん，買った数，代金

代　金＝□○□

2 □にあてはまる数をもとめなさい。 (40点) 1つ4

(1) 36＋□＝81

(2) □＋56＝94

(3) 95－□＝27

(4) □－45＝70

(5) 6×□＝48

(6) □×5＝35

(7) 24÷□＝3

(8) □÷7＝6

(9)

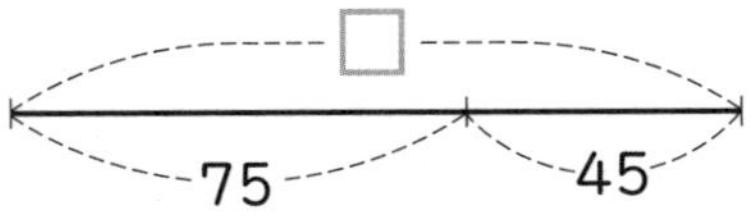

〔計算のしかた〕

□＝

(10)

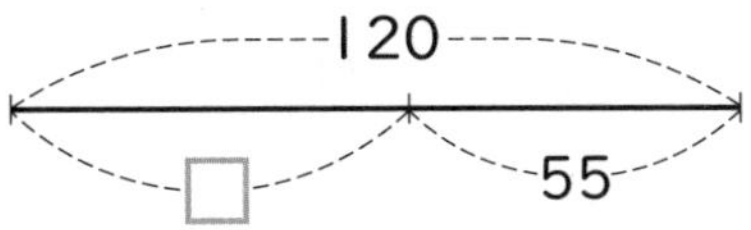

〔計算のしかた〕

□＝

3 「ある数」を□として式に書き，「ある数」をもとめなさい。 (32点) 1つ8

(1)「ある数」から250をひいたら，450になりました。

(式)［　　］　答え［　　］

(2) 470に「ある数」をたしたら，1000になりました。

(式)［　　］　答え［　　］

(3) 2に「ある数」をかけたら，84になりました。

(式)［　　］　答え［　　］

(4)「ある数」を5でわったら，120になりました。

(式)［　　］　答え［　　］

チャレンジ

4 おり紙を6まい買って，54円はらいました。おり紙1まいのねだんは何円ですか。おり紙1まいのねだんを□円としてもとめなさい。 (8点)

［　　］

算数⑯ 虫食い算（ひき算）①

答え→172ページ

月　日

問題　□にあてはまる数を書きなさい。

目ひょう時間　7分

(1)
$$\begin{array}{rcc} & \square & 6 \\ - & 2 & \square \\ \hline & 5 & 3 \end{array}$$

(2)
$$\begin{array}{rcc} & 4 & 9 \\ - & 2 & \square \\ \hline & \square & 0 \end{array}$$

(3)
$$\begin{array}{rcc} & 8 & \square \\ - & \square & 8 \\ \hline & 4 & 5 \end{array}$$

(4)
$$\begin{array}{rcc} & \square & 3 \\ - & 1 & 5 \\ \hline & 2 & \square \end{array}$$

(5)
$$\begin{array}{rcc} & 9 & \square \\ - & \square & 7 \\ \hline & 4 & 7 \end{array}$$

(6)
$$\begin{array}{rcc} & 6 & \square \\ - & 3 & 9 \\ \hline & \square & 2 \end{array}$$

かけ算の筆算《ひっさん》 ③

なまえ　3年　組

答え→172ページ

月　日

時間 20分　合かく 80点　とく点　点

1 計算のしかたを考えます。□にあてはまる数を書きなさい。(16点) 1つ4

(1) 4×30＝4×3×□＝□×10＝□

(2) 20×40＝2×□×4×□＝□×□×10×10

＝8×□＝□

(3)
　　3 6
×　2 4
□…□×4
□……□×20
□

(4)
　　8 4
×　5 2
□
□
□

2 つぎの計算をしなさい。(32点) 1つ4

(1) 23×23　(2) 36×38　(3) 45×27　(4) 48×72

(5) 58×43　(6) 86×63　(7) 52×80　(8) 40×89

3 つぎの計算をしなさい。(30点) 1つ5

(1) 745×60　(2) 375×49　(3) 400×77

(4) 905×83　(5) 450×68　(6) 703×20

4 1本の長さが25cmのリボンを，32本つくります。リボンは，全部《ぜんぶ》で何mあればよいですか。(10点)

[　　]

5 えいたさんの組は36人です。遠足のひようとして，1人365円ずつ集《あつ》めます。全部で何円集まりますか。(12点)

[　　]

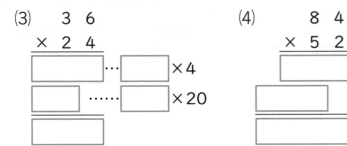

図をかく(コンパスを使《つか》って)

答え→172 ページ

月　日

問題　コンパスを使《つか》って，図のつづきを仕《し》上《あ》げなさい。

目ひょう時間　4分

(1) たて 3 cm，横《よこ》 7 cm の長方形

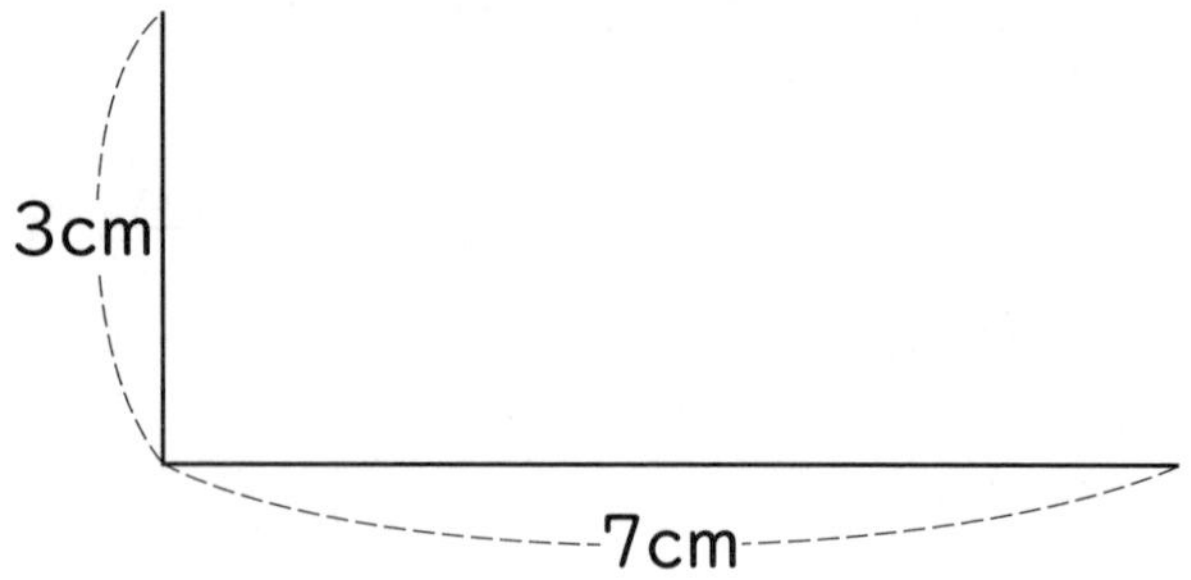

かき方

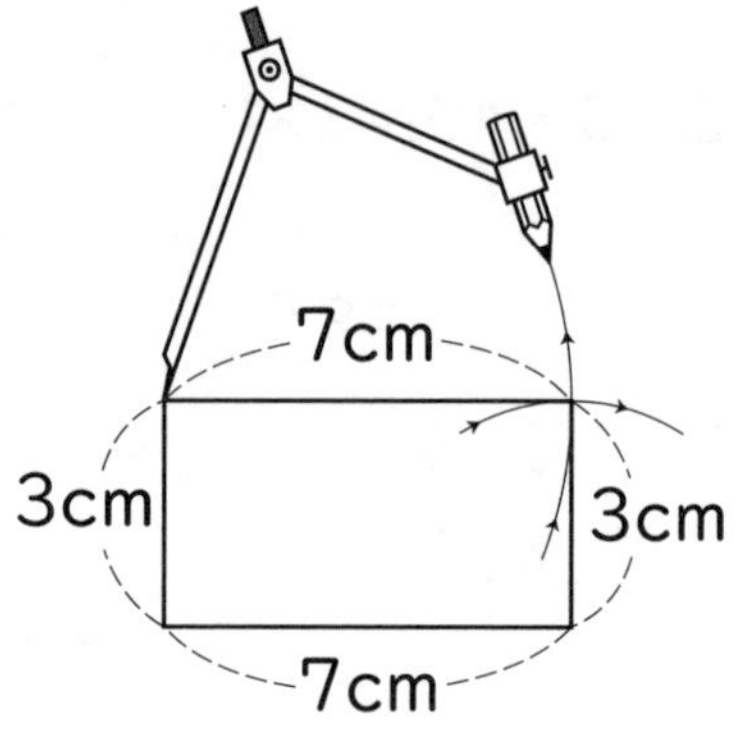

(2) 1 辺《ぺん》 5 cm の正方形

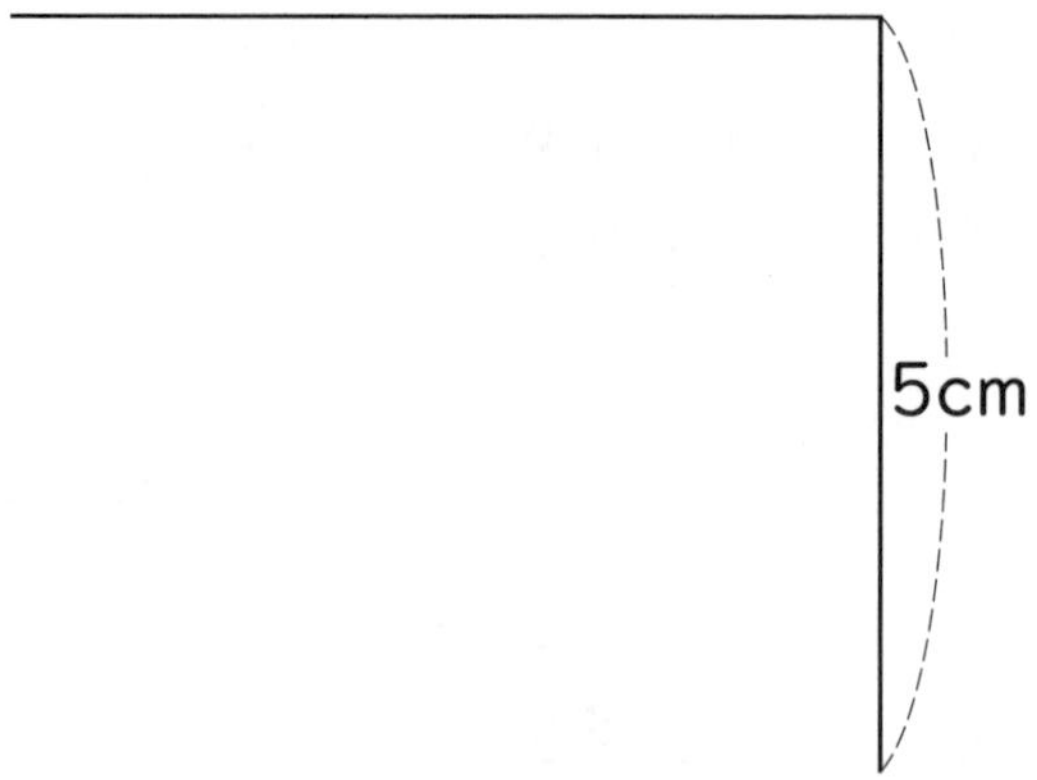

かき方

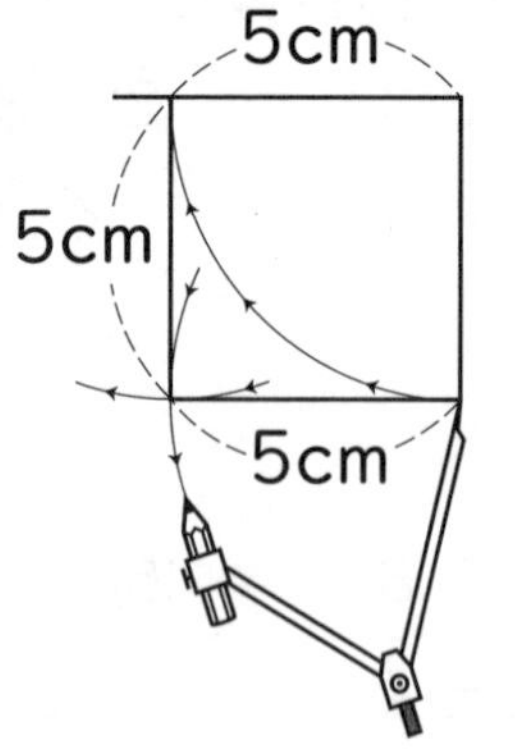

かけ算の筆算《ひっさん》 ④

なまえ　3年　組

答え→173ページ

月　日

時間 20分　合かく 80点　とく点　点

1 つぎの計算をしなさい。(64点) 1つ4

(1) 24 × 12　(2) 18 × 23　(3) 83 × 15　(4) 71 × 53

(5) 23 × 56　(6) 42 × 38　(7) 58 × 73　(8) 94 × 26

(9) 278 × 76　(10) 359 × 96　(11) 154 × 28　(12) 483 × 35

(13) 139 × 26　(14) 243 × 38　(15) 834 × 49　(16) 562 × 54

2 1まい18円の画用紙を42まい買うと，代金《だいきん》はいくらになりますか。(6点)

[　　　　]

3 37×49＝1813 です。これを使《つか》って，つぎのかけ算をしなさい。(12点) 1つ4

(1) 370×49　(2) 370×490　(3) 3700×490

4 たろうさんは，まんじゅうを買いに行きました。つぎのア，イどちらのほうが安いですか。(8点)

ア　1こ56円　25こ入り

イ　1こ120円　12こ入り

[　　　　]

チャレンジ

5 □にあてはまる数を書きなさい。(10点)

```
      8 □
  ×  □ 3
  ---------
    □ □ 2
  5 0 4
  ---------
  □ 2 □ 2
```

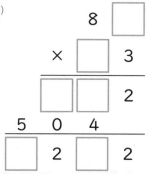

思考力トレーニング

算数⑱ 投《とう》えい図 ②

答え→173ページ 月 日

問題 右の立体は，サイコロの形の立体をつみあげて作ったものです。
横《よこ》(矢《や》じるしの方向)から見たときの形をかきなさい。

目ひょう時間 5分

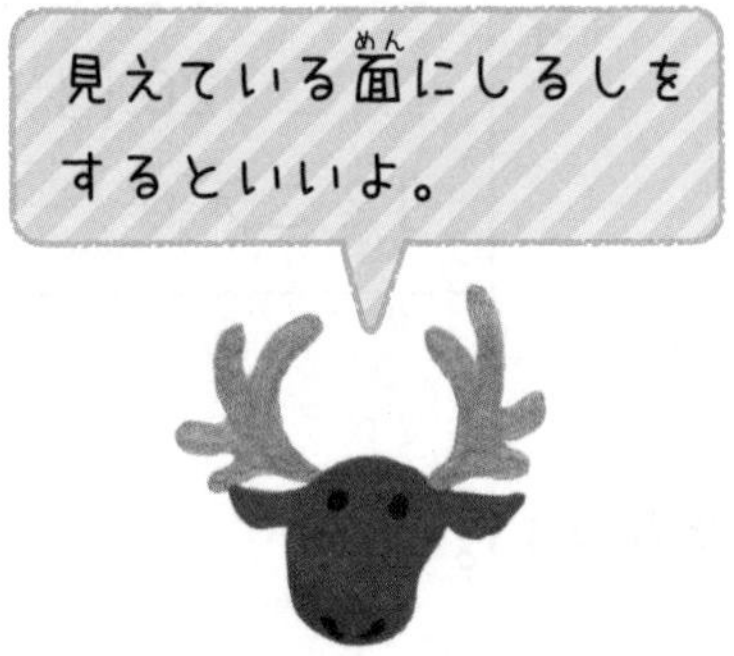

(1)

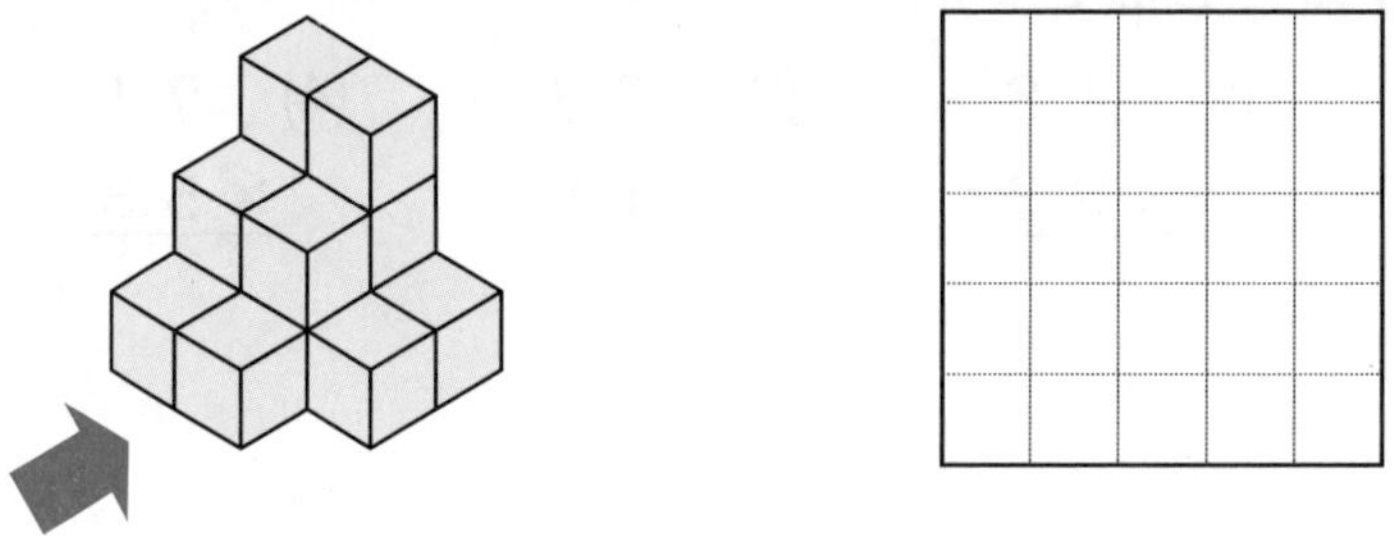

(2)

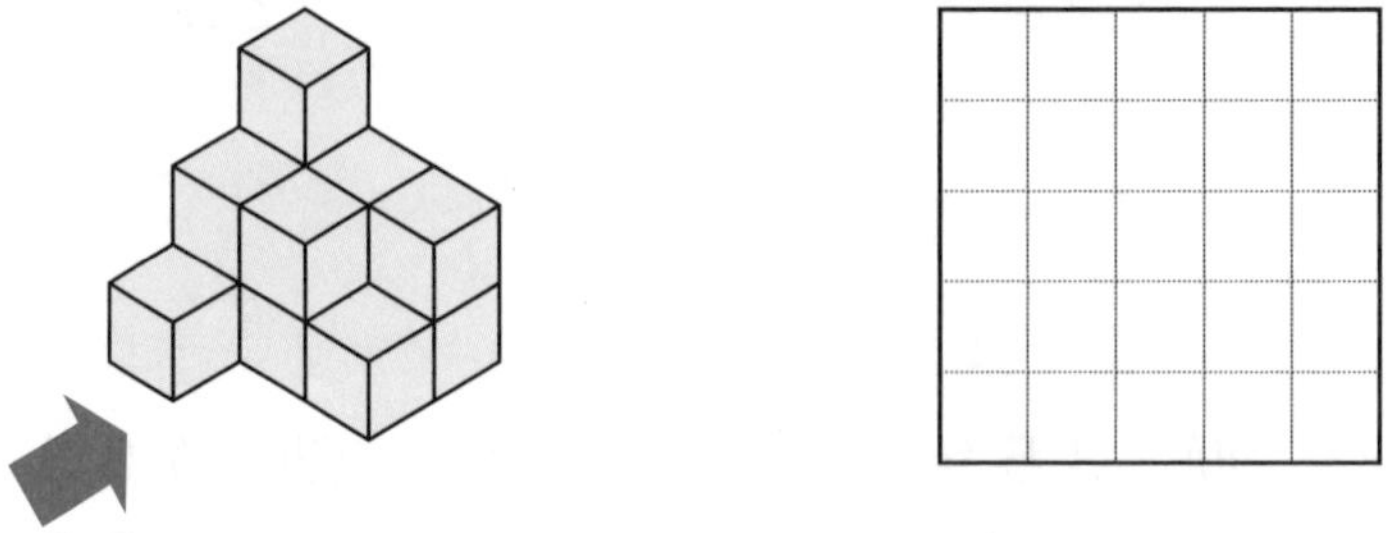

(3)

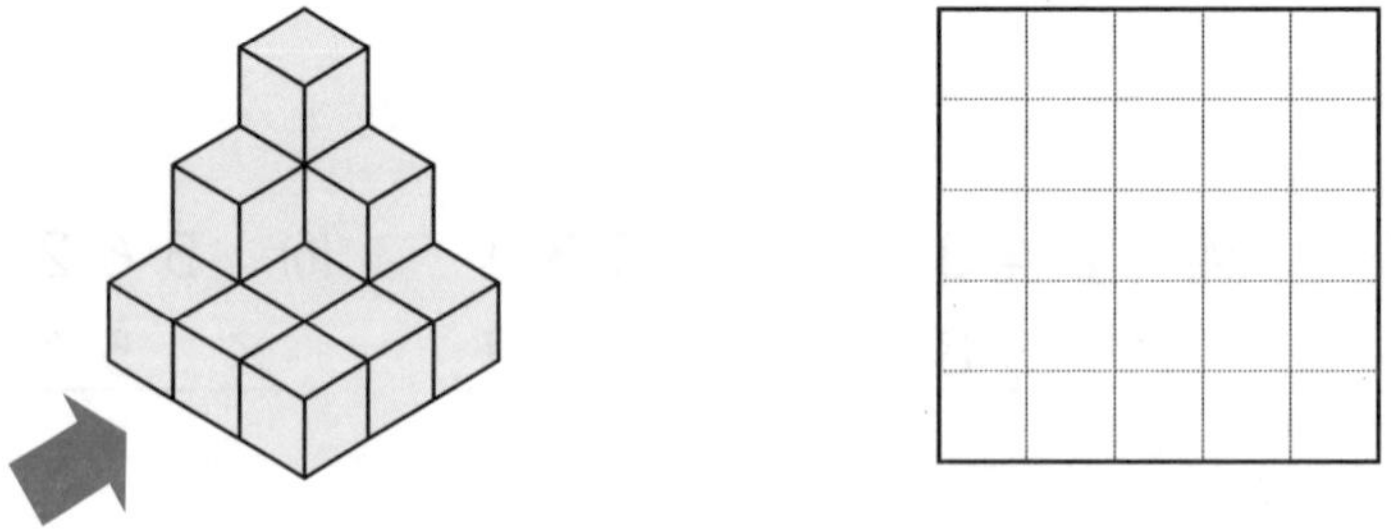

『パズル道場(トレーニングⅡ)』(受験研究社)

チャレンジテスト 2

なまえ　3 年　　組

答え→173 ページ

月　　日

時間 25 分　合かく 80 点　とく点　　点

1 右の時計は，みささんが，朝，学校へ着いた時こくをしめしています。問《と》いに答えなさい。 (30 点) 1 つ 15

(1) 家から学校まで歩いて 25 分かかります。
家を何時何分に出ましたか。

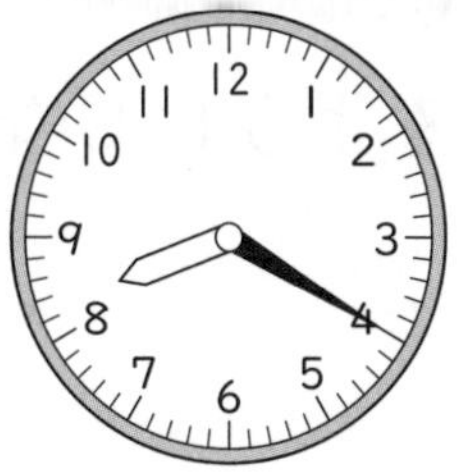

[　　　　　　]

(2) きゅう食は午後 0 時 15 分からです。きゅう食まで，あと何時間何分ありますか。

[　　　　　　]

2 本屋《ほんや》とケーキ屋の間の道のりは 630 m です。ゆうびん局《きょく》と家の間の道のりは 520 m です。本屋と家の間の道のりは 980 m です。ゆうびん局とケーキ屋の間の道のりをもとめなさい。 (30 点)

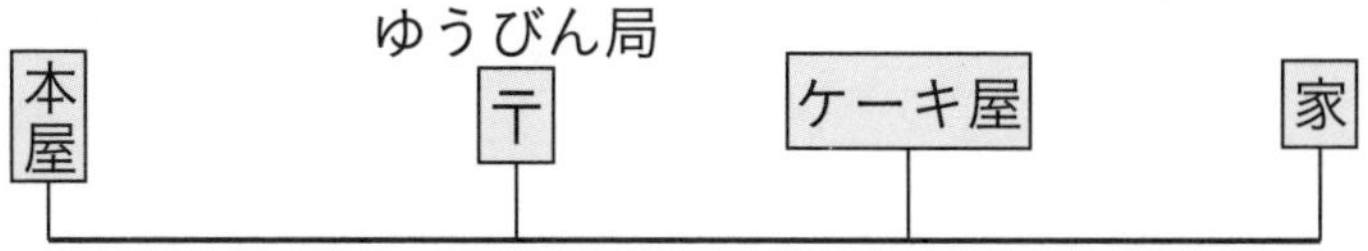

[　　　　　　]

3 □にあてはまる数を書きなさい。 (20 点) 1 つ 5

(1) 1 kg 900 g + 800 g = □ g

(2) 8300 g − 3230 g = □ kg □ g

(3) 3200 g × 2 = □ kg □ g

(4) 10 kg − 1 kg 998 g = □ g

4 □にあてはまる数を書きなさい。 (20 点) 1 つ 10

(1)

		□	3
	×	□	7
	3	7	1
2	1	□	
□	□	□	1

(2)

		□	8
	×	4	□
	2	□	4
1	1	2	
1	□	□	4

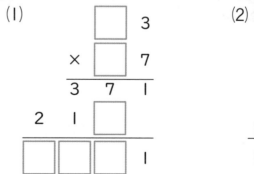

算数⑲ まほうじん②

答え→173ページ 月 日

問題 下の表《ひょう》のあいているところに整数《せいすう》を入れ，
たてにたしても横《よこ》にたしてもななめにたしても，
それぞれの３つの数をたした答えが同じになるようにしなさい。

目ひょう時間 ５分

	7	
7		9
8		

『パズル道場（トレーニングⅡ）』（受験研究社）

小　数 ①

なまえ　3 年　　組

答え→173 ページ

月　日

時間 20分　合かく 80点　とく点　点

1 つぎのかさにあたるところまで，色をぬりなさい。 （6点）1つ3

(1) 0.7 L

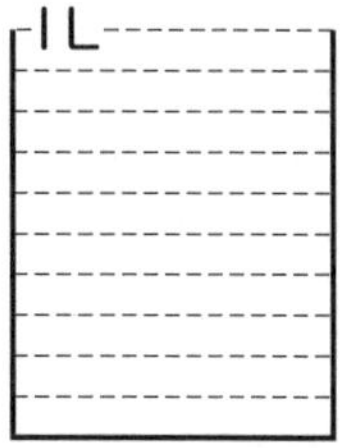

(2) 1.4 L

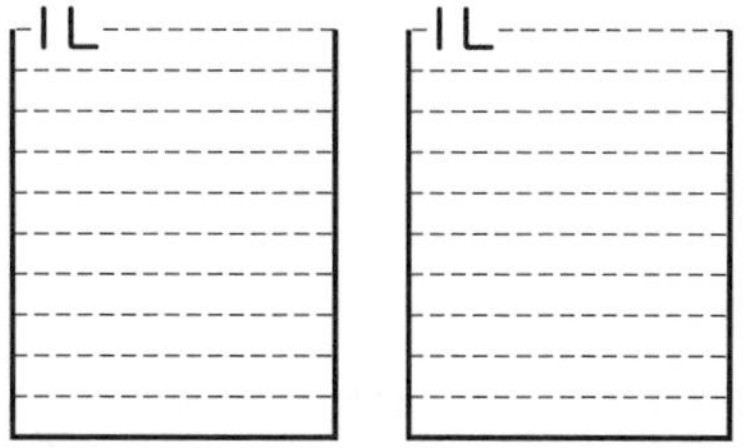

2 □にあてはまる数を書きなさい。 （12点）1つ3

(1) 0.1 が 5 こで □

(2) 0.1 が □ こで 2.5

(3) □ は 0.1 の 6 つ分

(4) □ が 10 こで 1

3 下の数の線で，↓のところの数を小数で書きなさい。 （16点）1つ4

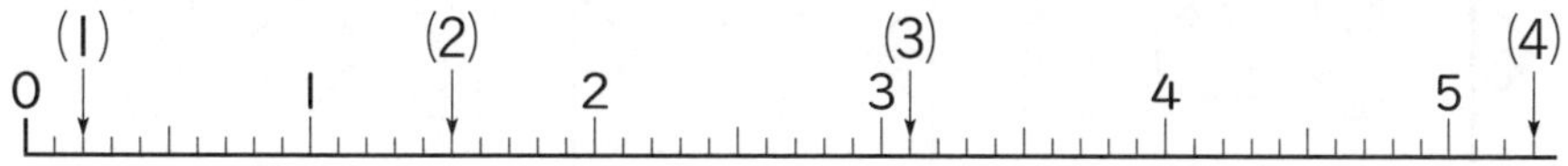

(1) [　　] (2) [　　] (3) [　　] (4) [　　]

4 つぎの○の中に，等号《とうごう》か不等号《ふとうごう》を入れなさい。 （20点）1つ4

(1) 0.3 ○ 0.4　(2) 1 ○ 0.9　(3) 1.9 ○ 2.1

(4) 0.1 ○ 1　(5) 10.4 ○ 11

5 つぎの計算をしなさい。 （24点）1つ3

(1) 0.6＋0.4　(2) 1.5＋0.4

(3) 2.1＋3.2　(4) 4.5＋3.8

(5) 0.9－0.3　(6) 1－0.1

(7) 5.7－1.5　(8) 3.5－1.8

6 リボンを 2.5 m 使《つか》いましたが，まだ 0.9 m のこっています。はじめ，何 m ありましたか。 （10点）

[　　]

7 ソースがそれぞれびんの中に，0.8 L と 1.6 L はいっています。 （12点）1つ6

(1) 合わせると何 L になりますか。

[　　]

(2) ちがいは何 L ですか。

[　　]

紙切り②

答え→173ページ　月　日

問題　正方形の紙を，図のように点線をおり目にしておりました。この紙からの部分《ぶぶん》を切り落《お》として，のこった部分を広げると，ア～エのどれになりますか。

目ひょう時間　3分

おった紙を広げるとどうなるか，
ひとつずつ考えてみよう。

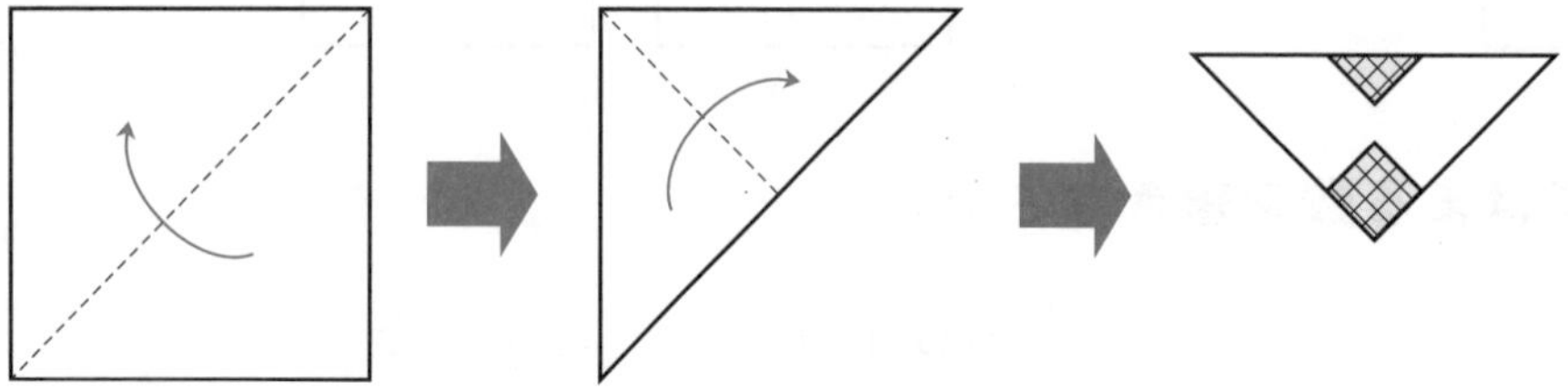

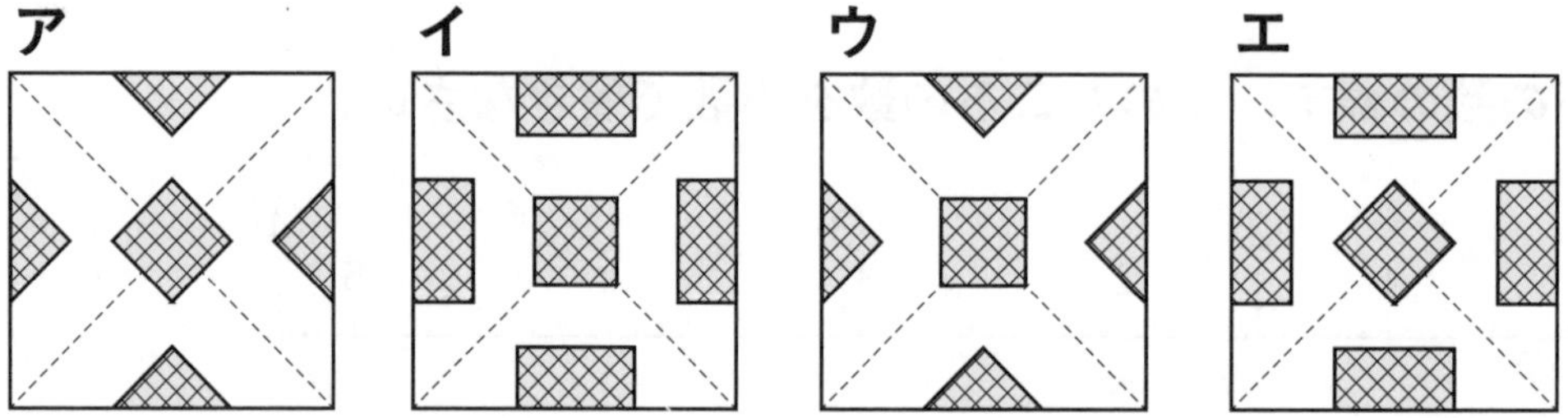

ア
イ
ウ
エ

『パズル道場（トレーニングⅡ）』（受験研究社）

［　　］

算数
21 小　数 ②

なまえ　3 年　　組

答え→173 ページ　月　日

時間 20 分　合かく 80 点　とく点　　点

1 つぎの計算をしなさい。 (32 点) 1 つ 4

(1) 0.3＋0.5　　(2) 0.1＋0.6

(3) 4.2＋1.7　　(4) 3.3＋2.4

(5) 0.8＋0.6　　(6) 1.7＋1.8

(7) 3.5＋2.9　　(8) 1.7＋7.4

2 つぎの計算をしなさい。 (40 点) 1 つ 4

(1) 0.6－0.3　　(2) 0.8－0.7

(3) 2.7－0.5　　(4) 3.8－1.5

(5) 1－0.4　　(6) 2.3－0.8

(7) 1.5－0.8　　(8) 4.2－1.7

(9) 2.7－1.9　　(10) 5.3－2.6

3 びんに，しょうゆがはいっています。1 本のびんには，1.5 L，もう 1 本のびんには，0.8 L はいっています。 (10 点) 1 つ 5

(1) 合わせると，何 L ありますか。

[　　]

(2) ちがいは，何 L ですか。

[　　]

4 6 m のひもがあります。なわとびのひもに 3.8 m 使《つか》いました。のこりは，何 m ですか。 (6 点)

[　　]

チャレンジ

5 0.1 の 24 倍《ばい》の数と，2 と 0.7 を合わせた数があります。 (12 点) 1 つ 6

(1) どちらの数が大きいですか。また，いくら大きいですか。

[　　]

(2) 2 つの数を合わせると，いくらですか。

[　　]

思考力トレーニング

算数㉑ 虫食い算（かけ算）①

答え→174ページ　月　日

問題　□にあてはまる数を書きなさい。

目ひょう時間　7分

(1)

	2	□
×		4
	□	2

(2)

	□	2
×		□
	6	6

(3)

	□	□
×		3
	8	7

(4)

	1	□	2
×			3
	□	2	6

(5)

	□	7	5
×			2
	9	□	0

算数 22

分　数 ①

なまえ　3 年　組

答え→174 ページ

月　日

時間 20 分　合かく 80 点　とく点　点

1 つぎの長さにあたるところまで，左から色をぬりなさい。 （6 点）1 つ 3

(1) $\frac{2}{5}$ m

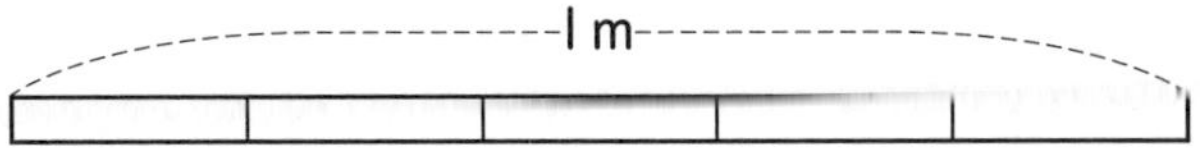

(2) $\frac{7}{9}$ m

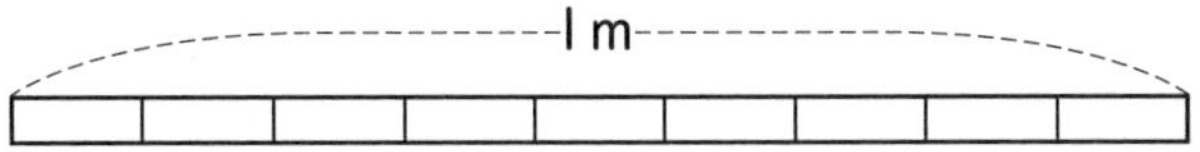

2 □にあてはまる数を書きなさい。 （16 点）1 つ 4

(1) $\frac{1}{9}$ が 5 こで，□

(2) $\frac{1}{5}$ が□こで，$\frac{3}{5}$

(3) □は $\frac{1}{7}$ の 4 つ分

(4) □が 6 こで 1

3 下の数の線で↓のところの数を，分数で書きなさい。 （24 点）1 つ 3

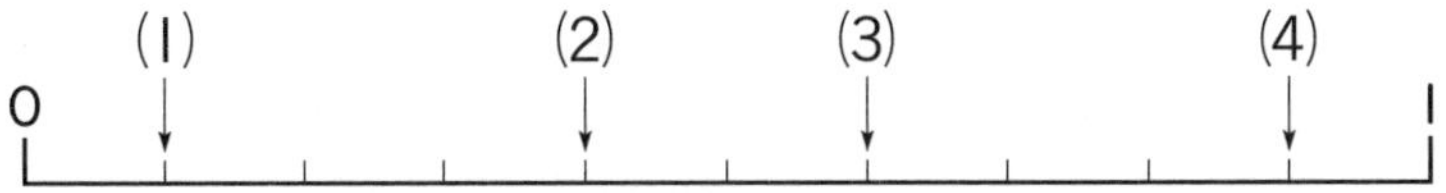

(1) [　　] (2) [　　] (3) [　　] (4) [　　]

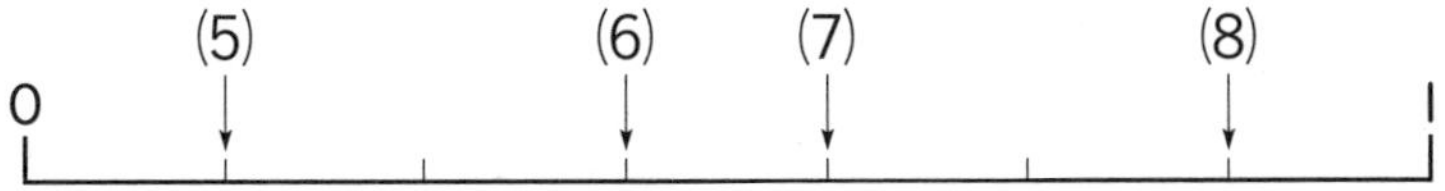

(5) [　　] (6) [　　] (7) [　　] (8) [　　]

4 つぎの○の中に，等号《とうごう》か不《ふ》等号《とうごう》を入れなさい。 （12 点）1 つ 4

(1) $\frac{3}{4}$ ○ $\frac{7}{4}$　(2) $\frac{3}{6}$ ○ 0　(3) $\frac{5}{5}$ ○ 1

5 つぎの計算をしなさい。 （24 点）1 つ 4

(1) $\frac{3}{7}+\frac{2}{7}$

(2) $\frac{5}{9}+\frac{2}{9}$

(3) $\frac{7}{10}+\frac{3}{10}$

(4) $\frac{8}{9}-\frac{4}{9}$

(5) $\frac{5}{7}-\frac{2}{7}$

(6) $1-\frac{2}{5}$

6 水が大きなびんに $\frac{7}{9}$ L，小さなびんに $\frac{2}{9}$ L はいっています。 （18 点）1 つ 9

(1) 合わせると何 L になりますか。

[　　]

(2) ちがいは何 L ですか。

[　　]

算数㉒　形づくり（つなぐ）

答え→174ページ

月　　日

問題　点と点を直線でつないで，左の形と同じ形をかきなさい。

目ひょう時間　3分

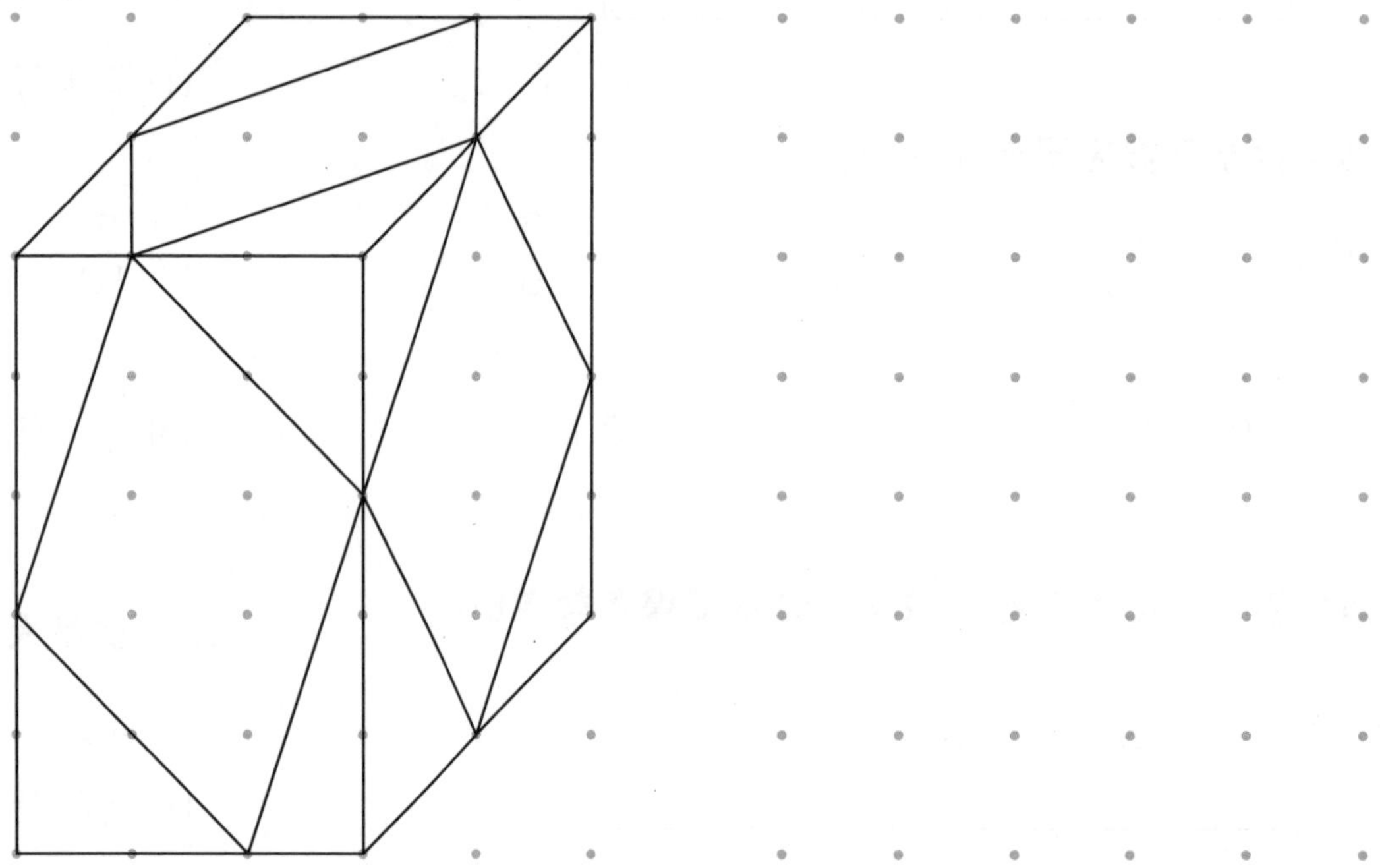

分数②

なまえ　3年　組

答え→174ページ　月　日

時間 20分　合かく 80点　とく点　点

1 □にあてはまる数を書きなさい。(15点) 1つ3

(1) $\frac{1}{5}$ の 4 こ分は □

(2) $\frac{1}{3}$ の □ こ分は $\frac{2}{3}$

(3) □ の 5 こ分は $\frac{5}{7}$

(4) $\frac{1}{4}$ の 4 こ分は □

(5) □ の 10 こ分は 1

2 □にあてはまる数を書きなさい。(16点) 1つ4

(1) 10 cm $=\frac{\square}{10}$ m

(2) 90 cm $=\frac{\square}{10}$ m

(3) $\frac{1}{2}$ m $=$ □ cm

(4) 5 mm $=\frac{\square}{\square}$ cm

3 つぎの○の中に，等号《とうごう》か不等号《ふとうごう》を入れなさい。(12点) 1つ4

(1) $\frac{1}{10}$ ○ 0.5

(2) $\frac{2}{10}$ ○ 0.2

(3) $\frac{12}{10}$ ○ 0.7

4 つぎの計算をしなさい。(48点) 1つ3

(1) $\frac{1}{6}+\frac{3}{6}$

(2) $\frac{2}{8}+\frac{5}{8}$

(3) $\frac{2}{7}+\frac{5}{7}$

(4) $\frac{1}{5}+\frac{1}{5}$

(5) $\frac{2}{9}+\frac{4}{9}$

(6) $\frac{3}{8}+\frac{1}{8}$

(7) $\frac{1}{7}+\frac{3}{7}+\frac{2}{7}$

(8) $\frac{2}{10}+\frac{1}{10}+\frac{4}{10}$

(9) $\frac{4}{5}-\frac{2}{5}$

(10) $\frac{7}{8}-\frac{5}{8}$

(11) $1-\frac{3}{10}$

(12) $\frac{6}{7}-\frac{2}{7}$

(13) $1-\frac{1}{8}$

(14) $\frac{5}{6}-\frac{2}{6}$

(15) $1-\frac{3}{8}-\frac{2}{8}$

(16) $\frac{8}{9}-\frac{2}{9}-\frac{3}{9}$

5 まさるさんは，1 m の長さのひものうち，$\frac{5}{8}$ m を使《つか》いました。

(1) のこりは，何 m ありますか。(4点)

[　　]

(2) のこったひもから，また，$\frac{2}{8}$ m 使いました。まさるさんが使ったひもの長さは，全部《ぜんぶ》で何 m ですか。(5点)

[　　]

思考力トレーニング

算数㉓

虫食い算（たし算）②

答え→174ページ

月　日

問題　□にあてはまる数を書きなさい。

目ひょう時間　7分

(1)

	1	7	□
＋	□	□	4
	4	5	5

(2)

	□	8	6
＋	2	□	□
	5	4	3

(3)

	5	0	□
＋	2	□	5
	□	8	0

(4)

	5	4	□	2
＋	3	□	1	8
	□	3	3	□

(5)

	6	7	3	□
＋	□	□	8	2
1	3	3	□	7

一の位《くらい》から
考えるんだったね！

円と球《きゅう》

なまえ　3年　　組

答え→174ページ　　月　　日

時間 20分　合かく 80点　とく点　　点

1 **下の図のような，円と球《きゅう》があります。**

(1) ㋐，㋑，㋒，㋓，㋔，㋕は，それぞれ何といいますか。

(30点) 1つ5

㋐［　　　　　］

㋑［　　　　　］

㋒［　　　　　］

㋓［　　　　　］

㋔［　　　　　］　㋕［　　　　　］

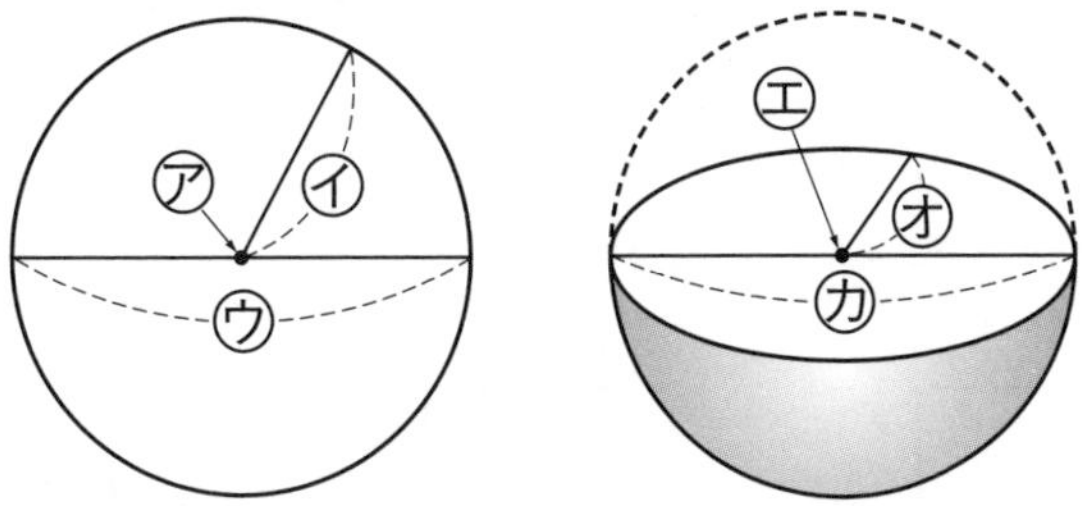

(2) ㋒の長さが 6 cm のとき，㋑の長さは何 cm ですか。(5点)

［　　　　　］

2 **球を 2 つに切ります。切り口は，どんな形をしていますか。**

(10点)

［　　　　　］

3 **円の中に直線をひきました。** (10点) 1つ5

(1) いちばん長い直線は，**ア**からどこへひいたものですか。

［　　　　　］

(2) それは，円の何になりますか。

［　　　　　］

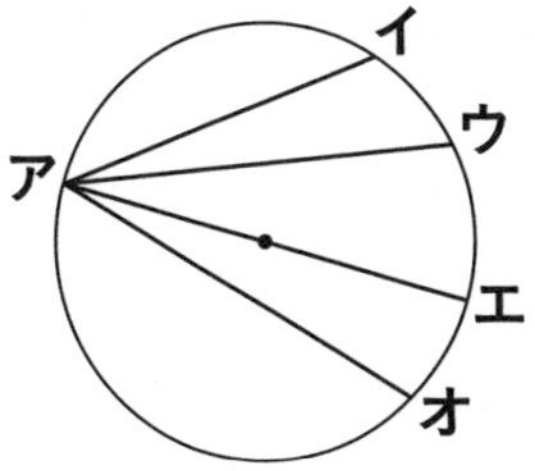

4 **下のアのおれ線とイのおれ線とでは，どちらが長いですか。コンパスを使《つか》い，直線にうつしとって調《しら》べなさい。** (15点)

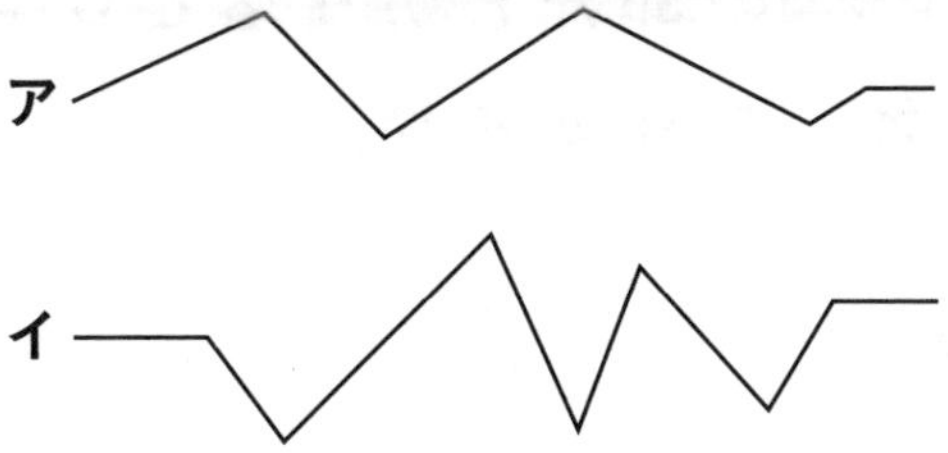

［　　　　　］

5 **コンパスを使って調べなさい。**

(20点) 1つ10

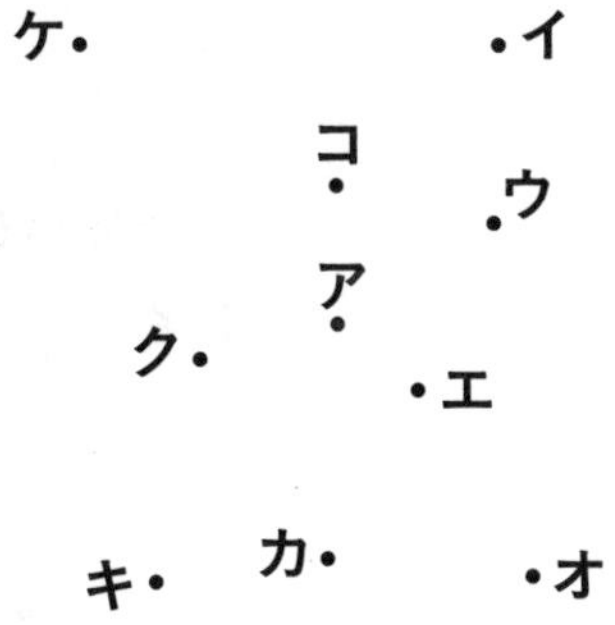

(1) 右の図の中で，点**ア**から見て，点**ウ**より遠くにある点を，みんな書きなさい。

［　　　　　］

(2) 点**ア**にいちばん近い点は，どれですか。

［　　　　　］

チャレンジ

6 **同じ形を，右の□の中にかきなさい。** (10点)

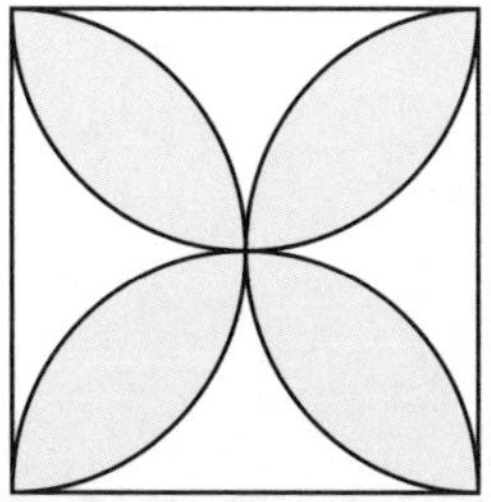

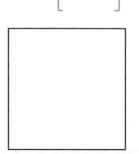

算数㉔ 紙切り③

答え→175ページ 月 日

問題 正方形の紙を，図のように点線をおり目にしておりました。
この紙から▩の部分《ぶぶん》を切り落《お》として，残《のこ》った部分を広げると，
ア～エのどれになりますか。

目ひょう時間 3分

1つずつ広げていくところを想《そう》ぞうしてみよう。

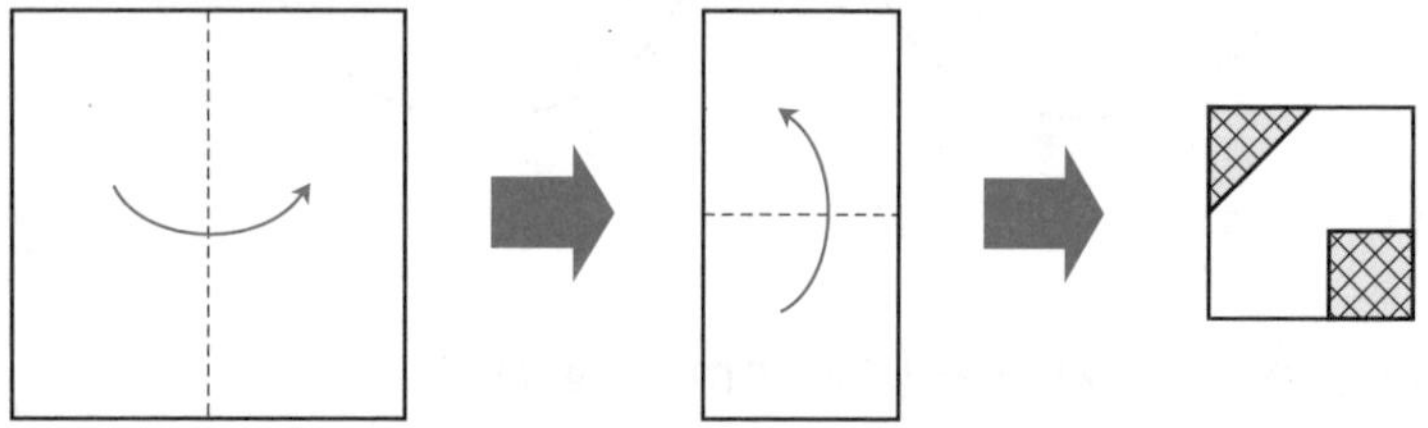

ア

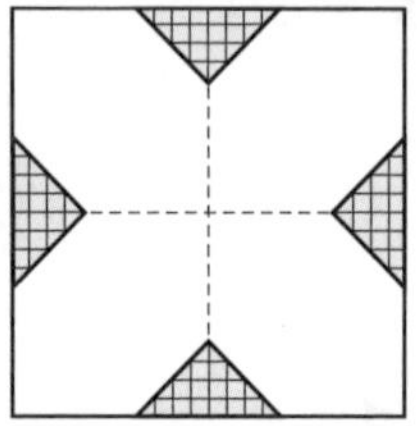

イ

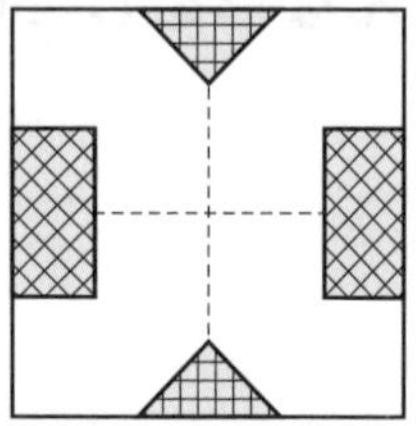

ウ

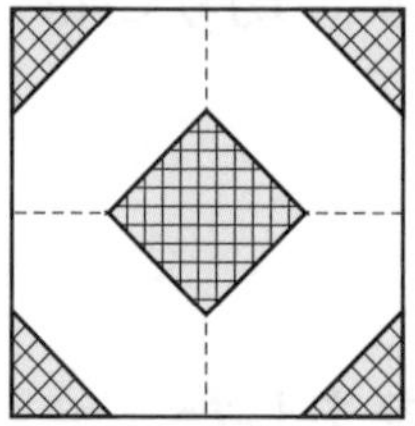

エ

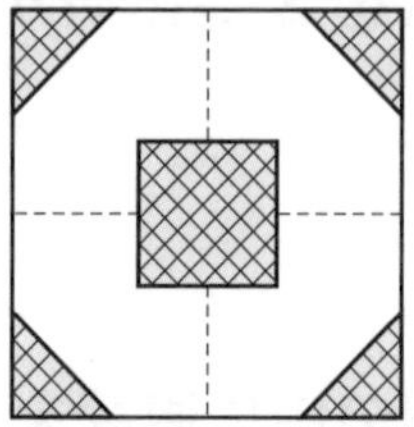

『パズル道場(トレーニングⅡ)』(受験研究社)

[　　]

三角形 ①

なまえ　3年　　組

答え→175ページ

月　　日

時間 20分　合かく 80点　とく点　　点

1 **下の図の中から，つぎの三角形を見つけて，記号《きごう》で書きなさい。** (39点) 1つ13

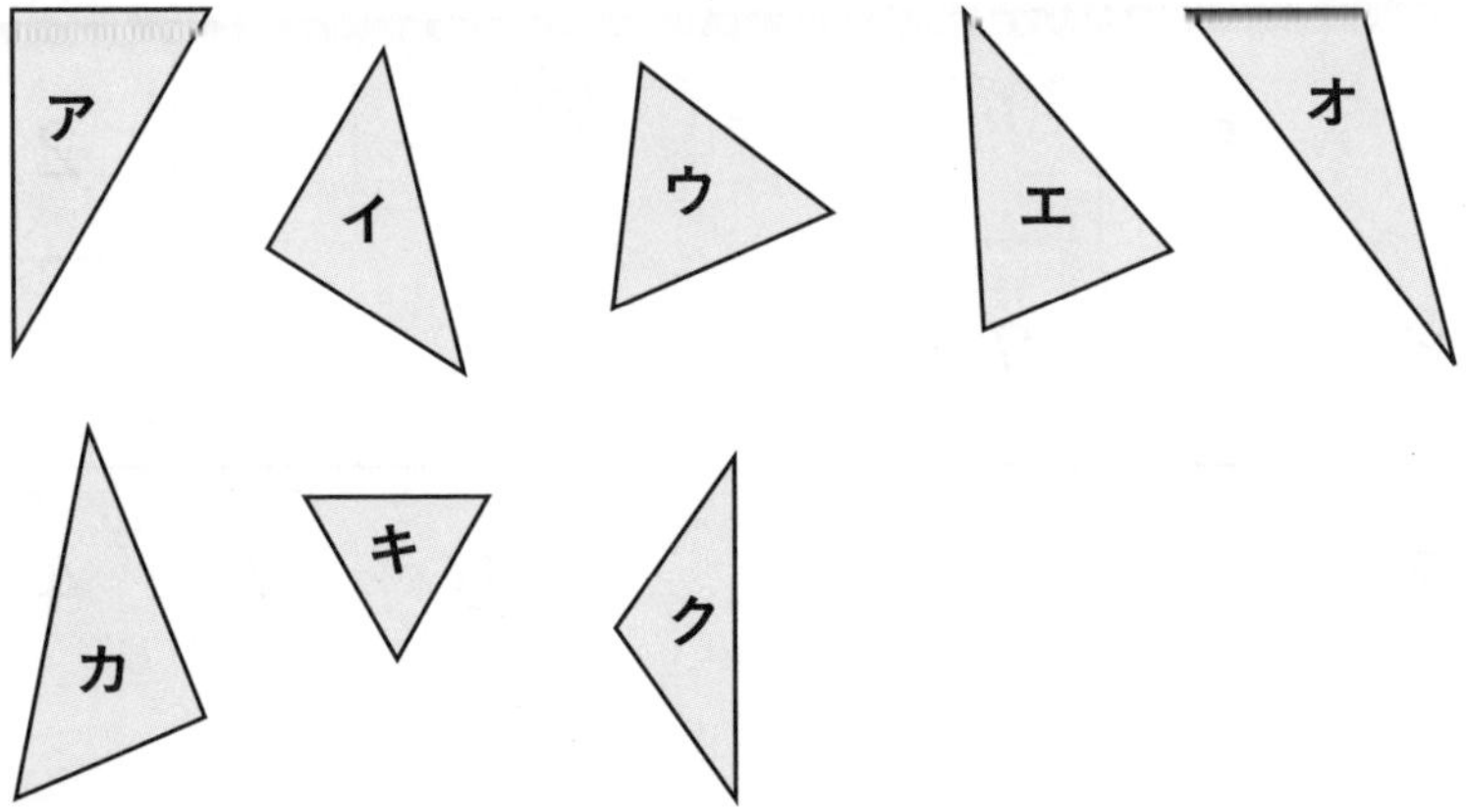

(1) 二等辺三角形《にとうへんさんかくけい》 [　　　　　　]

(2) 正三角形 [　　　　　　]

(3) 直角三角形 [　　　　　　]

2 **つぎの中で，いちばん大きい角はどれですか。記号で書きなさい。** (11点)

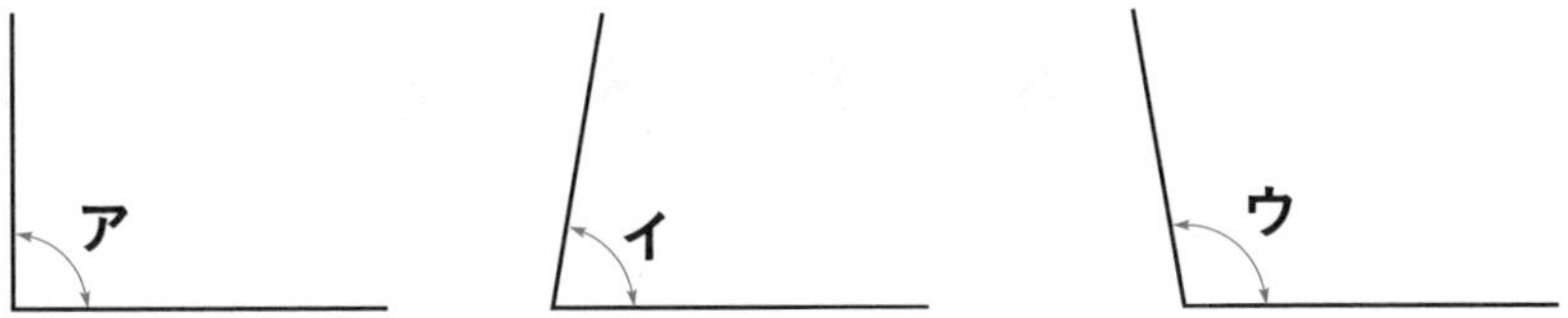

[　　　]

3 **□にあてはまる数や，三角形の名まえを書きなさい。** (30点) 1つ10

(1) 3つの辺《へん》の長さが同じ三角形は□で，□つの角の大きさも同じです。

(2) □は，2つの角の大きさが同じです。

(3) 直角三角形の中にも，□つの角の大きさが同じである□があります。

4 **ものさしとコンパスを使《つか》って，つぎの三角形をかきなさい。** (20点) 1つ10

(1) 辺の長さが5cmの正三角形

(2) 辺の長さが4cm，5cm，5cmの二等辺三角形

算数㉕ 虫食い算（かけ算）②

答え→175ページ　月　日

問題　□にあてはまる数を書きなさい。

目ひょう時間　7分

かけ算も一の位《くらい》から
考えるんだよ。

(1)
```
   □ □
×    3
------
 1 7 1
```

(2)
```
   5 □
×    7
------
 3 □ 9
```

(3)
```
   □ 2
×    □
------
 5 7 4
```

(4)
```
   4 □ 6
×      3
--------
 1 □ 7 8
```

(5)
```
   □ 8 □
×      7
--------
 6 8 8 8
```

三角形 ②

なまえ　3年　組

答え→175ページ

月　日

時間 20分　合かく 80点　とく点　点

1 三角じょうぎには，右の図のように ア，イの２つの形があります。
同じ三角じょうぎを２つ使《つか》って，
つぎの形ができるのはどれですか。

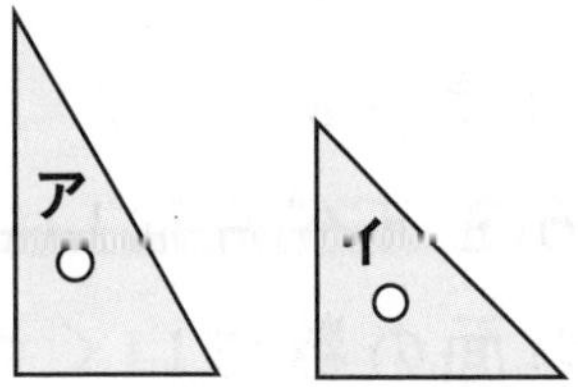

（10点）1つ5

(1) 正三角形　[　　　]

(2) 二等辺三角形《にとうへんさんかくけい》　[　　　]

2 下の角の大きさを，大きいじゅんに，記号《きごう》で書きなさい。

（40点）1つ20

(1)

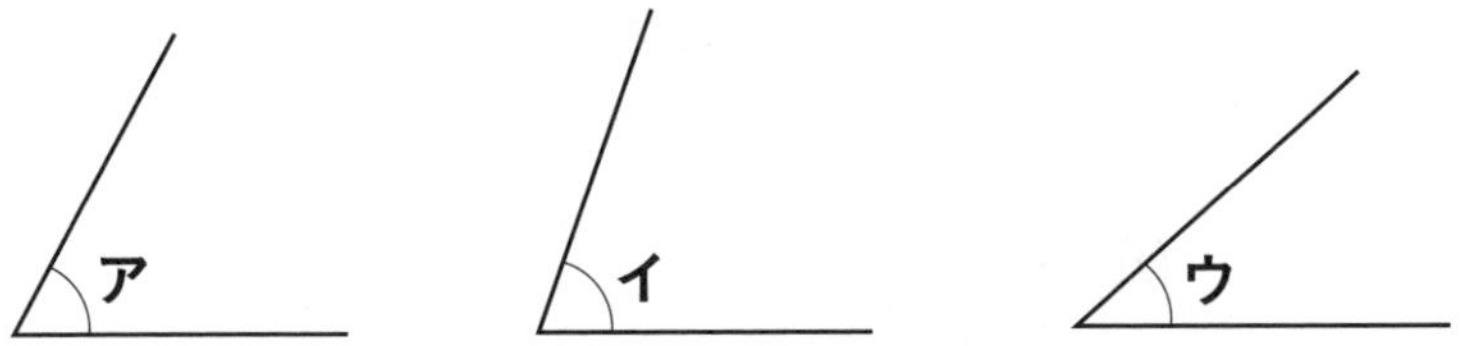

[　　　]

(2)

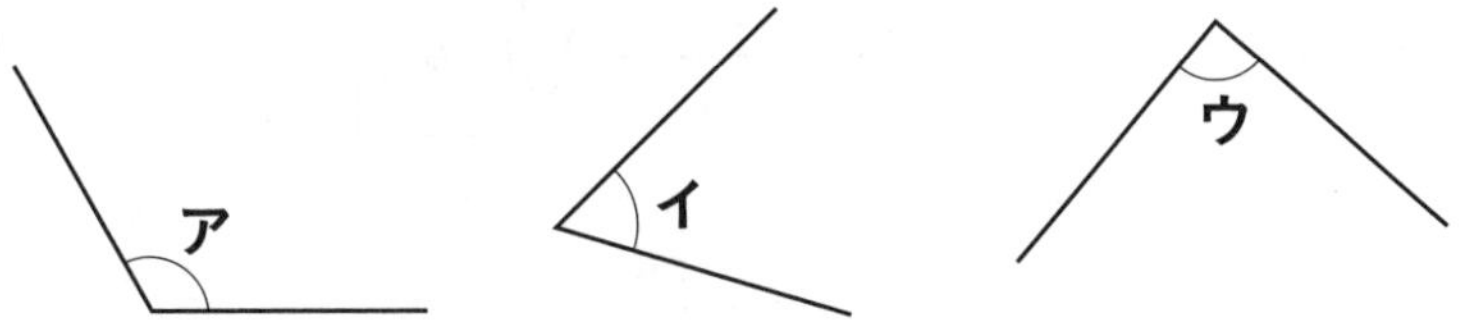

[　　　]

3 正方形に，右のような直線をかきました。

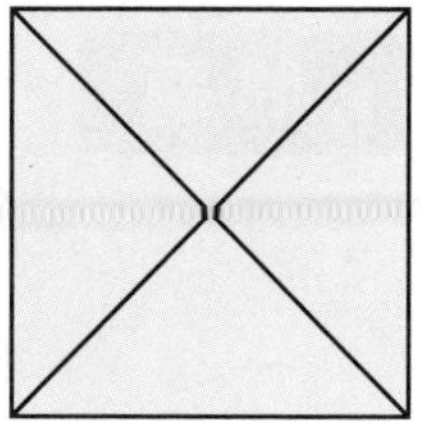

（20点）1つ10

(1) 直角は，いくつありますか。

[　　　]

(2) 二等辺三角形は，いくつありますか。

[　　　]

チャレンジ

4 円とその中心を使って，つぎの三角形をかきなさい。

（30点）1つ15

(1) １つの辺の長さが３cmの正三角形

(2) 辺の長さが３cm，３cm，２cmの二等辺三角形

算数㉖ さいころころがし ②

答え→175ページ　月　日

問題 さいころは向《む》かい合う面《めん》の数をたすと7になります。
図のような正方形のます目にそって，さいころをすべらないように転《ころ》がしていきます。
色のついたます目のいちでは，さいころの上の面の数はいくつですか。

目ひょう時間 5分

さいころの下の面の数を
考えるとわかりやすいかも？

(1)

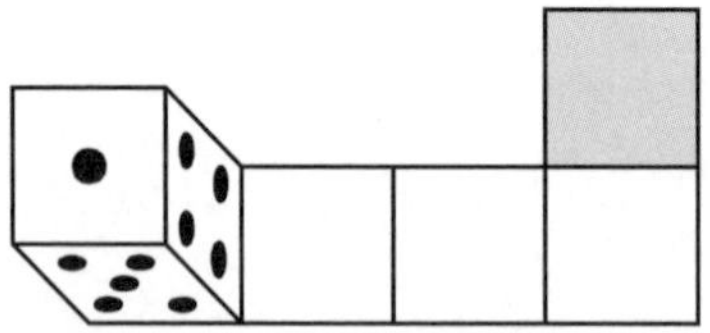

(2)

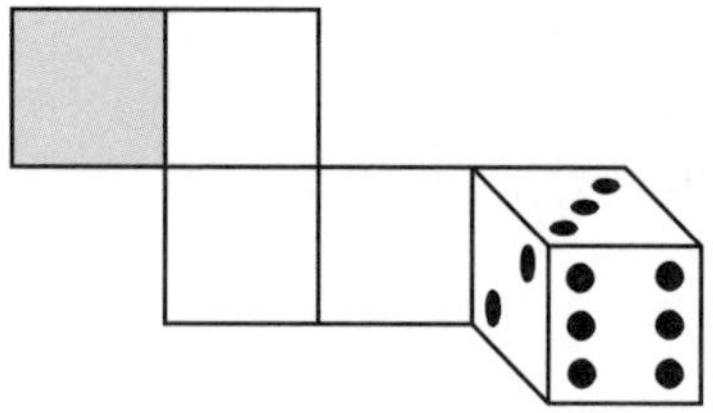

(3)

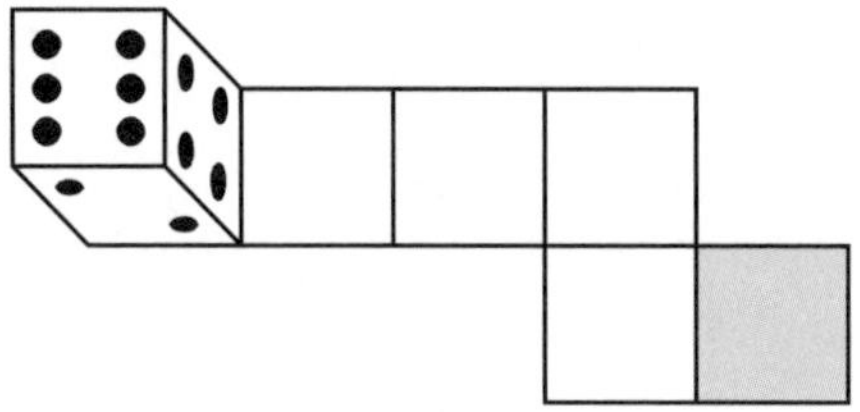

(4)

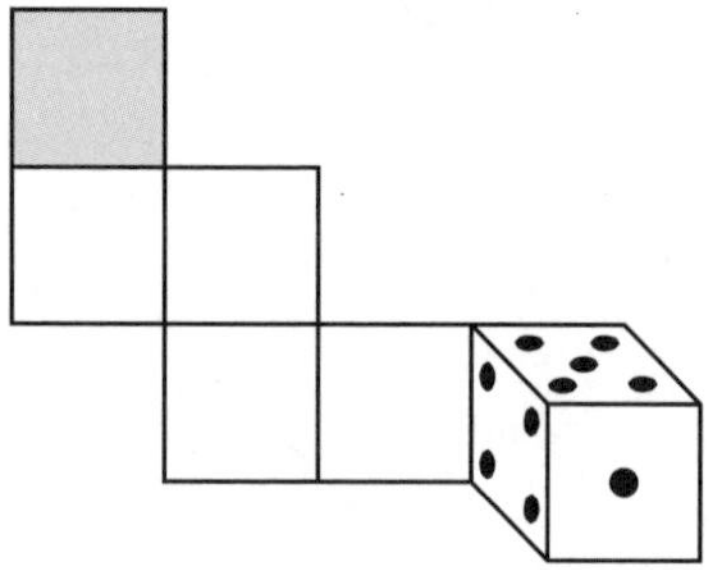

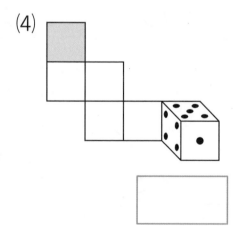

表《ひょう》とグラフ ①

なまえ　3年　　組

答え→175ページ

月　日

時間 20分　合かく 80点　とく点　点

1 **はるかさんの学級の読書調《しら》べの表《ひょう》があります。この表をぼうグラフにかきなさい。**

本のしゅるい	物語《ものがたり》	社会	理科	スポーツ	その他《た》
人　数(人)	13	5	6	12	3

(1) 表題《ひょうだい》を何とつけますか。(6点)

[　　　　]

(2) 1目もりは，何人になっていますか。(6点)

[　　　　]

(3) 表を見て，ぼうグラフにかきかえなさい。(ものさしを使《つか》って，同じはばのぼうにします。)(12点)

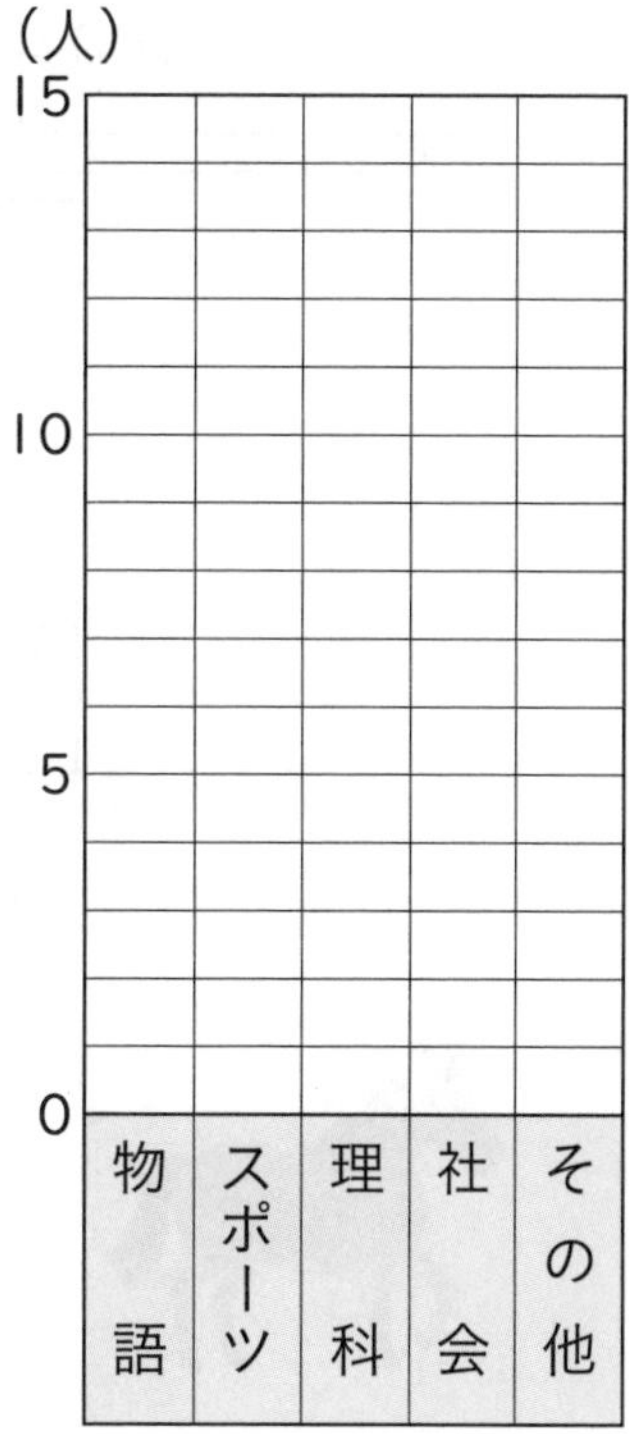

(4) 理科の2倍《ばい》読書しているのは，何ですか。(6点)

[　　　　]

(5) 人数がいちばん少ない本のしゅるいは何ですか。(6点)

[　　　　]

2 **算数のテストの点数を，出せきぼじゅんにならべると，下のようになりました。**

8	8	6	7	6	9	9	7	9	5	10	9	6
7	10	9	8	6	10	9	7	8	7	8	5	8
8	7	7	8	3	8	8	8	9	5	10	7(点)	

(1) せいせきを「正」の字を使って，下の表にまとめなさい。(10点)

点　数		3	4	5	6	7	8	9	10
人数	正								
	数								

(2) この組は，みんなで何人ですか。(8点)　[　　　　]

(3) 人数がいちばん多いのは，何点で何人ですか。(8点)　[　　　　]

(4) 8点より点数が高かった人は，何人ですか。(8点)　[　　　　]

3 **つぎのグラフの1目もりはいくらになっていますか。**

(30点) 1つ10

(1)
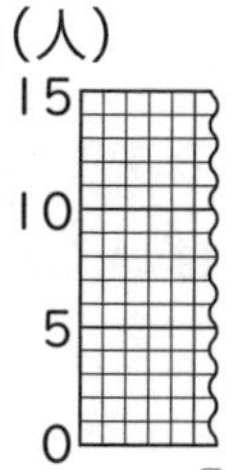

[　　　　]

(2)
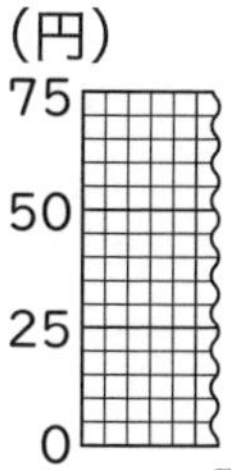

[　　　　]

(3)
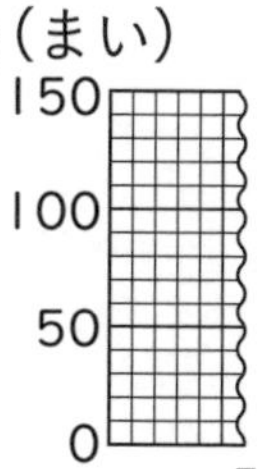

[　　　　]

重さパズル

答え→175ページ　月　日

問題　つり合うように，左右に２こずつおもりをのせなさい。

目ひょう時間　３分

(1)

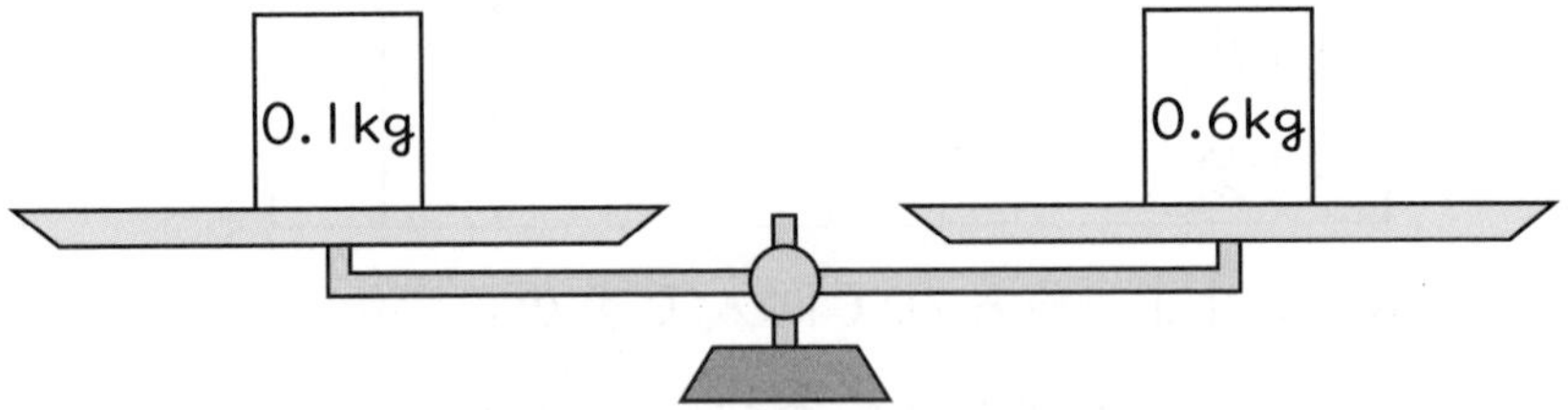

200g　500g　900g　0.7kg

(2)

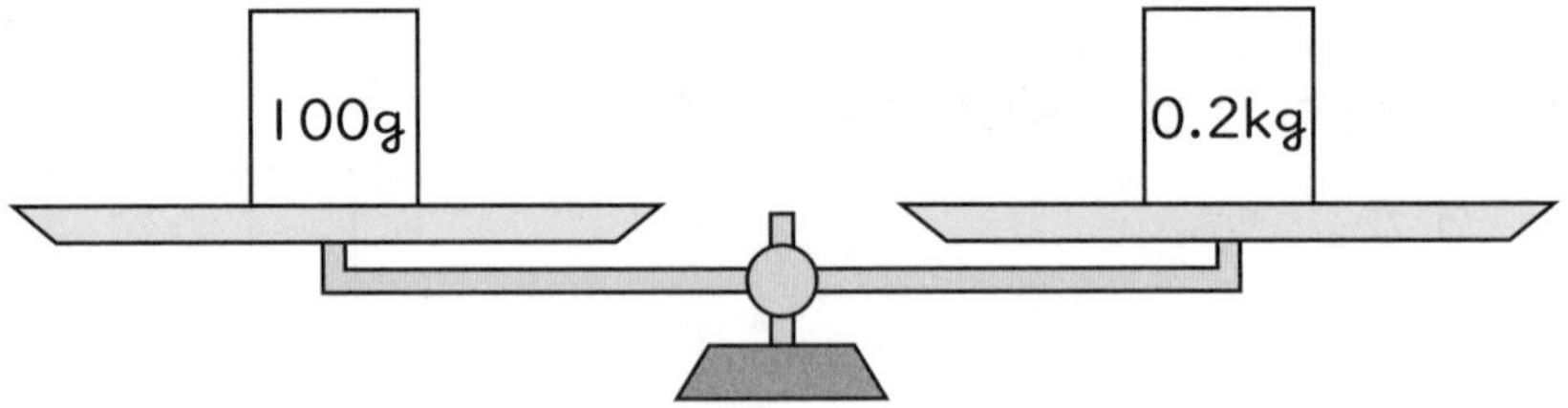

300g　1000g　0.6kg　1.2kg

左右のおもりの重さの
合計はいくらかな？

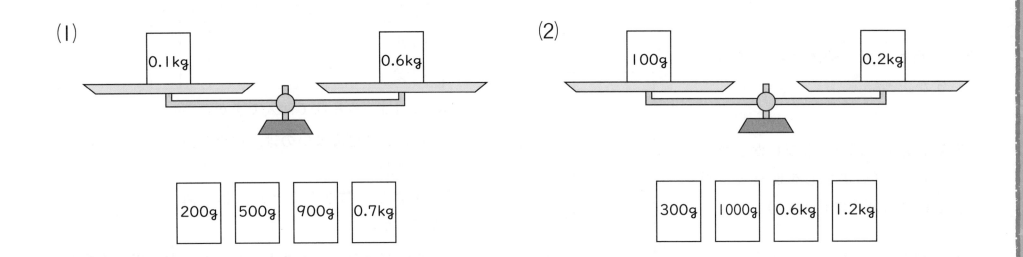

表《ひょう》とグラフ ②

なまえ　3年　組

答え→176ページ　月　日

時間 20分　合かく 80点　とく点　点

算数
理科
社会
英語
国語
答え

1 下の表《ひょう》は，ある学校で4月，5月，6月にけがをした人の数と，けがのしゅるいを調《しら》べたものです。

けがをした人の数（4月）

しゅるい	数（人）
すりきず	15
うちみ	31
切りきず	12
ねんざ	6
その他《た》	12
合計	

けがをした人の数（5月）

しゅるい	数（人）
すりきず	29
うちみ	42
切りきず	7
ねんざ	5
その他	10
合計	

けがをした人の数（6月）

しゅるい	数（人）
すりきず	24
うちみ	18
切りきず	5
ねんざ	2
その他	8
合計	

(1) それぞれの月の，けが人の合計をもとめなさい。（15点）1つ5

4月［　　　］　5月［　　　］　6月［　　　］

(2) それぞれの月ごとに表《あらわ》した3つの表を，1つの表に整理《せいり》します。下の表のあいているところに数を入れなさい。

（46点）1つ2

けがの記ろく

しゅるい ＼ 月	4月（人）	5月（人）	6月（人）	合計（人）
すりきず				
うちみ				
切りきず				
ねんざ				
その他				
合　計				226

2 グラフを見て，答えなさい。

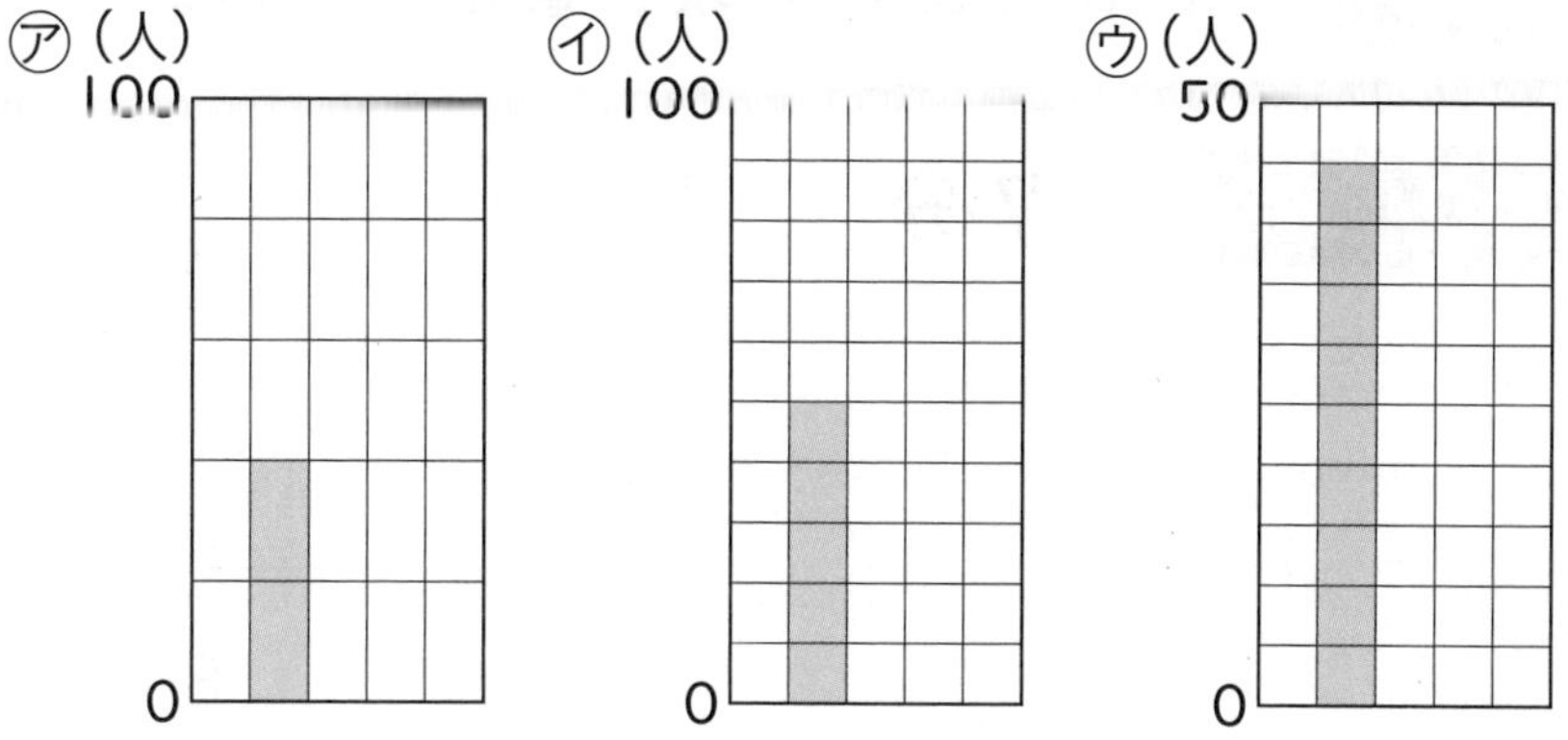

(1) 1目もりは，何人を表していますか。（15点）1つ5

㋐［　　　］　㋑［　　　］　㋒［　　　］

(2) それぞれのグラフは，何人を表していますか。（15点）1つ5

㋐［　　　］　㋑［　　　］　㋒［　　　］

チャレンジ

3 グラフを見て，答えなさい。

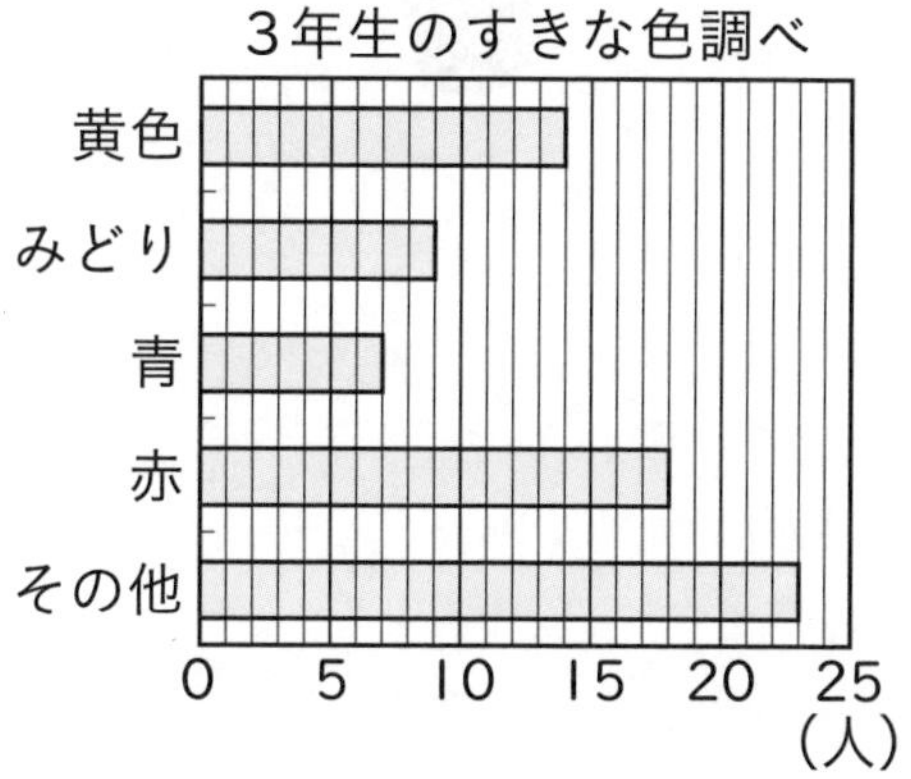

(1) 何を調べたグラフですか。（4点）

［　　　］

(2) いちばん多い色は何色ですか。（5点）

［　　　］

思考力トレーニング

算数㉘ 虫食い算（ひき算）②

答え→176ページ

月　日

問題　□にあてはまる数を書きなさい。

目ひょう時間　7分

(1)

	□	3	2
−		□	5
		8	□

(2)

	□	4	□
−		6	9
		□	2

(3)

	□	7	3
−	2	□	7
	1	0	□

たし算とひき算,
どちらを使うか,
まちがえないようにね。

(4)

	4	6	□	□
−	2	□	0	8
	□	7	1	9

(5)

	□	3	□	1
−	5	7	6	□
	3	□	6	9

算数

29 いろいろな問題《もんだい》

なまえ　3 年　　組

答え→176 ページ　月　日

時間 20分　合かく 80点　とく点　点

1 まおさんの年れいを 7 倍《ばい》して 3 をひくと，おじいさんの年れいの 60 才になります。まおさんの年れいは，何才ですか。（15 点）

[　　]

2 たて 30 m，横《よこ》 15 m の長方形の土地があります。この土地のまわりに，3 m おきにさくらの木を植《う》えます。（24 点）1 つ 12

(1) 長方形の土地のまわりは，何 m ありますか。

[　　]

(2) さくらの木は何本いりますか。

[　　]

3 画用紙を 8 まい買って，200 円はらいました。おつりが，40 円でした。この画用紙 1 まいのねだんは，何円ですか。（15 点）

[　　]

4 かずおさんの年れいは 7 才で，お兄さんの年れいはかずおさんの 2 倍です。また，お父さんの年れいはお兄さんの 3 倍です。お父さんは，いま何才ですか。（15 点）

[　　]

チャレンジ

5 ももとレモンを合わせると，全《ぜん》部《ぶ》で 23 こあります。レモンは，ももより 5 こ少ないそうです。ももとレモンは，それぞれ何こありますか。（15 点）

もも [　　]　レモン [　　]

チャレンジ

6 みかんを 8 こ買って 500 円出すと，20 円おつりがあります。このみかんを 7 こ買って，500 円出したとき，おつりはいくらになりますか。（16 点）

[　　]

算数 ㉙

ぼうパズル

答え→176ページ　月　日

問題　これらのぼうをつなぎ合わせて，１mの長さにしてください。
ただし使《つか》わないぼうもあります。

目ひょう時間　３分

(1)

- 35cm
- 0.3m
- 250mm
- 0.4m
- 150mm

(2)

- 23cm
- 0.2m
- 370mm
- 47cm
- 100mm
- 13cm

たんいのちがいに注意《ちゅうい》しよう。

チャレンジテスト 3

なまえ　3年　組

答え→176ページ

月　日

時間 25分　合かく 80点　とく点　点

1 つぎの計算をしなさい。 (18点) 1つ3

(1) 2.8＋3.6　(2) 4.4－0.7　(3) 9.4－5.7

(4) $\frac{3}{7}+\frac{3}{7}$　(5) $\frac{5}{8}+\frac{2}{8}$　(6) $\frac{8}{9}-\frac{3}{9}$

2 右の図は，それぞれの円の中心を通るように，半《はん》径《けい》4 cm の円をいくつもならべたものです。円の中心を通る線の長さは何 cm ですか。 (14点)

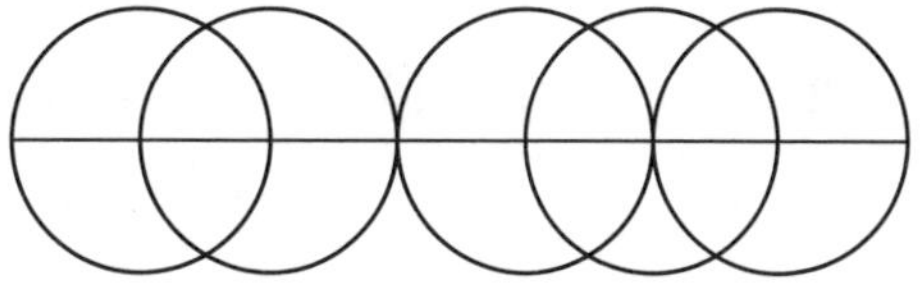

[　　]

3 右の図は，正三角形を 2 つ合わせてつくった形です。 (16点) 1つ8

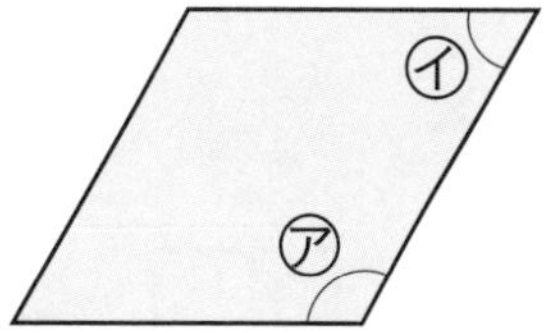

(1) ㋐の角は，㋑の角の何倍《なんばい》ですか。

[　　]

(2) 4 つの辺《へん》の長さは，どうなっていますか。

[　　]

4 ひろったどんぐりの数を調《しら》べて，下のグラフをつくりました。 (36点) 1つ12

ひろったどんぐりの数

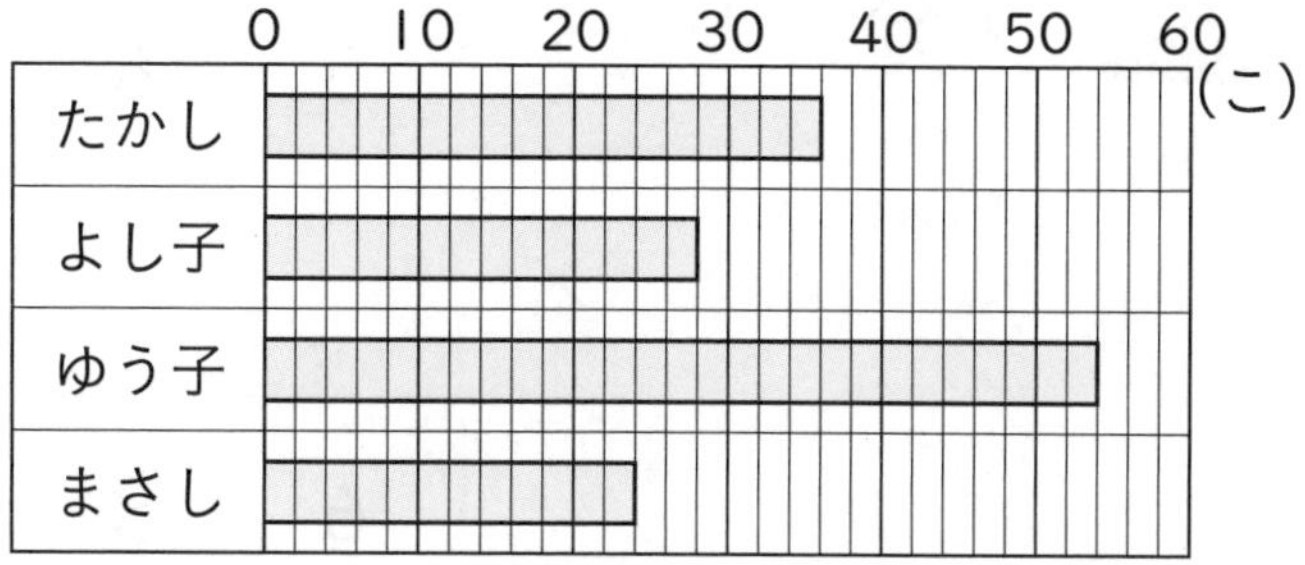

(1) 1 めもりは，何こですか。

[　　]

(2) たくさんひろったじゅんに，なまえを書きなさい。

[　　] [　　] [　　] [　　]

(3) ゆう子さんがひろったどんぐりの数と，まさしさんがひろったどんぐりの数のちがいは，何こですか。

[　　]

5 40 m ある道のかたがわに，5 m おきにまつの木を植《う》えます。道の両《りょう》はしには電柱《でんちゅう》が立っています。まつの木は何本いりますか。 (16点)

[　　]

思考力トレーニング

算数 ㉚ 虫食い算（かけ算）③

答え→176ページ

月　日

問題 □にあてはまる数を書きなさい。

目ひょう時間 7分

(1)
$$\begin{array}{rrr} & 5 & 6 \\ \times & & \square \\ \hline \square & 6 & 8 \end{array}$$

(2)
$$\begin{array}{rrr} & \square & 5 \\ \times & & 6 \\ \hline 4 & \square & 0 \end{array}$$

(3)
$$\begin{array}{rrr} & 8 & 4 \\ \times & & \square \\ \hline 3 & \square & 6 \end{array}$$

九九をちゃんとおぼえていれば，数があてはめられるね。

(4)
$$\begin{array}{rrrr} & \square & 3 & 6 \\ \times & & & 2 \\ \hline & 2 & \square & \square \end{array}$$

(5)
$$\begin{array}{rrrr} & 2 & \square & 3 \\ \times & & & \square \\ \hline & \square & 7 & 2 \end{array}$$

(6)
$$\begin{array}{rrrr} & \square & \square & 8 \\ \times & & & 3 \\ \hline 1 & 4 & 3 & \square \end{array}$$

仕《し》上《あ》げテスト 1

なまえ　3年　組

答え→177ページ　月　日

時間 25分　合かく 80点　とく点　点

1 □にあてはまる数を書きなさい。(12点) 1つ2

(1) 6×□=3×6　(2) 8×□=0

(3) (2×3)×4=2×(3×□)　(4) □×6=(4×2)×6

(5) 7×8=7×□+7　(6) 4×5+8=4×□

2 つぎの計算をしなさい。(24点) 1つ3

(1) 42÷7　(2) 72÷8　(3) 64÷8　(4) 35÷7

(5) 136 + 138　(6) 219 + 463　(7) 350 − 129　(8) 599 − 237

3 □にあてはまる数を書きなさい。(20点) 1つ2

(1) 2000 mL=□dL　(2) 4500 g=□kg□g

(3) 6070 m=□km□m

(4) 3時間=□分　(5) 95秒=□分□秒

(6) 3 L=□mL　(7) 5 kg 80 g=□g

4 右の図は，球《きゅう》を半分に切ったときの切り口です。(12点) 1つ3

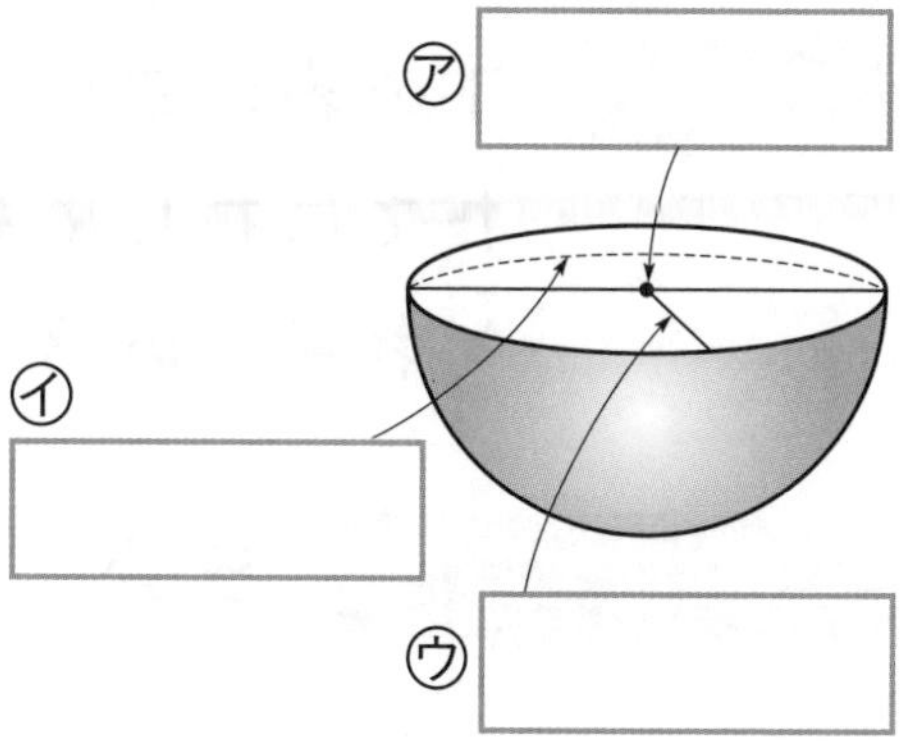

(1) 切り口は，どんな形をしていますか。

［　　　］

(2) □にあてはまることばを書きなさい。

5 はばが 50 cm の本だながあります。本のあつさが 6 cm の本をならべると，何さつならべることができますか。(8点)

［　　　］

6 下の数の線で，↑のところの数を書きなさい。(12点) 1つ3

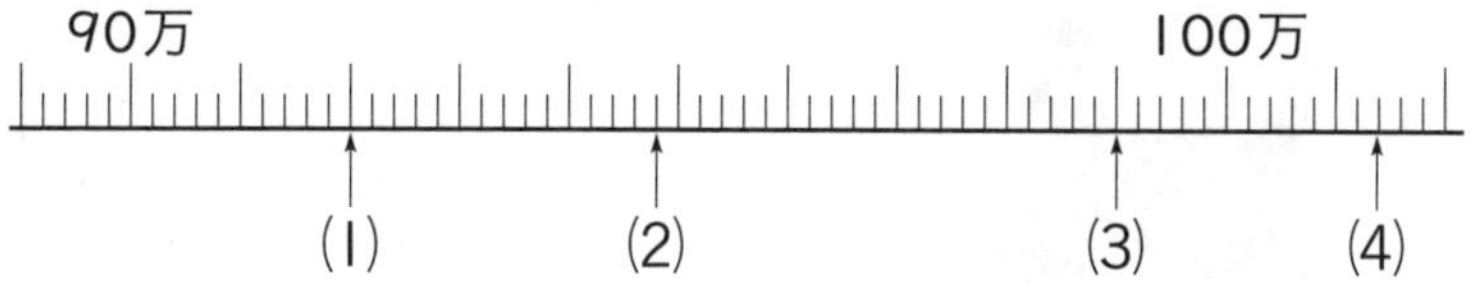

(1)［　　　］ (2)［　　　］ (3)［　　　］ (4)［　　　］

7 あきらさんの体重《たいじゅう》は 32 kg で，妹は 19 kg です。お母さんは 2 人の体重を合わせた重さより，3 kg 軽《かる》いです。お母さんの体重は何 kg ですか。(12点)

［　　　］

まほうじん ③

答え→177ページ

月　日

問題　下の表《ひょう》のあいているところに整数《せいすう》を入れ，
たてにたしても横《よこ》にたしてもななめにたしても，
それぞれの３つの数をたした答えが同じになるようにしなさい。

目ひょう時間　５分

6		10
		3
	9	

『パズル道場（トレーニングⅡ）』（受験研究社）

算数 32 仕《し》上《あ》げテスト 2

なまえ　3年　　組

答え→177ページ

月　　日

時間 25分　合かく 80点　とく点　　点

1 つぎの計算をしなさい。あまりが出るときは，あまりも出しなさい。 (48点) 1つ3

(1) $\frac{2}{5}+\frac{2}{5}$　　(2) $1-\frac{7}{10}$

(3) 0.8＋0.7　　(4) 1.5－0.6

(5) 49÷7　　(6) 75÷9

(7) 50÷6　　(8) 0÷5

(9) 84×6　　(10) 52×5　　(11) 436×3　　(12) 648×9

(13) 37×45　　(14) 46×38　　(15) 285×37　　(16) 875×24

2 つぎのはりを読み，いくらか書きなさい。 (9点) 1つ3

(1)
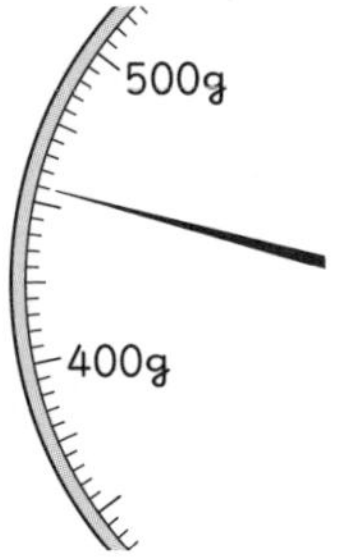

[　　　]

(2)
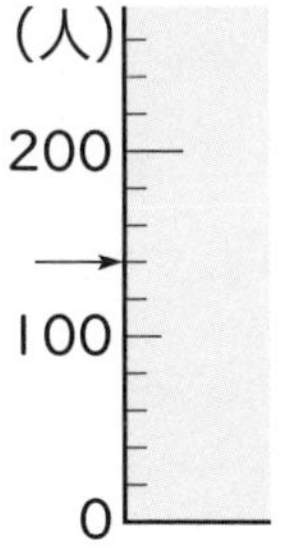

[　　　]

(3)
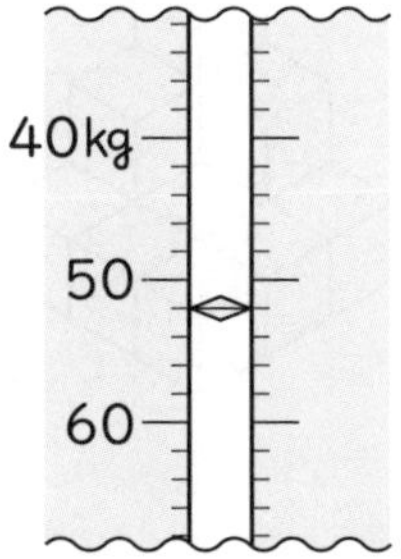

[　　　]

3 □にあてはまる数を書きなさい。 (18点) 1つ3

(1) 760＋□＝1000　　(2) □＋345＝631

(3) □－154＝620　　(4) 980－□＝719

(5) 4×□＝112　　(6) □×8＝256

4 ひろ子さんの家から学校へ行くとちゅうには，公園と店があります。家から店までの道のりは2km，学校から公園までの道のりは3km 700m，公園と店の間の道のりは800mです。家から学校までの道のりをもとめなさい。 (10点)

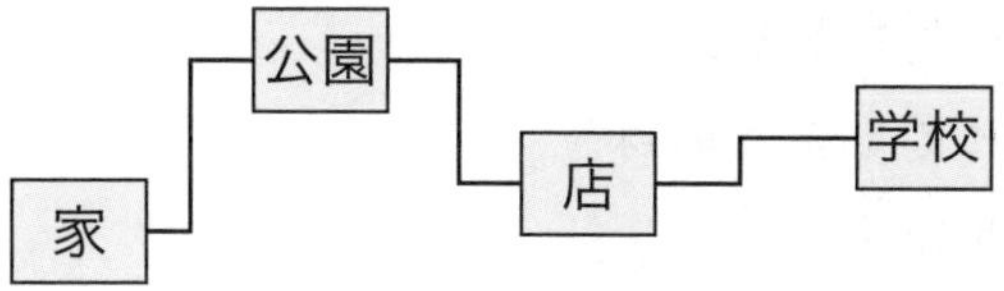

[　　　]

5 長さ15cmの紙テープを，つなぎ目を2cmにして下の図のように10まいつなぎました。つないだ紙テープの長さは，何m何cmになりましたか。 (15点)

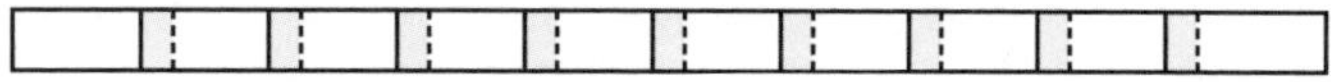

[　　　]

投《とう》えい図 ③

答え→177 ページ　月　日

問題　右の立体は，サイコロの形の立体をつみあげて作ったものです。
横《よこ》(矢《や》じるしの方向)から見たときの形をかきなさい。

目ひょう時間　5分

横から見たとき，
かくれてしまうのは
どれかな？

(1)

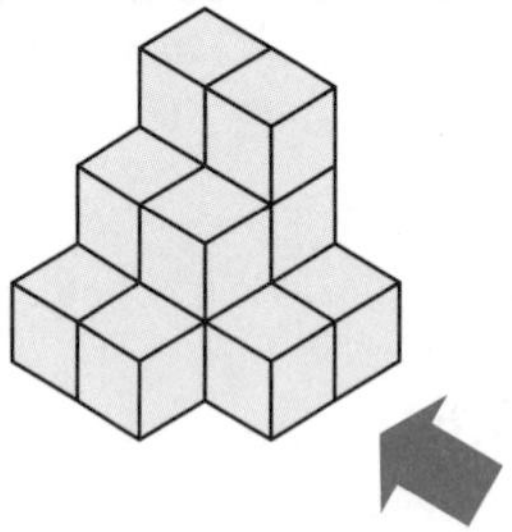

(2)

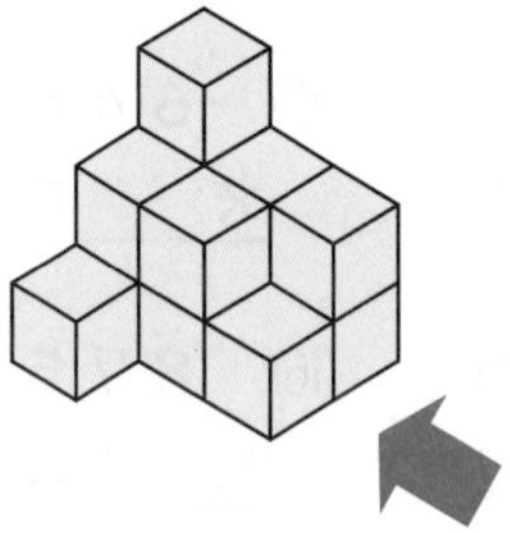

(3)

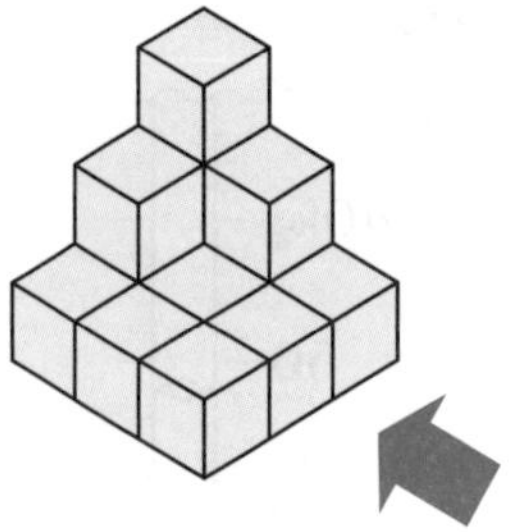

『パズル道場(トレーニングⅡ)』(受験研究社)

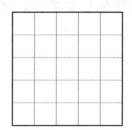

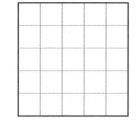

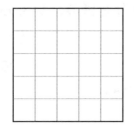

草花を育《そだ》てよう

なまえ　3 年　　組

答え→177 ページ

月　日

時間 25 分　合かく 80 点　とく点　点

1 **右の図は，スズメノテッポウとハルジオンです。**（25 点）1 つ 5

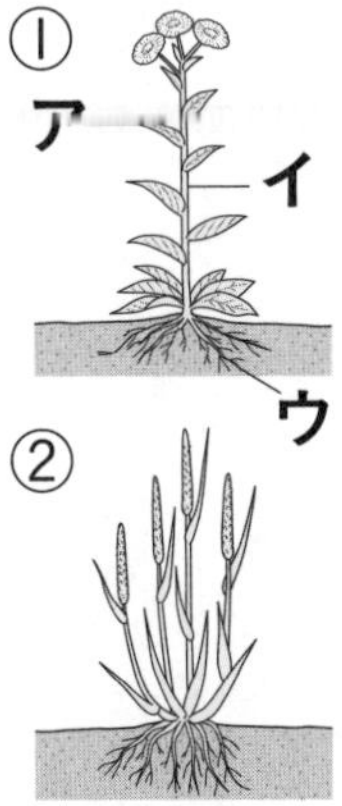

(1) ①の草花の**ア**～**ウ**のなまえを書きなさい。

ア [　　　　]　**イ** [　　　　]

ウ [　　　　]

(2) ②の草花のなまえを書きなさい。

[　　　　]

チャレンジ

(3) ①の草花の**ウ**には，どのような役《やく》わりがありますか。[　　　　]

2 **ア～ウは，何の草花のたねですか。[　]の中に草花のなまえを書きなさい。また，①～③の[　]の中にめと同じたねの記号《きごう》を書きなさい。**（24 点）1 つ 4

ア

[　　　　]

イ

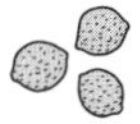

[　　　　]

ウ

[　　　　]

①

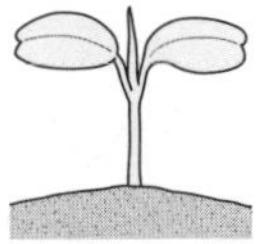

[　　]

②

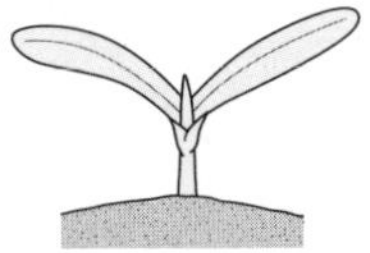

[　　]

③

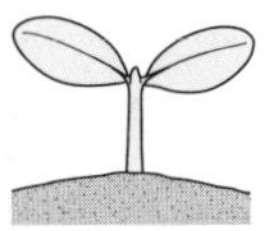

[　　]

3 **次《つぎ》の文の[　]にあてはまることばを書きなさい。**（10 点）1 つ 5

たねができたころのヒマワリは，葉《は》やくきが [①　　　　] 色になり，冬になると [②　　　　] しまう。

4 **ヒマワリがたねから育つじゅん番を，[　]の中にア～オの記号で書きなさい。**（10 点）1 つ 2

ア

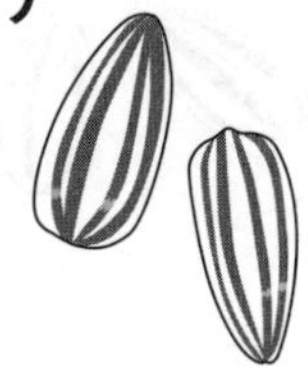

イ

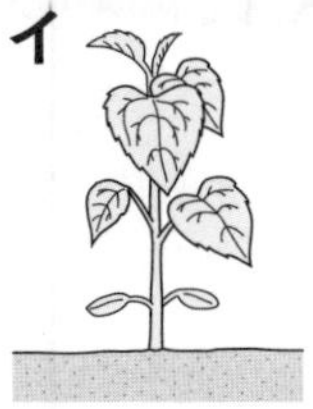

ウ

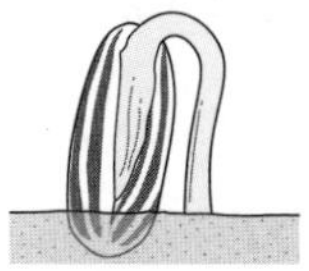

エ

オ

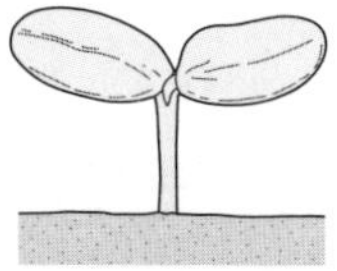

[　　] → [　　] → [　　] → [　　] → [　　]

5 **ヒマワリとホウセンカのたねを花だんにまきます。次のまき方はどちらのたねですか。[　]の中に書きなさい。**

（10 点）1 つ 5

(1) たねをばらばらとちらすようにしてまく。[　　　　]

(2) １つ１つあなをあけ，その中にまく。[　　　　]

6 **右の図は，ある草花のめばえです。**

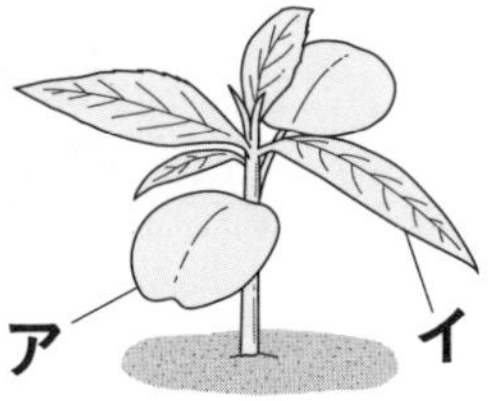

(1) **ア**，**イ**のなまえを書きなさい。（8 点）1 つ 4

ア [　　　　]　**イ** [　　　　]

(2) 先に出てくる葉は，**ア**，**イ**のどちらですか。（4 点）[　　]

(3) このあと大きくなっていく葉は，**ア**，**イ**のどちらですか。

[　　]（4 点）

チャレンジ

(4) 草花の葉は，日光をより多く受《う》けるために，どのようについていますか。（5 点）[　　　　]

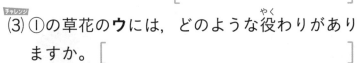

思考力トレーニング

理科①　たね，めばえ，花の組み合わせ

答え→177ページ　月　日

問題　次《つぎ》の４つの植物《しょくぶつ》を，たね，めばえ，花のじゅんにつなぎなさい。

目ひょう時間　３分

わかるものから
じゅんにつないで
いこう。

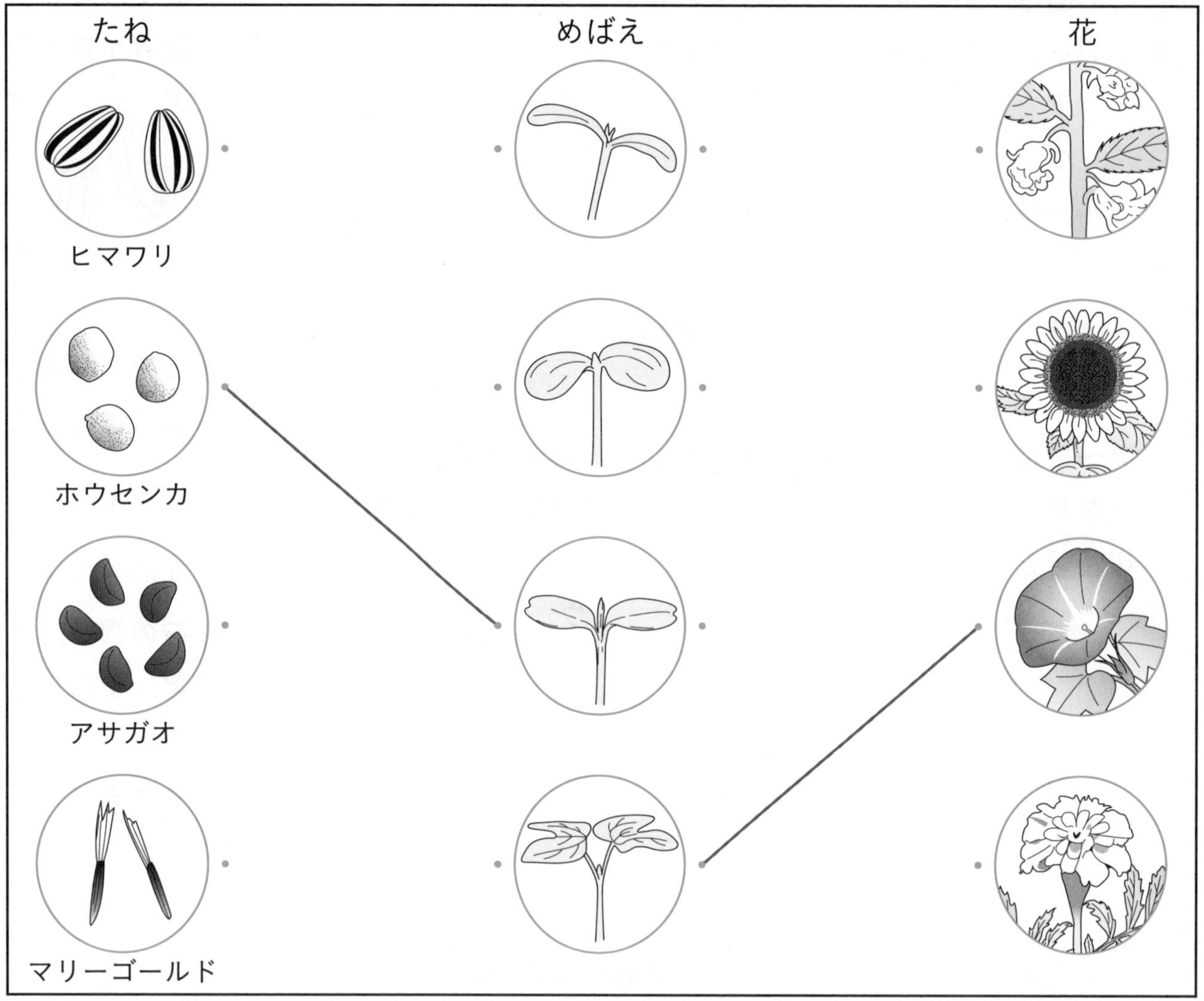
たね
めばえ
花
ヒマワリ
ホウセンカ
アサガオ
マリーゴールド

理科 2

こん虫を育《そだ》てよう

なまえ　3 年　　組

答え→178 ページ　　月　　日

時間 25 分　合かく 80 点　とく点　　点

1 モンシロチョウがたまごをうもうとしています。 (12 点) 1 つ 6

(1) たまごは，何の葉《は》にうみますか。次《つぎ》の**ア**〜**エ**からえらんで，記号《きごう》で答えなさい。 [　　]

ア ミカンの葉　　**イ** キャベツの葉

ウ ニンジンの葉　　**エ** ヘチマの葉

(2) モンシロチョウが，(1)の葉にたまごをうむのはなぜですか。

[　　　　　　　　　　]

2 下の図は，モンシロチョウのからだのつくりをかいたものです。①〜⑧のなまえを書きなさい。 (32 点) 1 つ 4

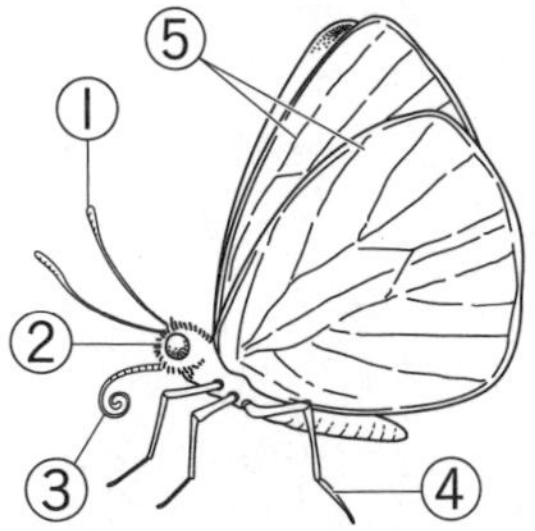

① [　　]
② [　　]
③ [　　]
④ [　　]
⑤ [　　]

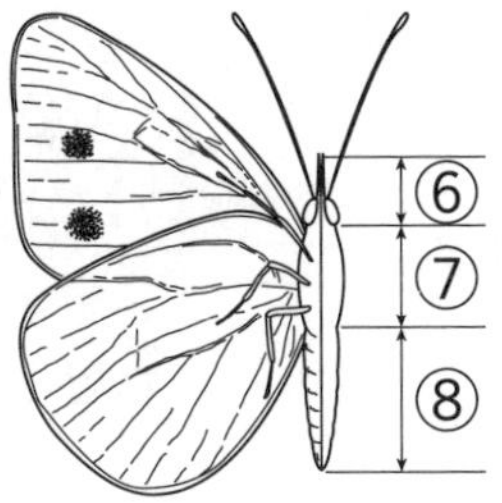

⑥ [　　]
⑦ [　　]
⑧ [　　]

3 こん虫の一生には，次のアとイの 2 通りがあります。(1)〜(6)のこん虫は，ア，イのどちらになりますか。 (18 点) 1 つ 3

ア たまご→よう虫→さなぎ→せい虫 と育つもの。

イ たまご→よう虫→せい虫 と育つもの。

(1) バッタ [　　]　(2) チョウ [　　]　(3) トンボ [　　]

(4) カイコガ [　　]　(5) カマキリ [　　]　(6) アリ [　　]

4 右の図は，モンシロチョウの頭のようすです。 (12 点) 1 つ 6

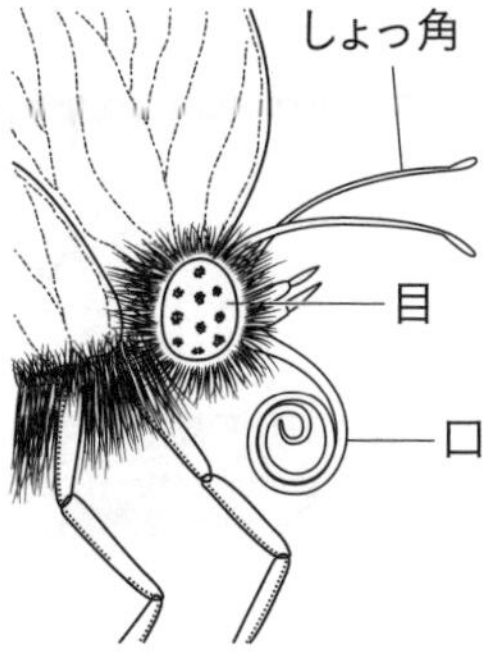

(1) 食《た》べ物《もの》をとるときは，口をどのようにしますか。 [　　　　]

(2) しょっ角の役目《やくめ》は何ですか。次の**ア**〜**エ**から 2 つえらんで，記号で答えなさい。 [　　・　　]

ア においをかぎ分ける。

イ 花のみつをすう。

ウ まわりのようすを知る。　**エ** 花ふんをためておく。

5 次のア〜カの生き物について答えなさい。

ア オオカマキリ　　**イ** アキアカネ

ウ ナナホシテントウ　　**エ** アブラゼミ

オ トノサマバッタ　　**カ** ダンゴムシ

(1) **ア**〜**カ**の生き物のうち，よう虫とせい虫ですんでいる場所《ばしょ》がかわるものをすべてえらんで，記号で答えなさい。(8 点)

[　　　　]

(2) **ア**〜**カ**の生き物のうち，こん虫でないものはどれですか。記号で答えなさい。(8 点) [　　]

チャレンジ

(3) **ア**〜**オ**の生き物のせい虫を，食べ物のしゅるいで分けると，**ア**，**イ**，**ウ**と**エ**，**オ**の 2 つのなかまに分けられます。**ア**，**イ**，**ウ**のなかまはどんなものを食べますか。(10 点) [　　　　]

こん虫のすみか

答え→178ページ　月　日

問題　次《つぎ》の４つのこん虫は，どのようなところにすんでいますか。

目ひょう時間　３分

こん虫は，食《た》べ物《もの》があり，かくれる場所《ばしょ》があるところにたくさんすんでいるよ。

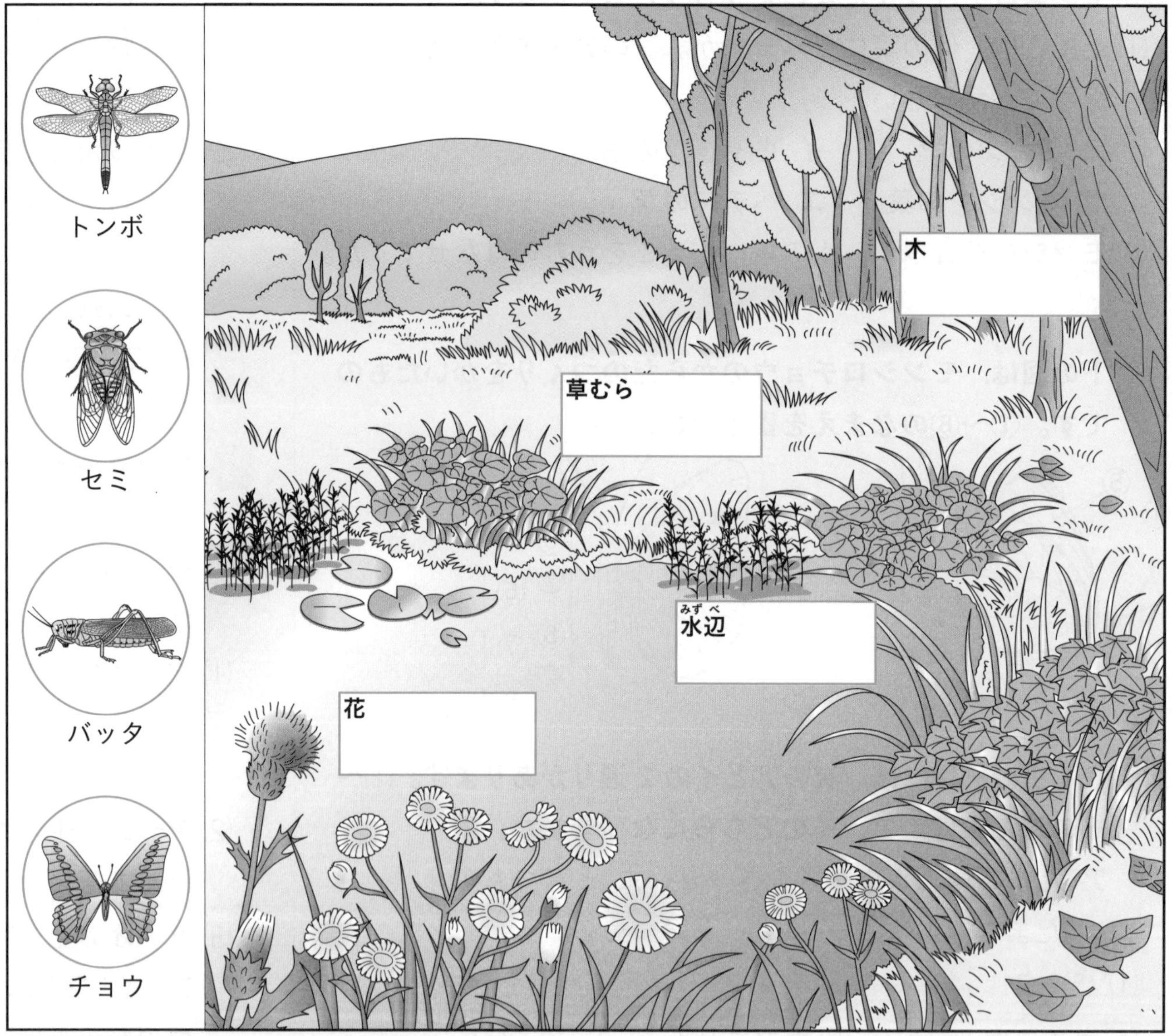
トンボ
セミ
バッタ
チョウ
木
草むら
水辺《みずべ》
花

日なたと日かげ

なまえ　3 年　　組

答え→178 ページ

月　日

時間 25 分　合かく 80 点　とく点　点

1 **1 時間ごとに，ぼうのかげを画用紙にかきました。** (18 点) 1 つ 6

(1) ①の時こくを書きなさい。

[　　　　]

(2) ②のとき，太陽《たいよう》は，**ア**，**イ**のどちらの方向《ほうこう》に見えますか。

[　　　　]

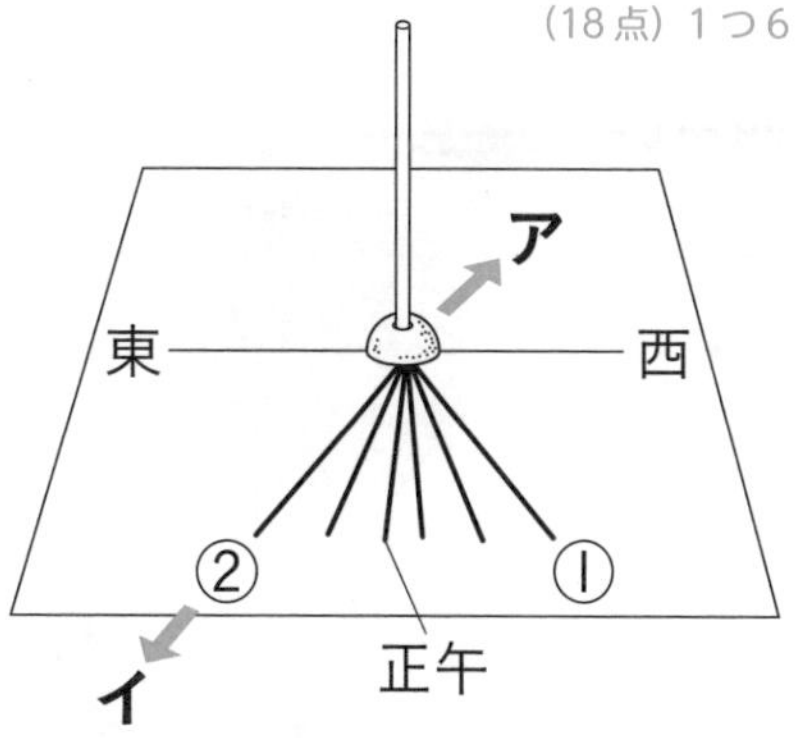

チャレンジ
(3) 昼と夕方では，どちらのほうがかげの長さが長いですか。

[　　　　]

2 **ぼう温度計《おんどけい》の使《つか》い方《かた》について答えなさい。** (20 点) 1 つ 4

(1) 温度計の目もりを読むとき，目の正しいいちは**ア**～**ウ**のどれですか。記号《きごう》で答えなさい。

[　　　　]

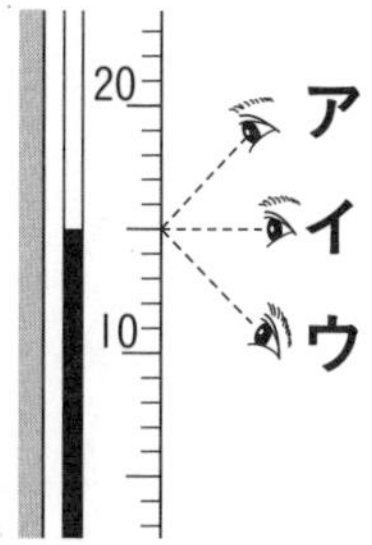

(2) 図の温度計の目もりを読みなさい。[　　　　]

(3) 温度計の使い方として，正しいものには○を，まちがっているものには×を書きなさい。

① 地面《じめん》の温度をはかるときは，温度計で地面をほる。

[　　　　]

② 目もりを読むときは顔から 20 ～ 30 cm はなして温度計を持《も》つ。

[　　　　]

③ 温度計を持つときは，えきだめの部分《ぶぶん》を持つ。[　　　　]

3 **日なたと日かげの，地面の温度やしめりぐあい，明るさを表《ひょう》にしました。①～⑥にあてはまることばを書き入れなさい。** (30 点) 1 つ 5

	温　度	しめりぐあい	明　る　さ
日かげ	①	②	③
日なた	④	⑤	⑥

4 **図のように地面にぼうを立てて，かげの動《うご》きを調《しら》べました。** (32 点) 1 つ 8

(1) **イ**の太陽でできたかげは，**エ**～**カ**のどれですか。

[　　　　]

(2) **エ**のかげができたとき，太陽は**ア**～**ウ**のどれですか。

[　　　　]

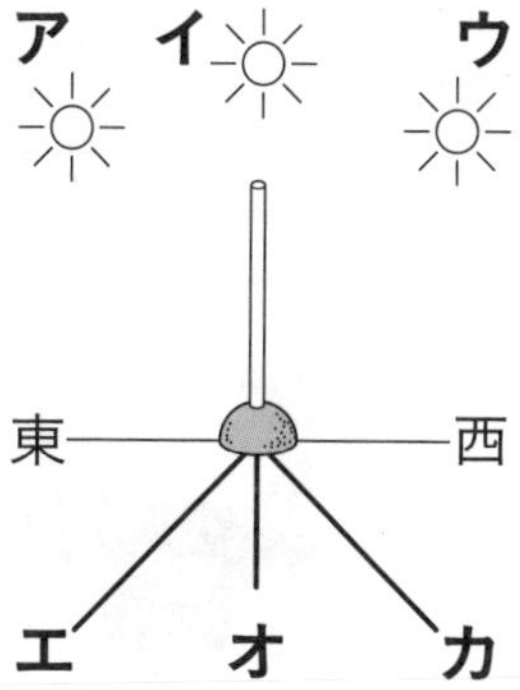

(3) かげは，どちらからどちらへ動きますか。**エ**～**カ**の記号で答えなさい。

[　　　→　　　→　　　]

チャレンジ
(4) かげの動き方をもとにすると，太陽は 1 日の中でどのように動くとわかりますか。「東」「西」「南」「北」のうち，3 つを使って書きなさい。

[　　　　　　　　　　]

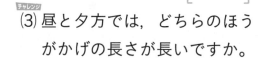

理科③ かげふみ

答え→178ページ

月　日

問題　図のア～オの5人の中で，かげふみに負《ま》けない人が2人います。だれとだれですか。その理由《りゆう》も答えなさい。

目ひょう時間　5分

★かげふみのルール

・おにもそうでない人も，四角いわくから出てはいけません。

・かげのどこか一部《いちぶ》でもおににふまれたら，負けになります。

わくの中にかげが
なければいいんだね。

ア
イ
ウ
エ
オ
おに

記号《きごう》　　　理由

記号　　　理由

光と音について調《しら》べよう

なまえ　3 年　　組

答え→178 ページ　月　日

時間 25 分　合かく 80 点　とく点　点

1 **四角形のかがみを 3 まい使《つか》って，右の図のように光をかべにはね返《かえ》しました。**

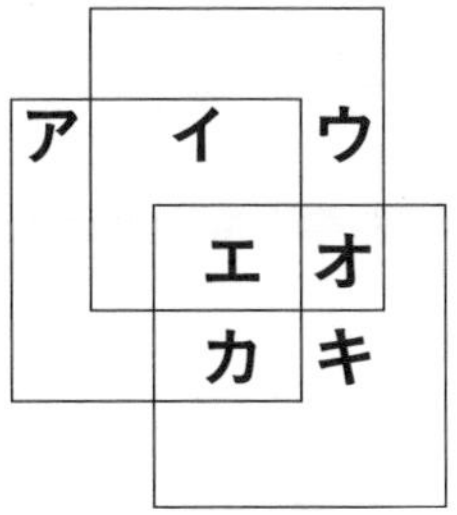
ア
イ
ウ
エ
オ
カ
キ

(1) 次《つぎ》の①～③にあてはまる部分《ぶぶん》をそれぞれ記号《きごう》で答えなさい。(21 点) 1 つ 7

① いちばん明るい部分。［　　　］

② **イ**と同じ明るさの部分。［　　・　　］

③ いちばんはやくあたたまる部分。［　　　］

(2) 光を多く重《かさ》ねると，明るさと温度《おんど》はどうなりますか。

明るさ［　　　　　］　温度［　　　　　］ (14 点) 1 つ 7

2 **右の図は，虫めがねを通った日光の進《すす》み方《かた》を表《あらわ》しています。** (35 点) 1 つ 7

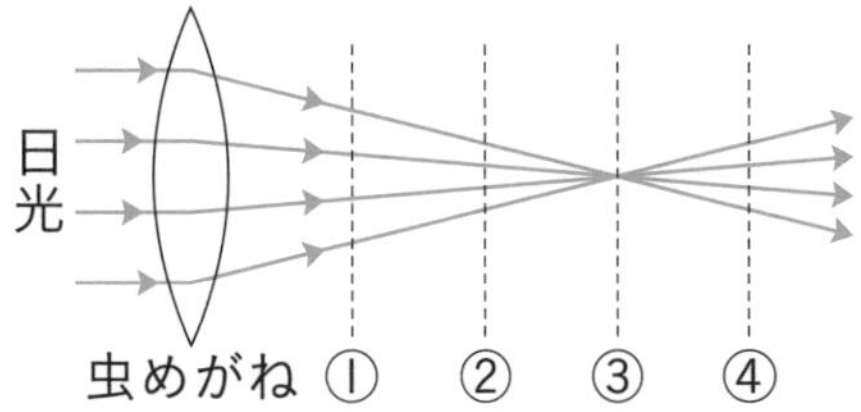
日光
虫めがね
①
②
③
④

(1) 図の①～④に黒い紙をおいて光をあてると，どのようになりますか。次の**ア**～**ウ**からえらんで，記号で答えなさい。

ア

イ

ウ

①［　　　］　②［　　　］　③［　　　］　④［　　　］

(2) 図の①～④で，光があたった部分の温度がいちばん高くなるのはどれですか。番号で答えなさい。［　　　］

3 **同じ形の 2 つのコップのうち，アには水を，イには黒い絵《え》の具《ぐ》で色をつけた水を同じりょう入れました。2 つのコップを日なたに出し，15 分後に温度をはかりました。** (18 点) 1 つ 6

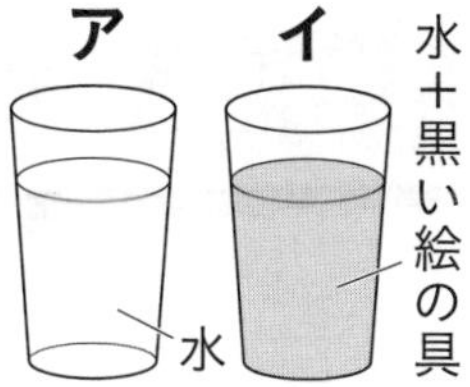
ア
イ
水
水＋黒い絵の具

(1) 温度が高いのは，**ア**と**イ**のどちらですか。［　　　］

チャレンジ
(2) かげがこいのはどちらですか。［　　　］

チャレンジ
(3) 日光を通しやすいのはどちらですか。［　　　］

4 **ビーズをたいこの上にのせて皮《かわ》をたたくと，ビーズがとびはねながら，動《うご》いていることがわかりました。** (12 点) 1 つ 6

(1) ビーズの動きから，たいこをたたくと，たいこの皮はどうなるとわかりますか。次の**ア**～**エ**からえらんで，記号で答えなさい。［　　　］

ビーズ
皮
たたく

ア とまる。　**イ** ふるえる。

ウ やわらかくなる。　**エ** かたくなる。

(2) たいこを(1)のときにくらべて強くたたくと，ビーズのとびはね方はどのようにかわりますか。

［　　　　　　　　　］

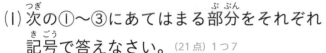

理科④ レーザービームの進《すす》み方《かた》

答え→179ページ

月　日

問題　光がかがみではね返《かえ》るのと同じように，レーザービームをかがみではね返して，まとにあてなさい。

目ひょう時間　5分

レーザービームの進《すす》み方《かた》は，
光の進み方と同じだよ。

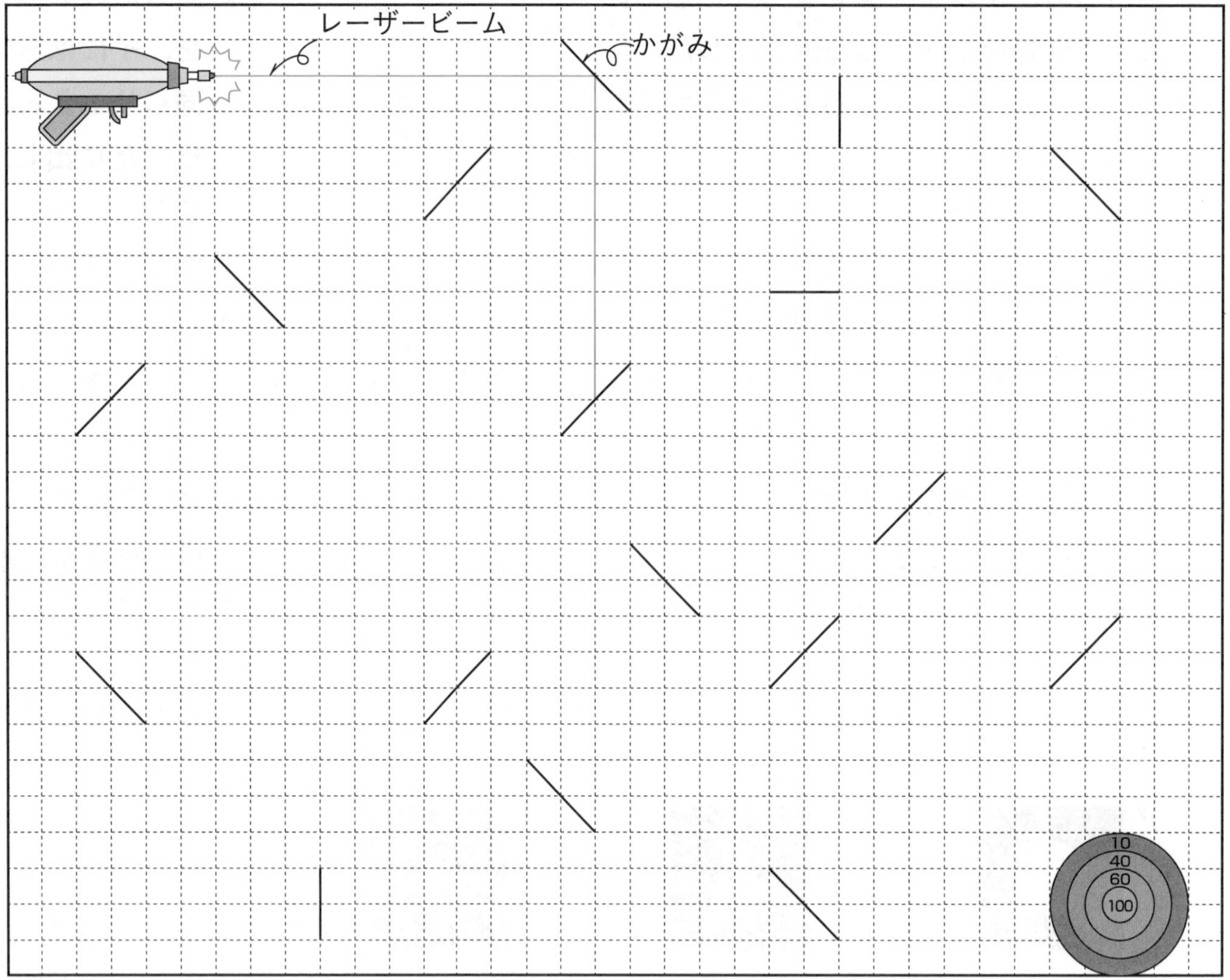
レーザービーム
かがみ
10
40
60
100

明かりをつけよう

なまえ　3 年　組

答え→179 ページ　月　日

時間 25分　合かく 80点　とく点　点

1 次《つぎ》の図で，豆電球《まめでんきゅう》がつくものには○を，つかないものには×を書きなさい。(40 点) 1 つ 5

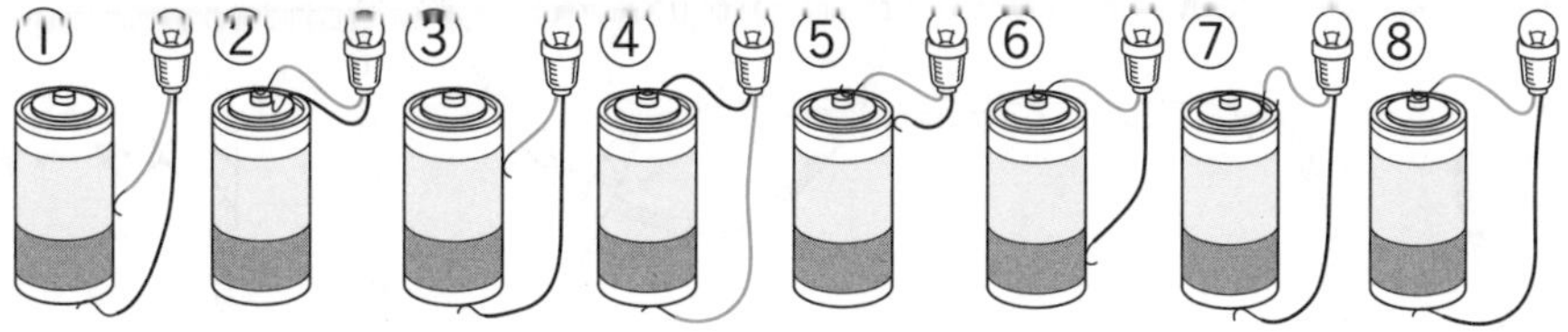

①
②
③
④
⑤
⑥
⑦
⑧

[　] [　] [　] [　] [　] [　] [　] [　]

2 豆電球に明かりがつくようにどう線をつなぎなさい。(16 点) 1 つ 8

(1)　(2)

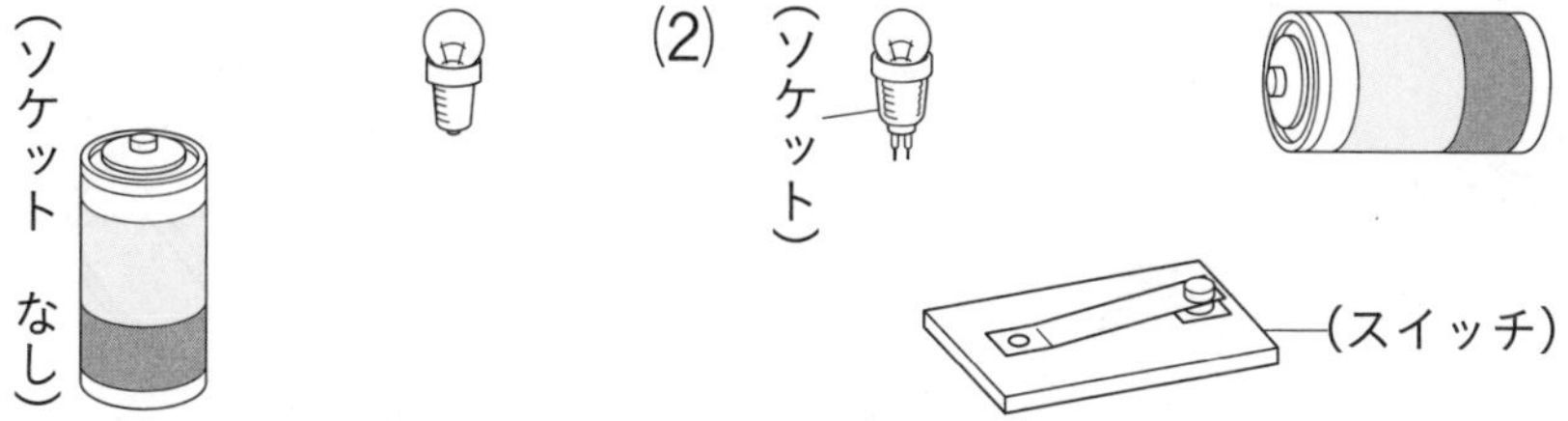

(ソケット なし)
(ソケット)
(スイッチ)

チャレンジ

3 右の図のような鉄《てつ》くぎのついた板《いた》があります。どう線のはしを「①と②」「②と④」「②と⑦」につなぐと，豆電球の明かりがつきます。この板のうらはどのように線がつながっていると考えられますか。次のア～ウからえらんで，記号《きごう》で答えなさい。(9 点)　[　]

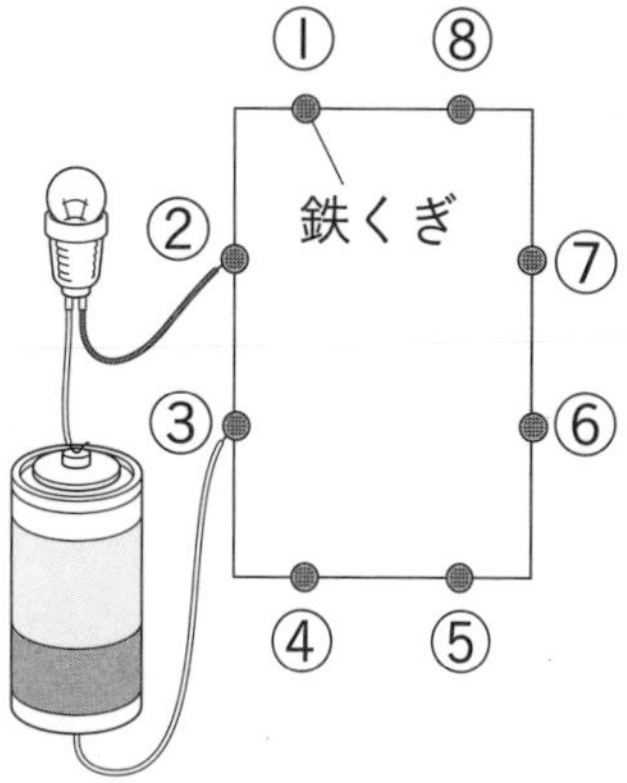

①
⑧
②
鉄くぎ
⑦
③
⑥
④
⑤

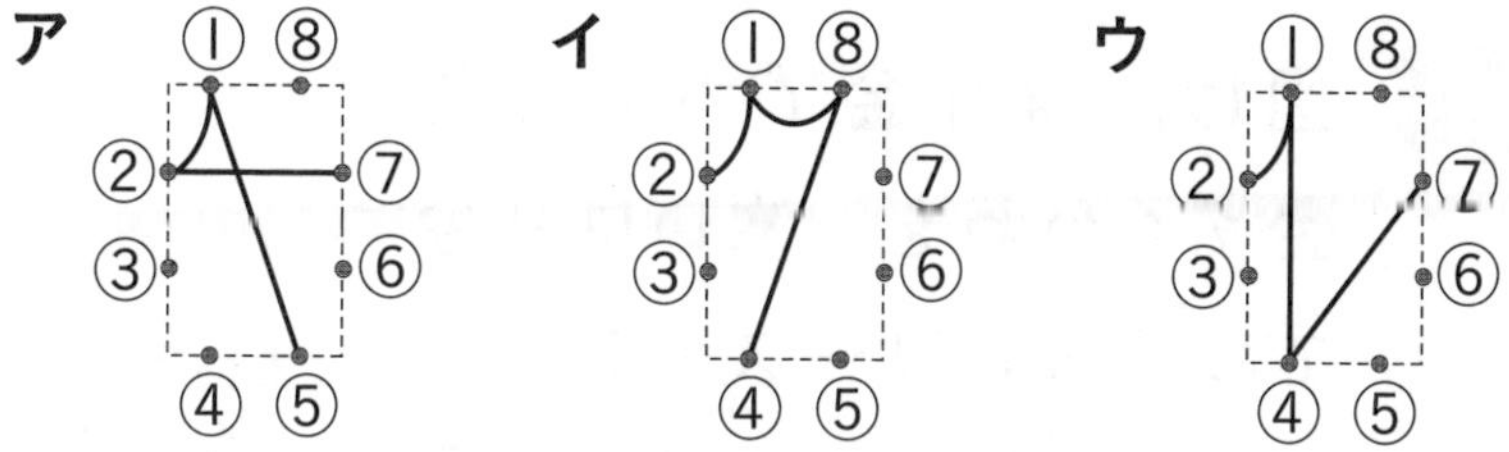

ア
イ
ウ
①
⑧
②
⑦
③
⑥
④
⑤

4 右の図のような，電気が通るかどうかを調《しら》べる道具《どうぐ》をつくりました。

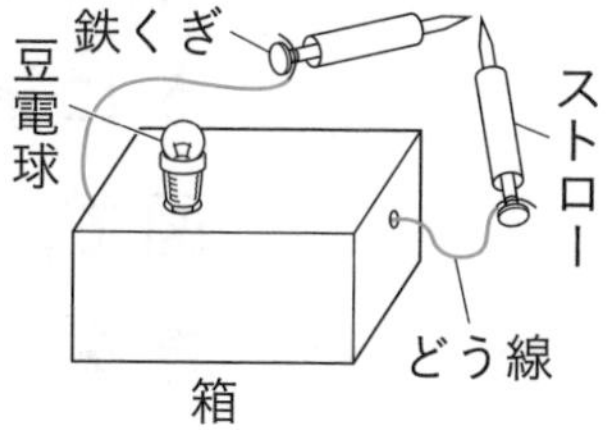

鉄くぎ
豆電球
ストロー
どう線
箱

(1) 箱《はこ》の中のどう線は，どのようになっていると考えられますか。下の図に線をかいて，つなぎなさい。(5 点)

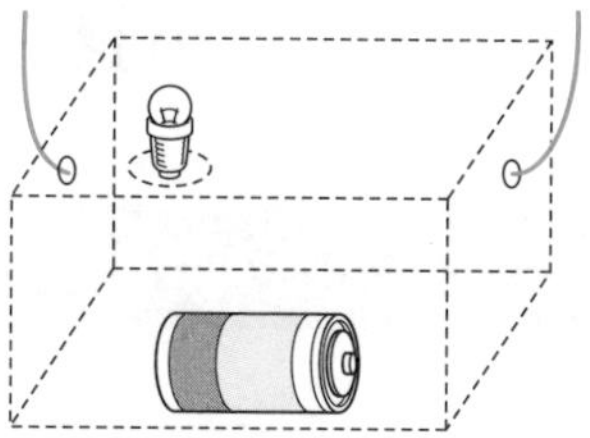

(2) この道具を使《つか》って，次の①～④について電気を通すかどうかを調べました。電気を通すものには○を，通さないものには×を書きなさい。(20 点) 1 つ 5

① ノート [　]　② 鉄のクリップ [　]
③ ガラスのコップ [　]　④ 10 円玉 [　]

5 右の図のようなものをつくりました。クリップを←→のところで動《うご》かすと，豆電球の明かりはどうなりますか。(10 点)

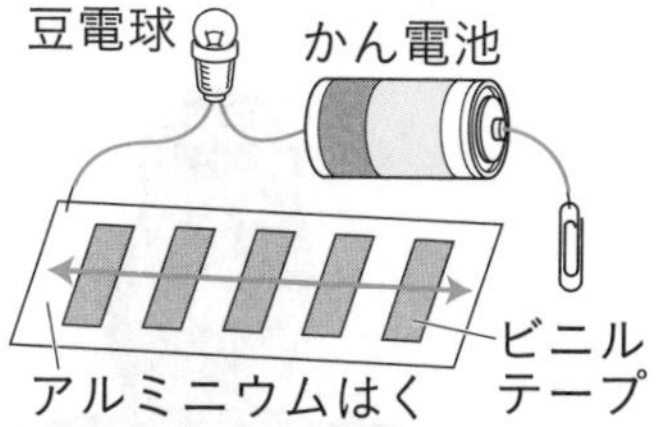

豆電球
かん電池
ビニルテープ
アルミニウムはく

[　]

思考力トレーニング 理科 ⑤

電気の通り道

答え→179 ページ　月　日

問題

図は，はり金でつくった金ぞくのわを，太いはり金でつくったコースのスタートからゴールまで，豆電《まめでん》球《きゅう》に明かりがつかないように通すおもちゃです。図で，豆電球の明かりがつきました。このときの電気の通り道をなぞりなさい。

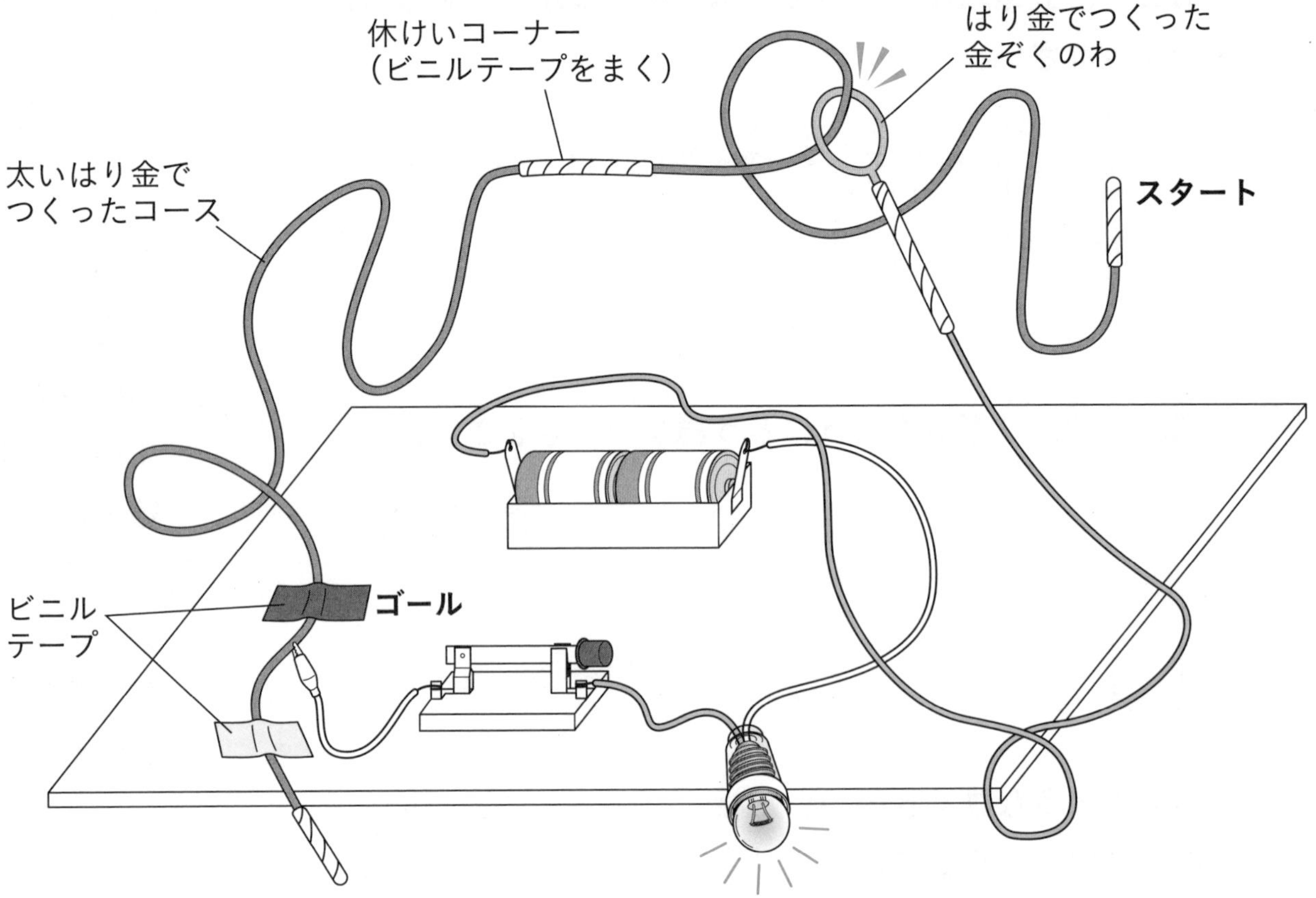
休けいコーナー
（ビニルテープをまく）
はり金でつくった
金ぞくのわ
スタート
太いはり金で
つくったコース
ゴール
ビニル
テープ

目ひょう時間　**5分**

金ぞくのわがコースにふれると，回路《かいろ》がつながって，豆電球の明かりがつくんだよ。

ものの重《おも》さと風やゴムのはたらき

なまえ　3年　組

答え→179ページ　月　日

時間 25分　合かく 80点　とく点　点

1 台ばかりを使《つか》って，ねんどの重《おも》さをいろいろな方法《ほうほう》ではかりました。

(1) 右の図のように，四角いねんどの重さを台ばかりではかると50gでした。ねんどをすべて使って，星の形にして重さをはかると何gになりますか。(12点)　[　　　g]

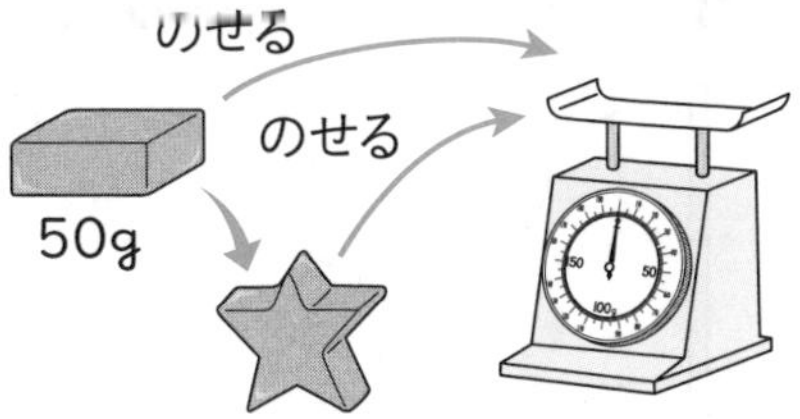

(2) (1)のねんどを①のように大きさをそろえずに3つに切り分けたものと，②のように大きさをそろえて切り分けたものをすべて台ばかりにのせて，それぞれ重さをはかりました。

①・②の重さはどうなりますか。次《つぎ》の**ア～ウ**からそれぞれえらんで，記号《きごう》で答えなさい。(24点) 1つ12

①

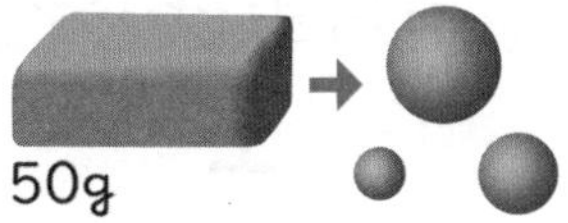

[　　]

②

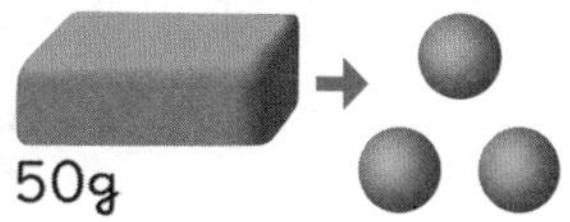

[　　]

ア 50gより重くなる。　**イ** 50gより軽《かる》くなる。

ウ 50gで重さはかわらない。

2 鉄《てつ》，木，ゴムのどれかでできた同じ体せきのおもりの重さを調《しら》べ，表《ひょう》にまとめました。(33点) 1つ11

しゅるい	鉄	木	ゴム
重さ(g)	156	9	33

(1) ゴムのおもり2この重さは何gですか。　[　　　g]

(2) 表から，もののしゅるいがちがうとき，同じ体せきでくらべると重さはどうなっていますか。次の**ア～エ**からえらんで，記号で答えなさい。　[　　]

ア 同じになっている。　**イ** ちがっている。

ウ 軽くなっている。　**エ** 重くなっている。

チャレンジ

(3) 同じ重さの鉄と木とゴムのおもりを用意《ようい》しました。体せきがいちばん大きいものはどれですか。　[　　]

3 ゴムにプロペラをつけた車をつくりました。

ゴムをまいた回数	10	20	30
動いた長さ〔m〕	5	?	15

プロペラをまいてはなすと車は前に進《すす》みます。そのときのゴムをまいた回数と動《うご》いた長さを上の表にしめしました。20回まいたときに動く長さは，次のア～ウのどれになりますか。(15点)　[　　]

ア 5mより短《みじか》い　**イ** 5m～15mの間

ウ 15mより長い

4 次の文の[　]にあてはまることばを書きなさい。(16点) 1つ8

船には大きなぬのをつけたはん船があり，この大きなぬのをほという。はん船は[①　　　]をほに受《う》けて進み，[①]の強さが強くなると，進む速《はや》さは[②　　　]。

理科 ⑥ 風やゴムの力

答え→179ページ

月　日

問題　次《つぎ》の問《と》いに答えなさい。

目ひょう時間　5分

風やゴムの力が大きくなると，ものを動《うご》かす力も大きくなるよ。

① はたのようすから，風がいちばん強くふいているのはどれですか。

ア　イ　ウ　エ

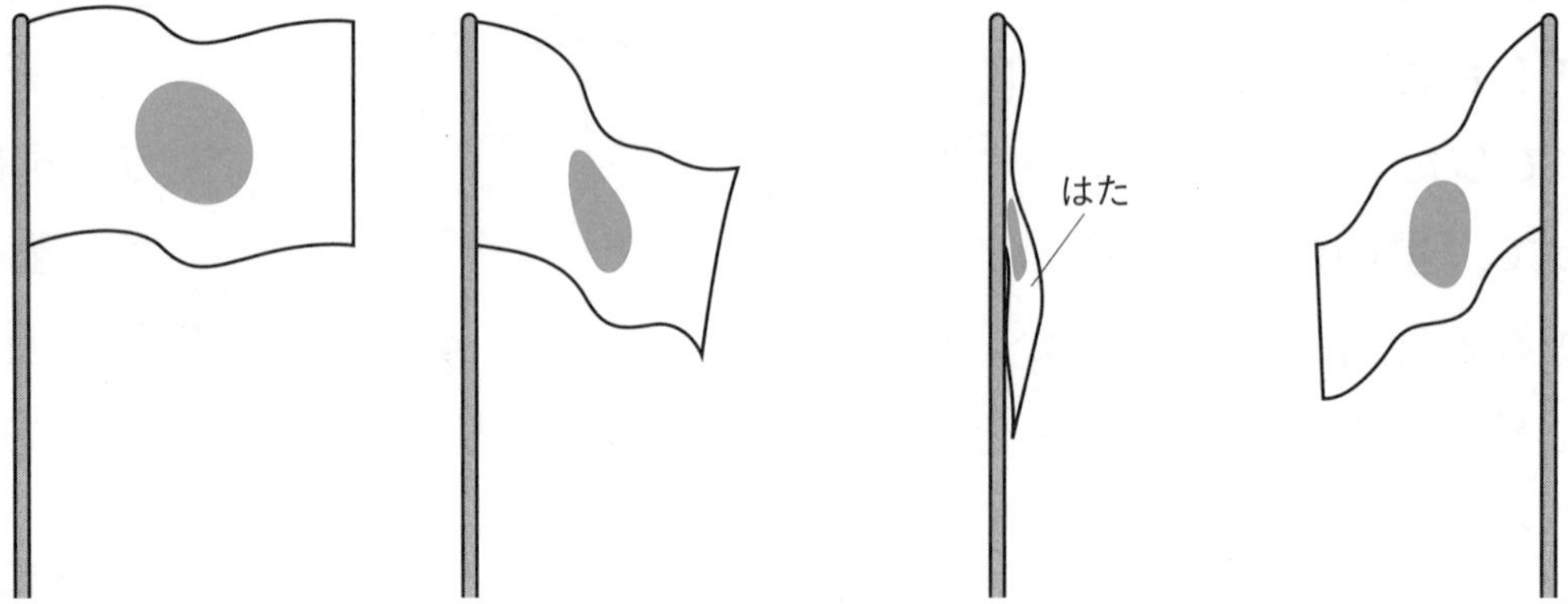

□

② ゴムの力で走る車があります。いちばん速《はや》く走る車はどれですか。

ア　イ　ウ　エ

ア　プロペラ２まい　ゴム200回まき

イ　プロペラ１まい　ゴム200回まき

ウ　プロペラ２まい　ゴム50回まき

エ　プロペラ１まい　ゴム50回まき

□

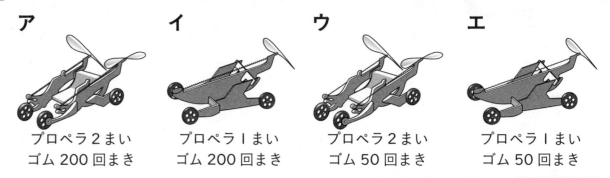

じしゃくにつくもの

なまえ　3年　組

答え→179ページ　月　日

時間 25分　合かく 80点　とく点　点

1 じしゃくにつくものと電気を通すものを調《しら》べました。 (40点) 1つ5

(1) 次《つぎ》のものを，あとの**ア～カ**からそれぞれえらびなさい。

① じしゃくにつくもの　[　][　]

② じしゃくにつかないもの

[　][　][　][　]

ア 鉄《てつ》のくぎ　**イ** アルミニウムはく　**ウ** プラスチック

エ ガラス　**オ** 10円玉　**カ** 鉄のクリップ

(2) 次のものを，(1)の**ア～カ**からそれぞれすべてえらびなさい。

① じしゃくにつき，電気を通すもの。　[　]

② じしゃくにつかないが，電気を通すもの。[　]

2 ぼうの形のゴムじしゃくを使《つか》って，実《じっ》けんをしました。 (18点) 1つ6

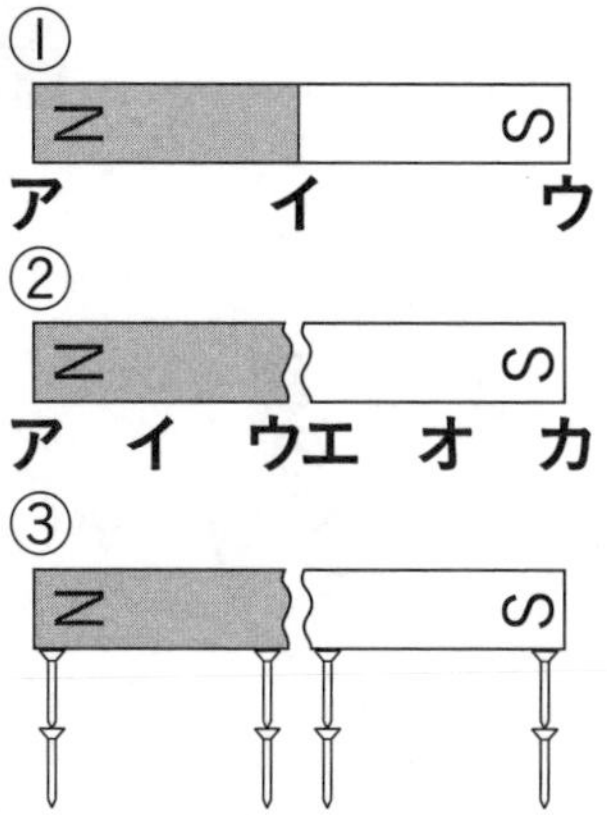

(1) ①で，くぎがよくつくところをすべてえらびなさい。[　]

(2) このゴムじしゃくを2つに切りました。②で，くぎがよくつくところをすべてえらびなさい。

[　]

(3) ③のように，2つに切ったゴムじしゃくにくぎをつけ，切り口どうしをくっつけると，くぎはどうなりますか。

[　]

3 図のように，丸いえん筆《ぴつ》の上にじしゃくをのせ，2つのじしゃくを近づけました。じしゃくが矢《や》じるしのように動《うご》くとき，(　)は何きょくですか。図に書き入れなさい。 (24点) 1つ6

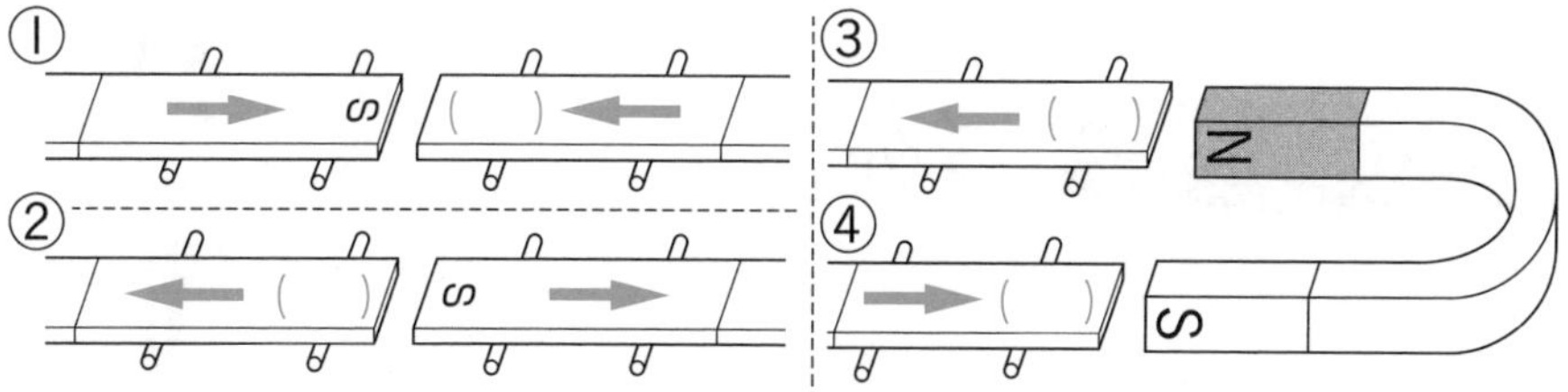

4 右の図1のように，ぬいばりをぼうじしゃくでこすります。 (18点) 1つ6

図1

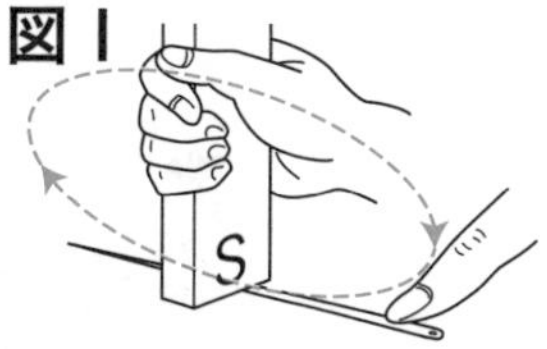

(1) はりの先にできるのは，何きょくですか。　[　きょく]

(2) どのようにして調《しら》べると，(1)が正しいかどうかわかりますか。[　]

チャレンジ

(3) (1)のはりのまん中を糸でつるしたところ，**図2**のようになりました。このことから地球《ちきゅう》の北きょくがわは何きょくであるといえますか。

[　きょく]

図2

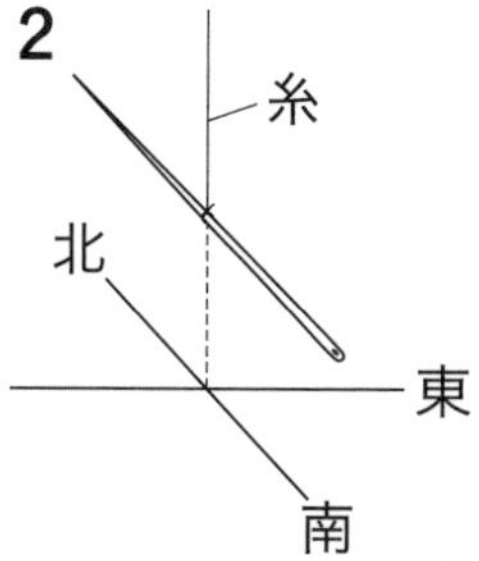

答え→180ページ　月　日

思考力トレーニング

理科⑦　じしゃくにつくもの

問題　じしゃくにつくものだけを通って，ゴールをめざしなさい。

目ひょう時間　3分

じしゃくにつくものは
同じものでできているよ。

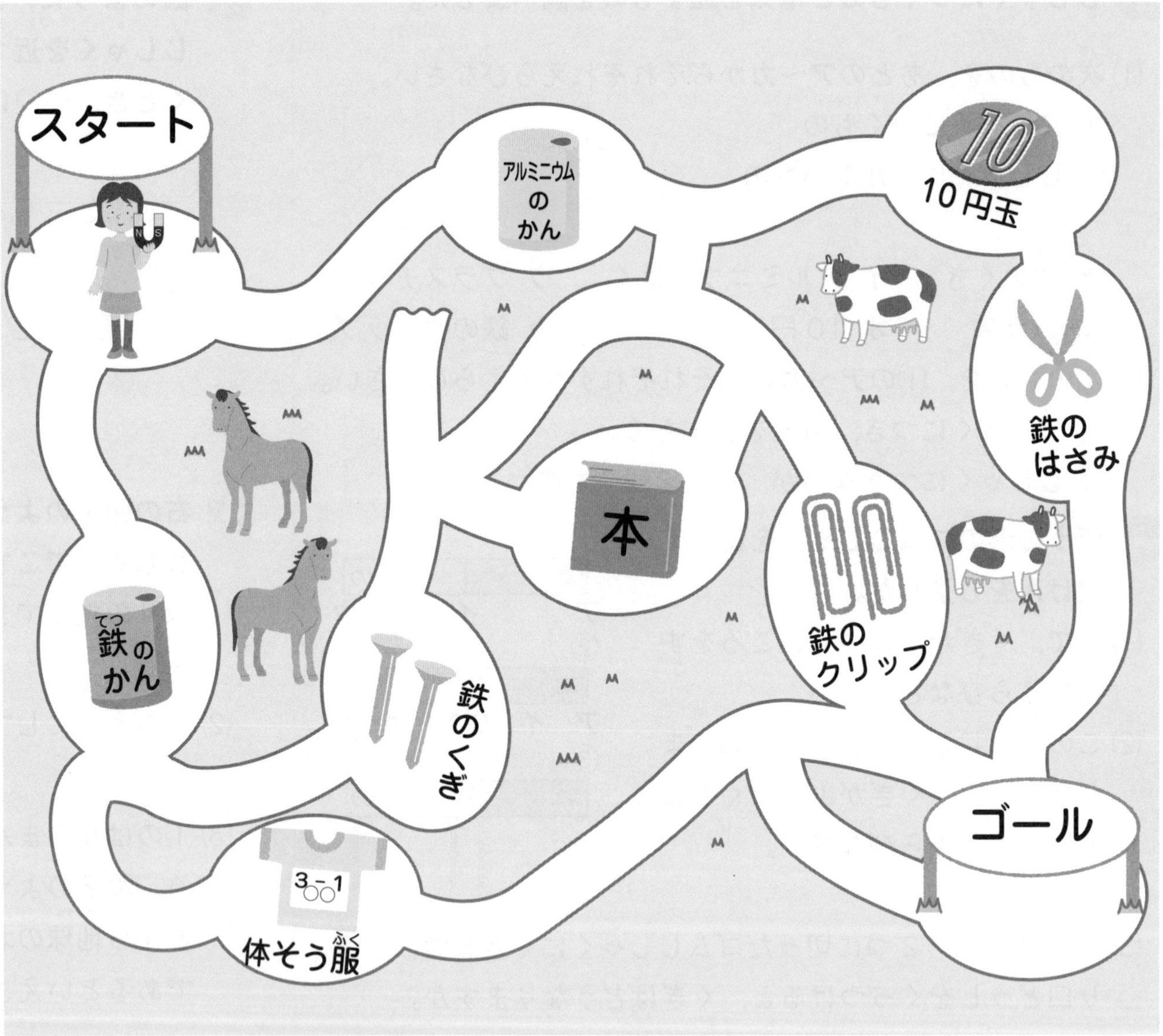

仕《し》上《あ》げテスト

なまえ　3年　組

答え→180ページ　月　日

時間 25分　合かく 80点　とく点　点

1 ホウセンカのたねをまいてから育《そだ》つじゅん番になるように，次《つぎ》のア～キをならべなさい。（21点）

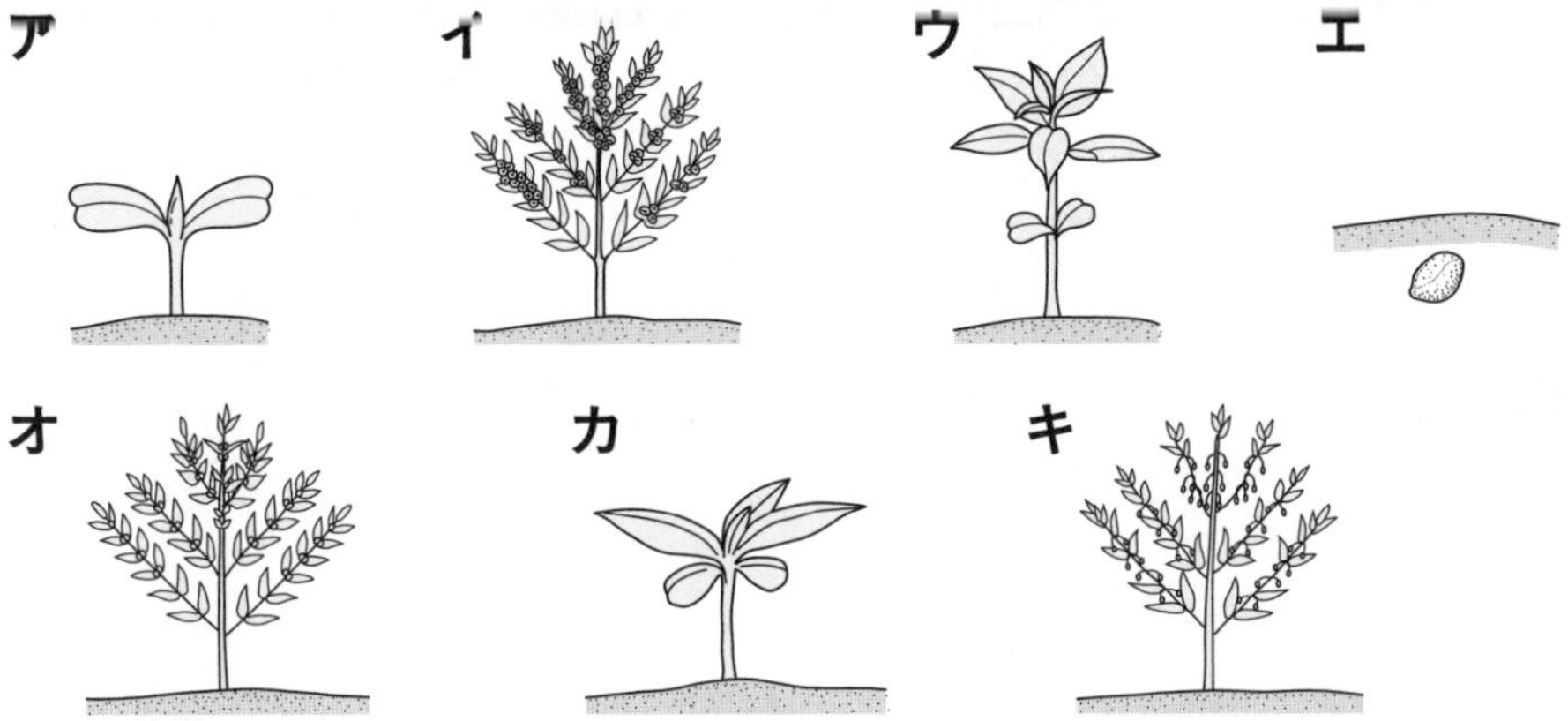
ア
イ
ウ
エ
オ
カ
キ

[　→　→　→　→　→　→　]

2 次の文で，正しいものには○を，まちがっているものには×を書きなさい。（20点）1つ5

① アゲハは，よう虫が食べるミカンの葉《は》に，たまごをうみつける。[　]

② アブラゼミは，よう虫のときは土の中で落《お》ち葉《ば》を食べ，せい虫になると，木のしるをすう。[　]

③ どのこん虫も，目は人と同じで２つあり，光を感《かん》じることができる。[　]

④ こん虫は，しょっ角でまわりのようすを感じとっている。[　]

3 次の問《と》いに答えなさい。

(1) 下の図で，豆電球《まめでんきゅう》に明かりがつくように，線をつなぎなさい。（12点）

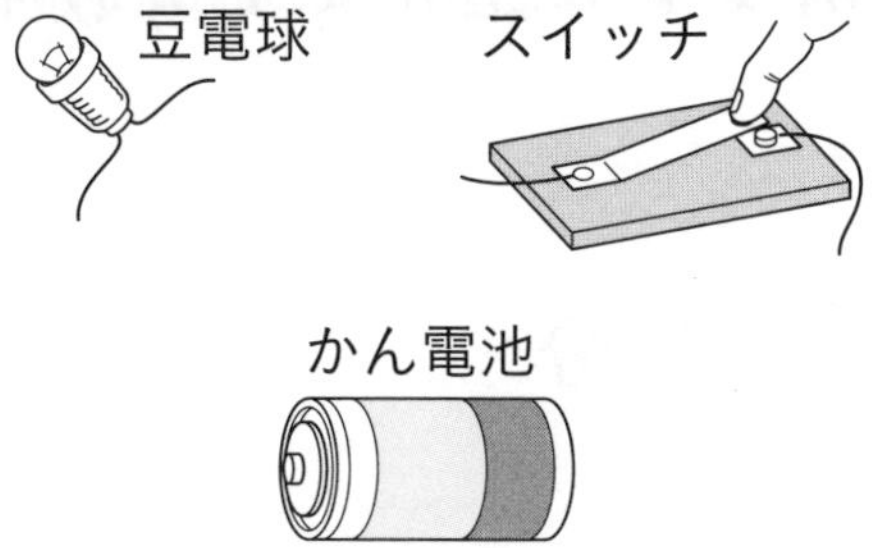
豆電球
スイッチ
かん電池

(2) 上の図のしくみを使《つか》って，身《み》のまわりのものが電気を通すか調《しら》べます。調べるものを，上の図の何と交かんすればよいですか。（9点）[　]

(3) 次のもので，電気を通すものには○を，通さないものには×を書きなさい。（18点）1つ3

① 画用紙[　]　② ガラス[　]　③ アルミニウムはく[　]
④ 鉄《てつ》くぎ[　]　⑤ 10円玉[　]　⑥ 消《け》しゴム[　]

チャレンジ

4 図は，ある夏の日に公園の木を上から見たものです。（20点）1つ10

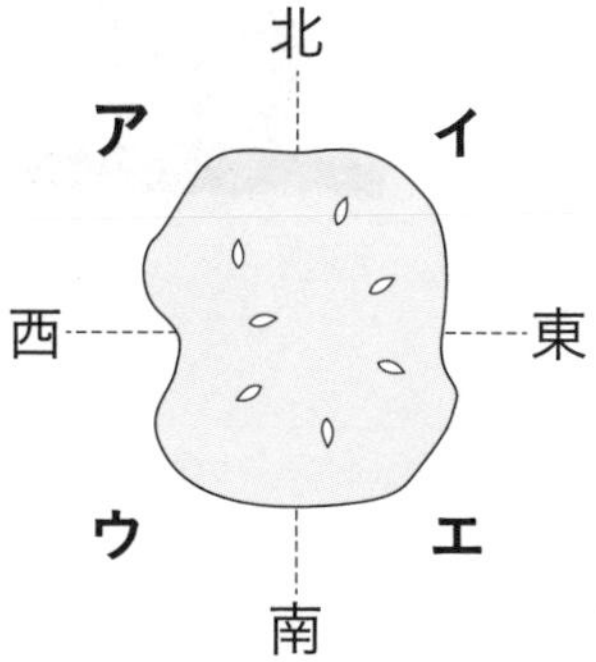
北
ア
イ
西
東
ウ
エ
南

(1) 午前中，日かげの部分《ぶぶん》がいちばん多いのは**ア～エ**のどこですか。[　]

(2) 朝，昼，夕方のうち，日かげの部分がいちばんせまくなるのは，いつごろですか。[　ごろ]

ものの重《おも》さと体せき

答え→180ページ
月　日

問題　ヒントを見て，いちばん重《おも》いものを**ア**～**エ**からえらびなさい。

目ひょう時間　7分

ヒント

1 mL　8g
鉄《てつ》
1 mL　2g
わた
1 mL　1g
木

体せきが2倍《ばい》，3倍，…になれば，重さも2倍，3倍，…になるよ。

ア

わた
500 mL

イ
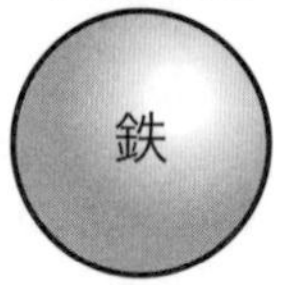
120 mL
鉄

ウ
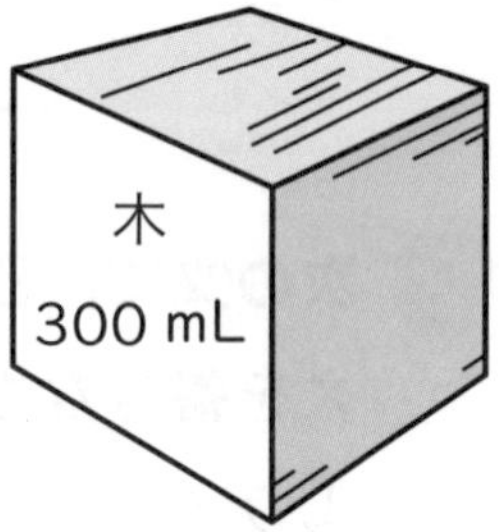
木
300 mL

エ
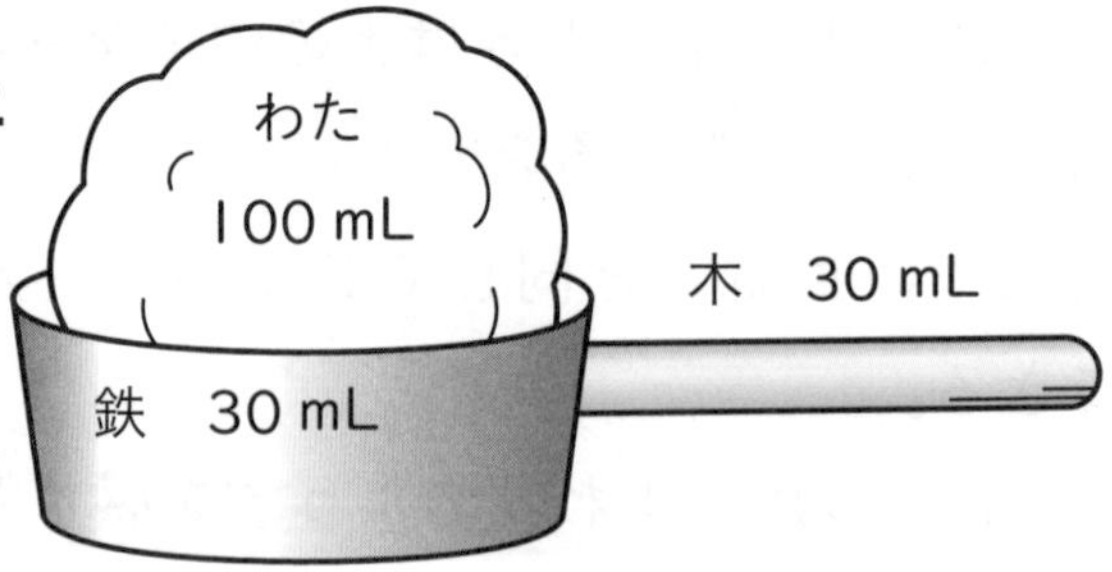
わた
100 mL
木　30 mL
鉄　30 mL

社会 1

学校のまわりのようす

なまえ　3年　組

答え→180ページ　月　日

時間 20分　合かく 80点　とく点　点

1 次《つぎ》の絵地図を見て，あとの問《と》いに答えなさい。

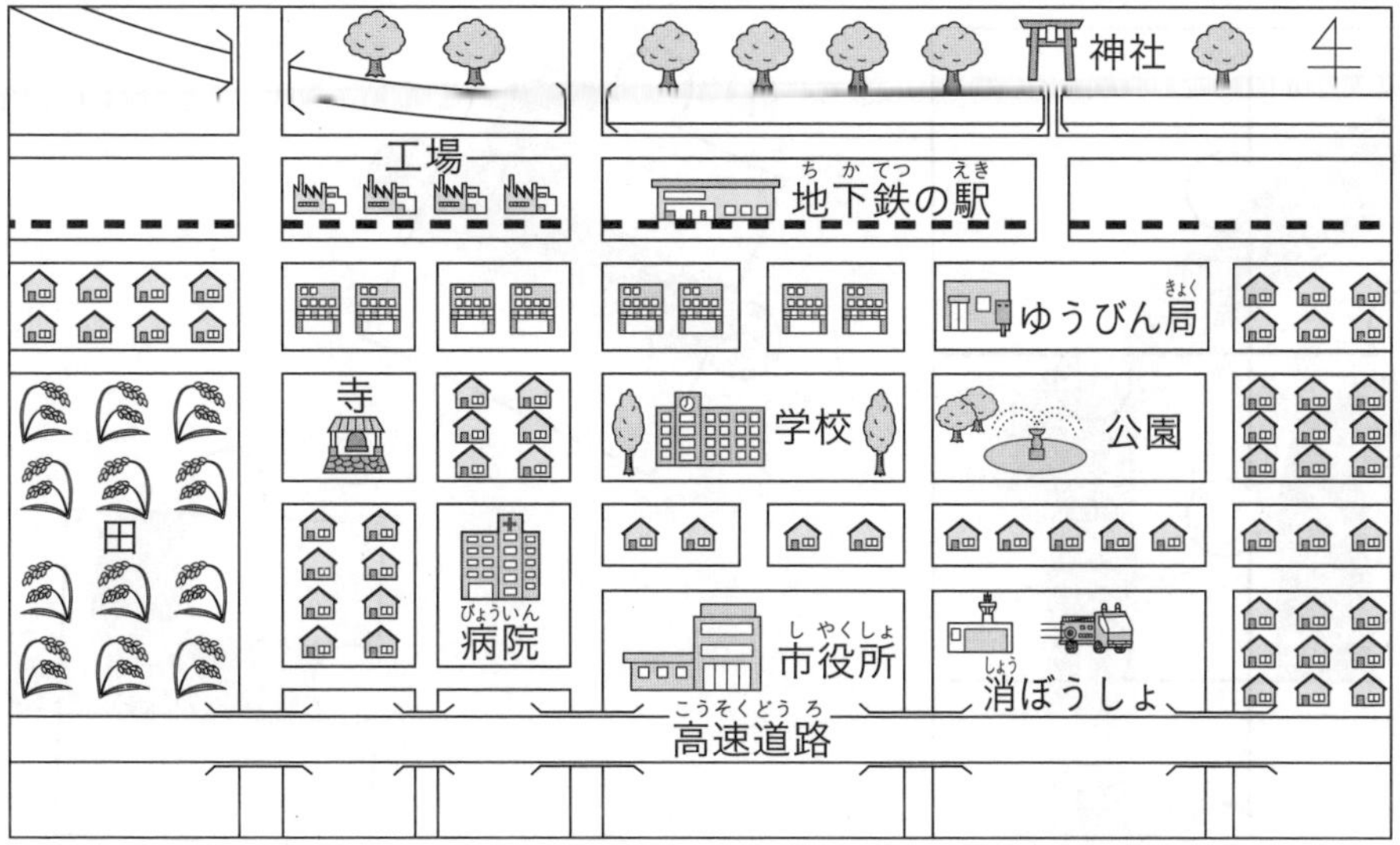
神社
工場
地下鉄《ちかてつ》の駅《えき》
ゆうびん局《きょく》
寺
学校
公園
田
病院《びょういん》
市役所《しやくしょ》
消《しょう》ぼうしょ
高速道路《こうそくどうろ》

(1) 絵地図を見ながら話し合っています。正しい意見《いけん》には○，まちがっている意見には×をつけなさい。(50点) 1つ10

① 「学校の南の方に市役所があるよ。」 [　]

② 「地下鉄の駅をおりるとゆうびん局が近くに見えるね。」 [　]

③ 「公園は学校から見て西にあるよ。」 [　]

④ 「公園から見て，南に消ぼうしょがあるよ。」 [　]

⑤ 「わたしたちの住《す》んでいる住宅《じゅうたく》は，川ぞいにあるね。」 [　]

(2) 学校から見て，次のたて物はどの方位《ほうい》にありますか。[　]の中に八方位（東・西・南・北・北東・北西・南東・南西）を書きなさい。(20点) 1つ5

① 寺 [　]

② 消ぼうしょ [　]

③ 病院 [　]

④ 神社《じんじゃ》 [　]

2 学校のまわりをたんけんする計画を立てました。正しい意見には○，まちがっている意見には×をつけなさい。

(30点) 1つ5

(1) 交通ルールを守《まも》って，まちの人にめいわくにならないようにしよう。 [　]

(2) 知っているところなので，見たいものがあれば，グループからはなれ，一人で見に行こう。 [　]

(3) 方位じしんや白地図をもって行こう。 [　]

(4) たんけんのコースは決《き》めないで，すべてを見て回ろう。 [　]

(5) 人から話を聞いたら，わすれないように，話を聞いた人にお礼《れい》をいわず，急《いそ》いで帰ろう。 [　]

(6) 目印《めじるし》になるたて物を見つけて，とくちょうを調《しら》べよう。 [　]

地図記号のパズル

答え→180ページ　月　日

問題　右は，地図記《き》号《ごう》のパズルです。ぬけているところにあてはまるものを(1)～(3)からえらびなさい。

目ひょう時間　1分

でっぱりの形をよく見てみよう。

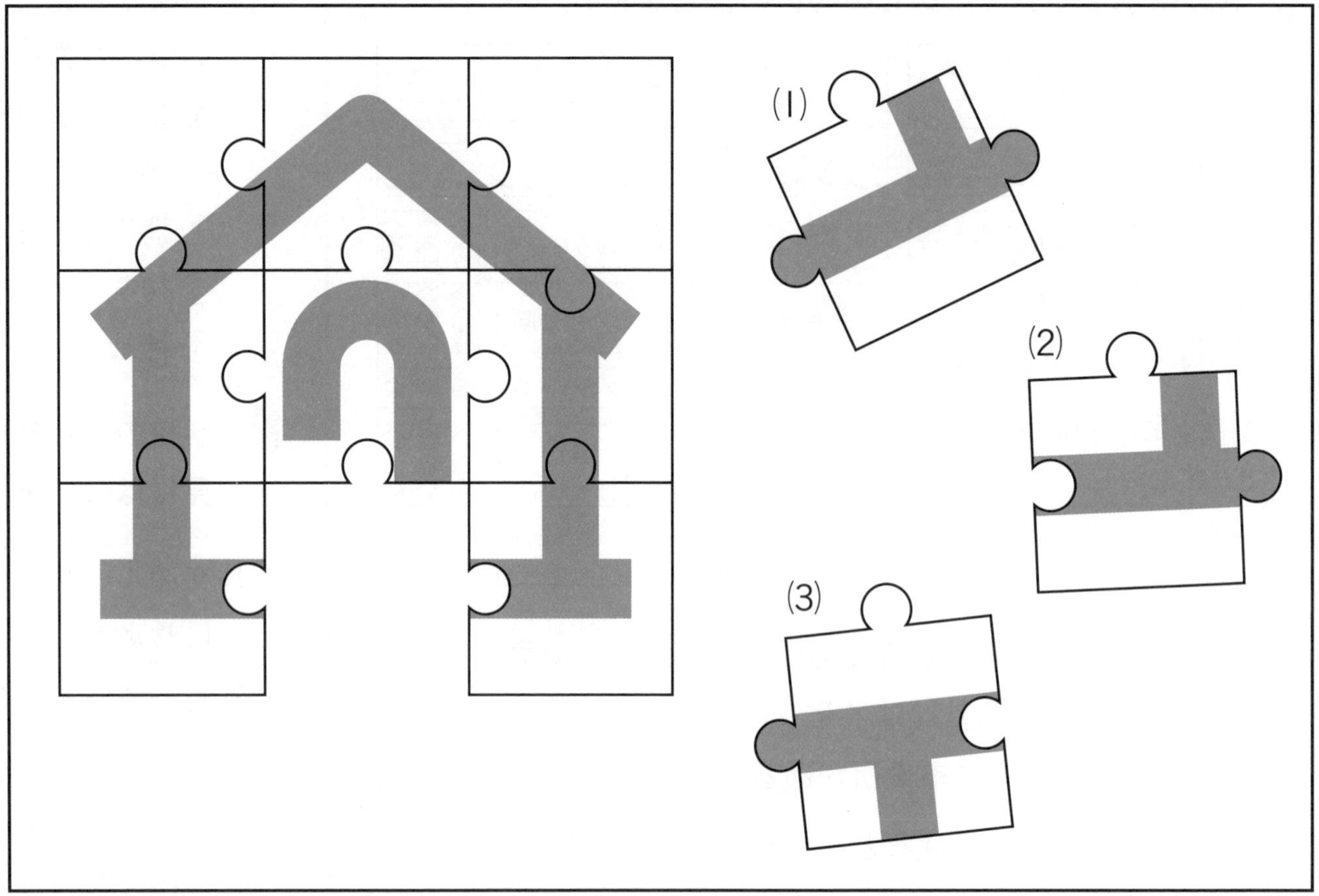

わたしたちの市のようす

なまえ　3 年　　組

答え→180 ページ　　月　　日

時間 20分　合かく 80点　とく点　　点

1 右の地図を見て，次《つぎ》の問《と》いに答えなさい。

(1) 地図中のは，何を表《あらわ》していますか。(10点)

[　　　　　　]

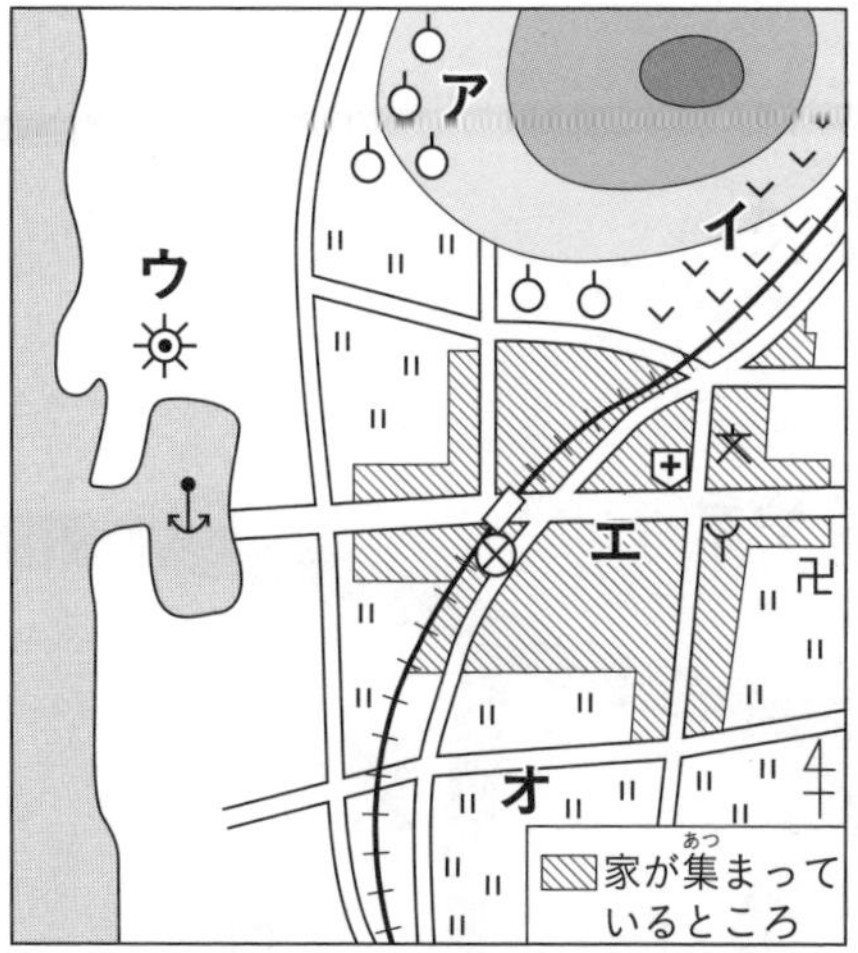

(2) 駅《えき》からいちばん近いしせつに○をつけなさい。(5点)

① けいさつしょ [　　]
② 病院《びょういん》 [　　]
③ 学校 [　　]

(3) 次の①～③は，この市の「しごと名人《めいじん》」の話です。名人はどんなしごとをしていますか。□の中からえらび，記号《きごう》を書きなさい。(15点) 1つ5

① しぜんを生かして育《そだ》てるのが大切だよ。「うね」をつくり，日光がよくあたるようにするんだ。ビニールハウスの中は，とても暑《あつ》いよ。 [　　]

② きかいでなえを植《う》えていくんだよ。とても広い場所だよ。 [　　]

③ 原料《げんりょう》のすりみは，外国から船で運《はこ》ばれてくるよ。できあがったものは，近くのまちだけでなく，外国にもとどけられるんだ。 [　　]

ア 牛乳《ぎゅうにゅう》工場のしごと	イ トマトづくりのしごと
ウ かまぼこ工場のしごと	エ 米づくりのしごと

(4) 「しごと名人」がはたらいている場所は，どのあたりですか。左の地図のア～オの記号を書きなさい。(30点) 1つ10

① [　　]　② [　　]　③ [　　]

2 次の地図記号は，何を表していますか。□の中からえらびなさい。(10点) 1つ5

(1)

[　　　　　　]

(2)

[　　　　　　]

博物館《はくぶつかん》・老人《ろうじん》ホーム・図書館《としょかん》・公園・風車《ふうしゃ》

3 次の地図記号が表しているものを右からえらび，線でむすびなさい。(30点) 1つ10

(1)  •　　　• ゆうびん局
(2)  •　　　• 鉄道《てつどう》
(3)  •　　　• 市役所《しやくしょ》

社会 ②　地図記号のめいろ

答え→181ページ　月　日

問題　たくや君《くん》は，おばさんの家へ行く前にお母さんからメモをわたされました。地図記号《きごう》に注意《ちゅうい》して，メモに書かれてあるとおりに，下の道を進《すす》みなさい。

目ひょう時間　3分

メモ

まず、神社《じんじゃ》におまいりし、
次《つぎ》にゆうびん局で
手紙を出し、さいごに
交番に落《お》とし物《もの》を
とどけてから、おばさんの
家へ行くこと。回り道は
しないでね。

メモに書かれた場所の地図記号をひとつずつたしかめながら進もう！

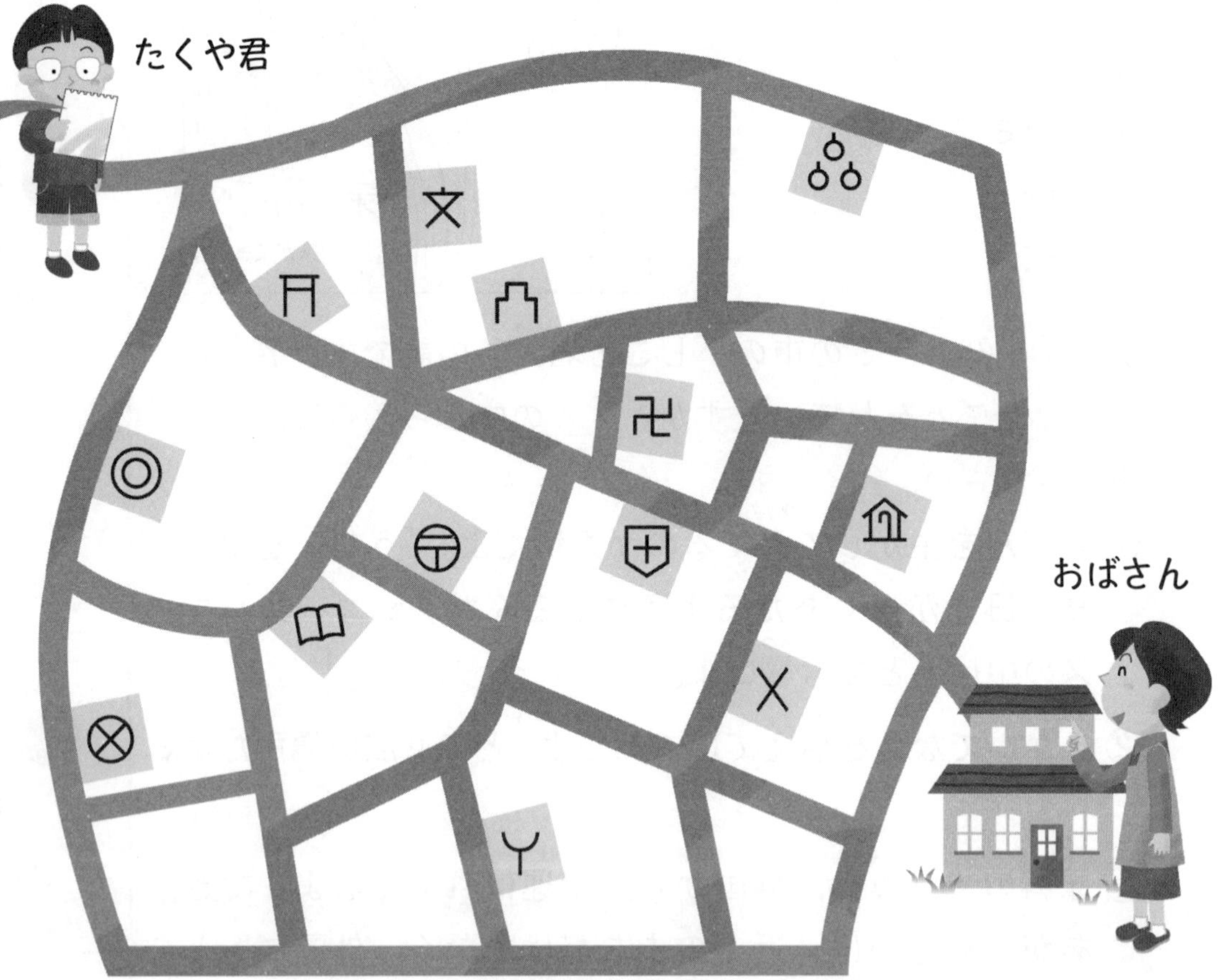

社会 3

店ではたらく人々のしごと

なまえ　3年　組

答え→181ページ

月　日

時間 20分　合かく 80点　とく点　点

1 スーパーマーケットにあるいろいろなくふうについて話し合っています。どのくふうのことか，下の絵の中からえらび，記号《きごう》を書きなさい。 (50点) 1つ10

(1) お客《きゃく》さんがどう思っているのかを聞いて，よりよいお店にしていくんだね。 [　　]

(2) 赤ちゃんをつれて行ったり，たくさん買《か》い物《もの》をしたりしても，らくに買い物ができるね。 [　　]

(3) 目の不自由《ふじゆう》な人が買い物をするときに，お店の中を歩きやすいようにしているんだね。 [　　]

(4) 品物《しなもの》の産地《さんち》やねだん，食べ方などが書かれているから，安心《あんしん》だね。 [　　]

(5) ごみをへらすための，リサイクルコーナーだね。 [　　]

ア
点字タイル

イ
品物についてのせつめい

ウ
お客さんからの意見《いけん》ボックス

エ
トレーなどのかいしゅうボックス

オ
カートやベビーカー

2 スーパーマーケットの店長さんから話を聞きました。次《つぎ》の文の[　]にあてはまることばを□の中からえらび，記号を書きなさい。 (30点) 1つ6

お客さんから，[①　　]や空《あ》きかん，トレーをお店で集《あつ》めてほしいという声がよせられ，[②　　]コーナーをはじめました。

むだをなくして，[③　　]をへらすために，つめかえ用の[④　　]を用意《ようい》したり，[⑤　　]のついた品物をとりあつかうようにしたりしています。

ア 新聞紙	イ ごみ	ウ 牛乳《ぎゅうにゅう》パック
エ エコマーク	オ リサイクル	カ 商品《しょうひん》

3 次の問《と》いに答えなさい。 (20点) 1つ10

(1) 多くの店では24時間あいていて，本やざっしはまどがわにあり，せまくても品物のしゅるいが多い，「べんり」という意味《いみ》のお店を何といいますか。

[　　　　]

(2) 道の両《りょう》がわにお店がならんでいてアーケードがあることも多く，いろいろな品物が買える場所を何といいますか。

[　　　　]

社会③　はたらく人々のすがた

答え→181 ページ　月　日

問題　工場から，そこではたらいている人が出てきました。かっこうがおかしいと思う人に○をつけなさい。

目ひょう時間　2分

それぞれの工場が，どんな作業《さぎょう》をしているのか，考えてみよう！

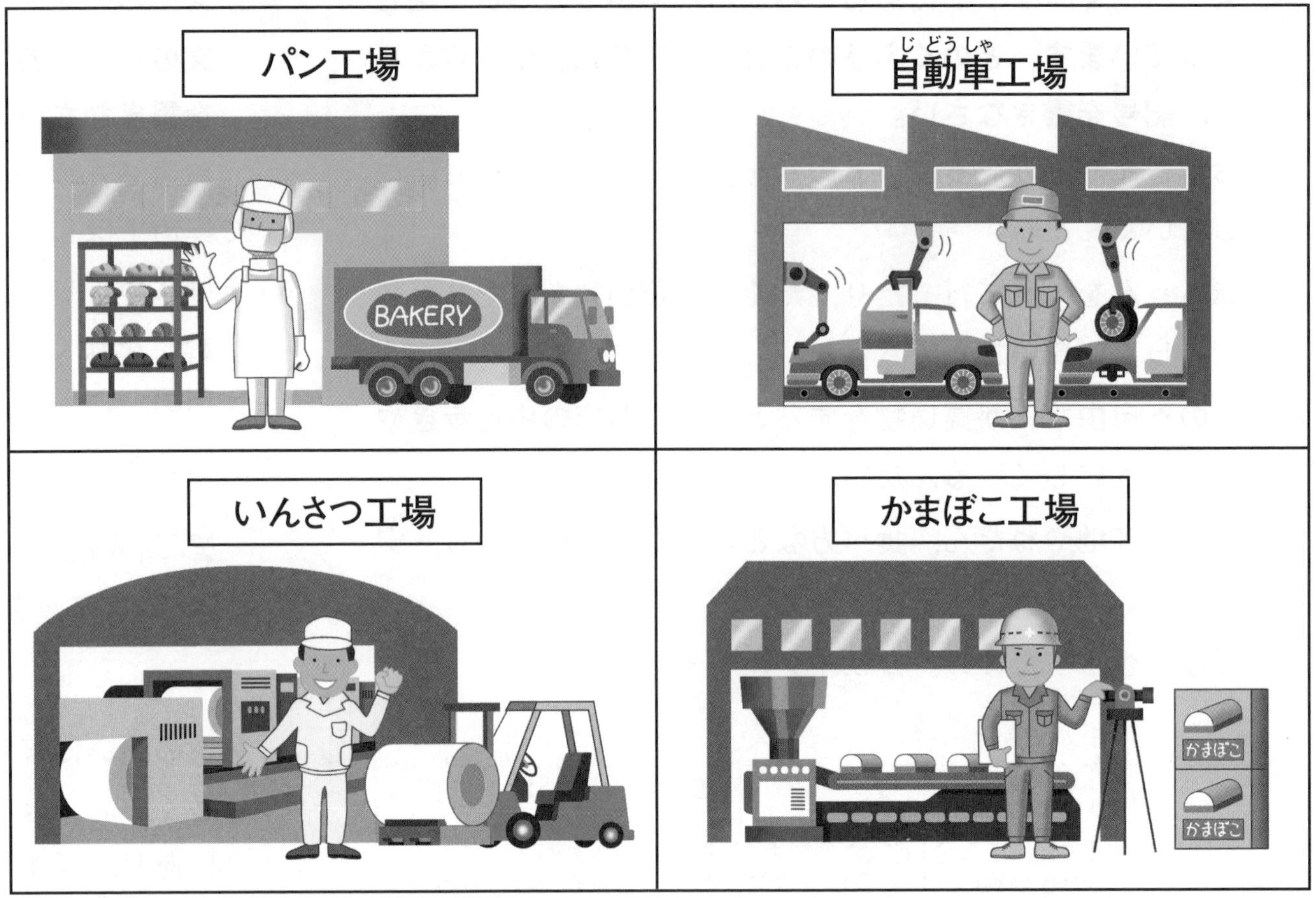

工場ではたらく人々のしごと

なまえ　3年　　組

答え→181ページ

月　　日

時間 20分　合かく 80点　とく点　　点

1 しょうたさんたちは，牛乳《ぎゅうにゅう》工場に見学に行きました。見学メモを読んで，あとの問《と》いに答えなさい。

しょうた

見学メモ
・工場ではたらいている人は，せいけつな白いぼうしと服《ふく》を着《き》ていた。

見学メモ
・細かいごみをとり，さっきんしたあと，牛乳ができていた。

なつき

みか

見学メモ
・ベルトコンベヤーを使《つか》って，牛乳を多くのびんにつめていた。

見学メモ
・ひくい温度《おんど》をたもちながら，タンクローリーで，牛乳を工場へ運《はこ》んでいた。

たくや

(1) 工場を見学して，次《つぎ》の①～④のことに気づいた人は，だれですか。[　]になまえを書きなさい。(40点) 1つ10

① べんりなきかいを使《つか》って，たくさんの牛乳をつくっている。 [　　　　]

② 原料《げんりょう》の牛乳を，早く安全《あんぜん》に運んでいる。 [　　　　]

③ はたらいている人は，えいせいにはとくに気をつけている。 [　　　　]

④ 原料の牛乳を安全にかこうして，せい品《ひん》をつくっている。 [　　　　]

(2) 工場と，他《ほか》のちいきとのつながりを調《しら》べるためには，どのようなことを調べればよいですか。正しいものには○，まちがっているものには×をつけなさい。(20点) 1つ5

① 工場ではたらいている人の数はどれくらいか。 [　　]

② どんなせい品がつくられているのか。 [　　]

③ せい品は，どこへどのようにして運ぶのか。 [　　]

④ 原料は何か。原料はどこからくるのか。 [　　]

2 右の図を見て，次の問いに答えなさい。 (40点) 1つ10

〈工場ではたらく人のつうきん地図〉

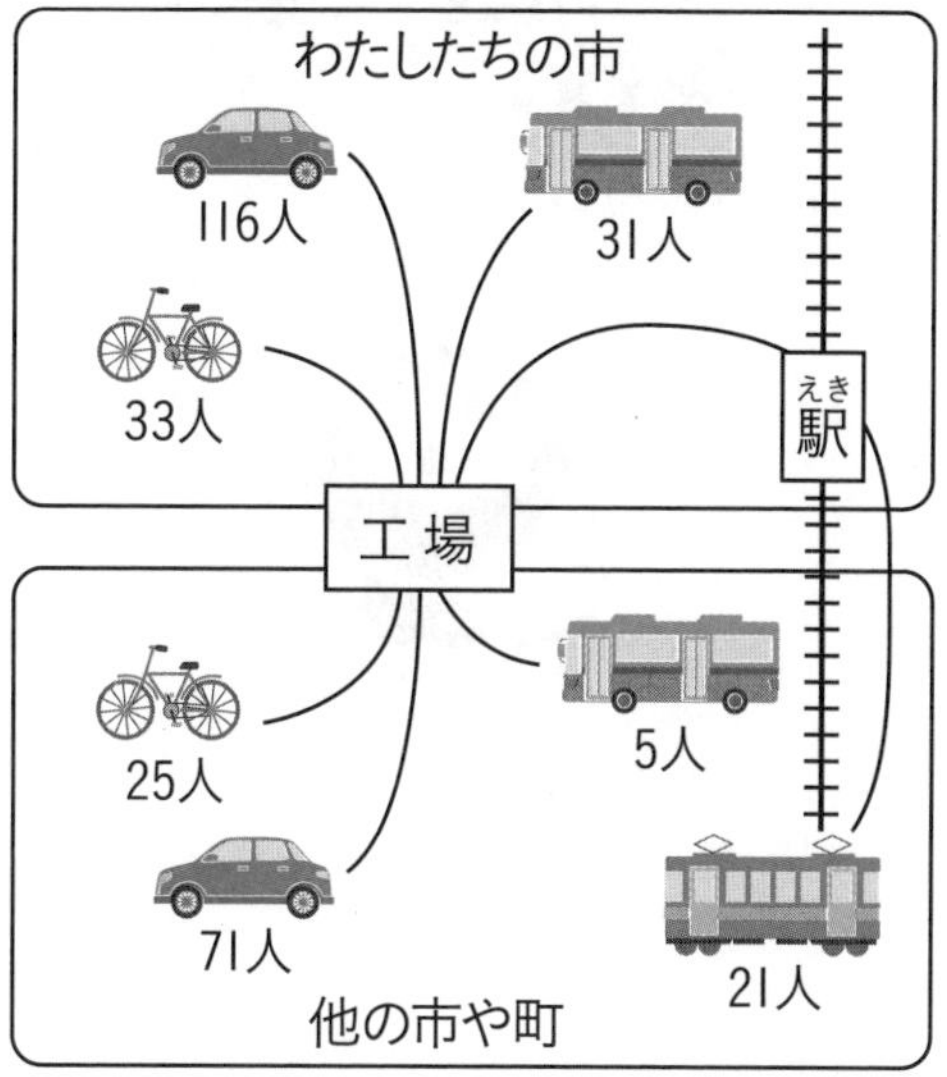

(1) どのような乗《の》り物《もの》で工場に来ている人がいちばん多いですか。

[　　　　]

(2) 電車で工場に来ている人は，何人ですか。

[　　　　]

(3) 自転車《じてんしゃ》で工場に来ている人は何人ですか。

[　　　　]

(4) 他の市や町から工場に来ている人は何人ですか。

[　　　　]

思考力トレーニング

社会④

まちがいさがし

答え→181 ページ

月　　日

問題　右の２つの絵をくらべて，下の絵の中で，上の絵とちがうところに３つ○をつけなさい。

目ひょう時間　３分

２つの絵をよく見くらべてみよう！

ペットボトル
空《あき》かん
牛乳《ぎゅうにゅう》パック
トレー

ペットボトル
空《あき》かん
牛乳《ぎゅうにゅう》パック
トレー

社会 5

田や畑ではたらく人々のしごと

なまえ　3年　組

答え→181ページ　月　日

時間 20分　合かく 80点　とく点　点

1 **次《つぎ》のグラフは，「農家《のうか》の数のうつりかわり」を表《あらわ》しています。グラフからわかることには○，そうでないものには×をつけなさい。** (48点) 1つ6

〈農家の数のうつりかわり〉

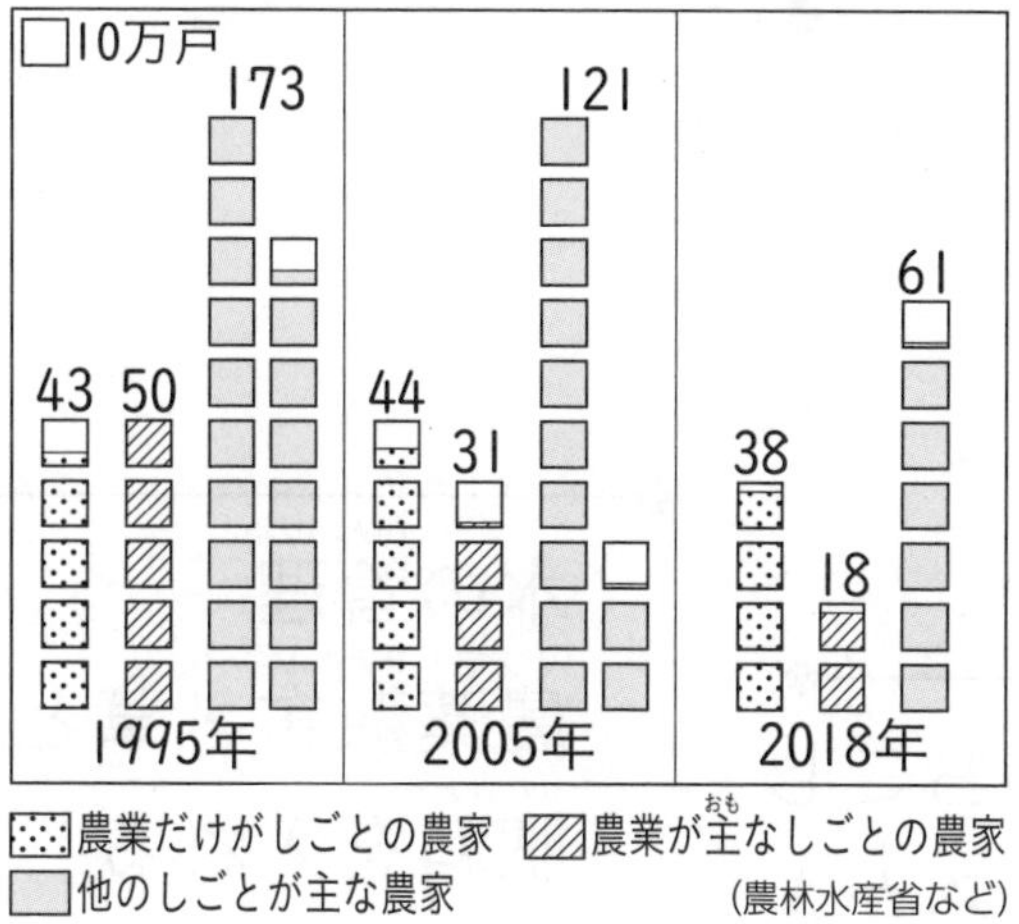

□10万戸
43
50
173
1995年
44
31
121
2005年
38
18
61
2018年
農業だけがしごとの農家
農業が主《おも》なしごとの農家
他のしごとが主な農家
(農林水産省など)

(1) 農家の数は，ふえてきた。　[　　]

(2) 農家の数は，へってきた。　[　　]

(3) 農業《のうぎょう》が主《おも》なしごとの農家の数は，へってきた。　[　　]

(4) 1995年の農業だけがしごとの農家の数は，50万戸《まんこ》である。　[　　]

(5) ねだんの安い外国のやさいがふえてきたので，農業をする人がへってきた。　[　　]

(6) 20年間くらいで農家の数は，70万戸ほどへってしまった。　[　　]

(7) 他《ほか》のしごとをしながら農業をしている農家の数は，あまりかわらない。　[　　]

(8) 2018年の農家の数は，およそ120万戸である。　[　　]

2 **次の話は，何の作物《さくもつ》づくりのようすですか。□の中からえらびなさい。** (40点) 1つ10

(1) 主に冬に行います。冬は雨が少ないので，水に弱いこの作《さく》物《もつ》にはとてもてきしています。この作物の葉《は》はあつくて，あまい味《あじ》がします。　[　　]

(2) 水にめぐまれた土地で行います。3月になえづくりをして，9月にとり入れます。トラクターやコンバインなどのきかいを使《つか》います。　[　　]

(3) 秋作《あきさく》と春作《はるさく》があります。もんしろちょうのようちゅうがつかないように，少ない回数で農薬《のうやく》を使います。　[　　]

(4) なえをうえてから40日で，長さが30cmくらいに育《そだ》つととり入れです。手作業《てさぎょう》で，水につかりながらの作業です。冬に行うので，とても寒《さむ》く，たいへんです。　[　　]

米	キャベツ	ほうれんそう	花	せり

3 **JA《ジェイエー》ともいい，農家の人たちでつくっている組合を何といいますか。** (12点)

[　　]

思考力トレーニング

社会⑤　米づくり

答え→181ページ　月　日

問題　あゆみさんは，米づくりの農事ごよみの表をみつけました。表中のしろかきとはどのようなものか，右の**ア**～**エ**のうちから，えらびなさい。

目ひょう時間　2分

月	3月	4月	5月	6月	7月	8月	9月	10月	11月
内容	たねまき なえづくり	田おこし しろかき	田うえ	水の管理《かんり》 農薬散布《のうやくさんぷ》・草とり 肥料《ひりょう》を入れる			いねかり だっこく かんそう	たい肥をつくる	

ア　雑草《ざっそう》をとりのぞく作業《さぎょう》

イ　田に入れる水の量《りょう》を調整《ちょうせい》する作業

ウ　田に水を入れて，土をかきまぜ，平らにする作業

エ　いねのもみがらをとりはずす作業

しろかきの前後の作業《さぎょう》をよく見て，考えてみよう。

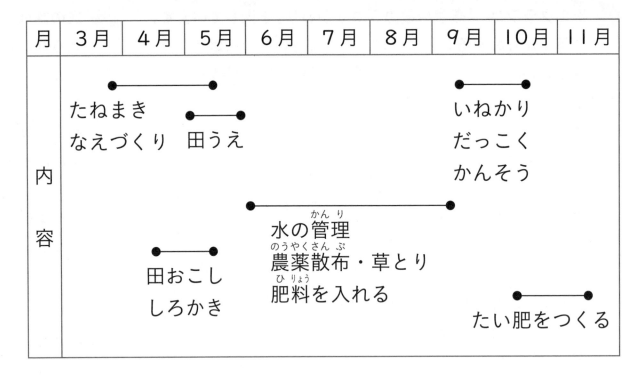

安全なくらし

なまえ　3年　組

答え→181ページ　月　日

時間 20分　合かく 80点　とく点　点

1 次《つぎ》の図を見て，あとの問《と》いに答えなさい。

〈火事《かじ》げん場のようす〉

(1) 消《しょう》ぼうしょの人は，火事げん場でどのようなしごとをしていますか。正しいものを3つえらび，○をつけなさい。(30点) 1つ10

① 大きなけがをした人の手じゅつをしている。 [　　]

② ホースを消《しょう》火《か》せんにつないでいる。 [　　]

③ げん場のようすをテレビにうつすため，取材《しゅざい》している。 [　　]

④ はしご車を動《うご》かしている。 [　　]

⑤ にげおくれた人を助《たす》け出している。 [　　]

(2) 火事げん場には，けいさつの人たちもいます。図の中の①～③のどれですか。(20点) [　　]

2 次の図を見て，あとの問いに答えなさい。

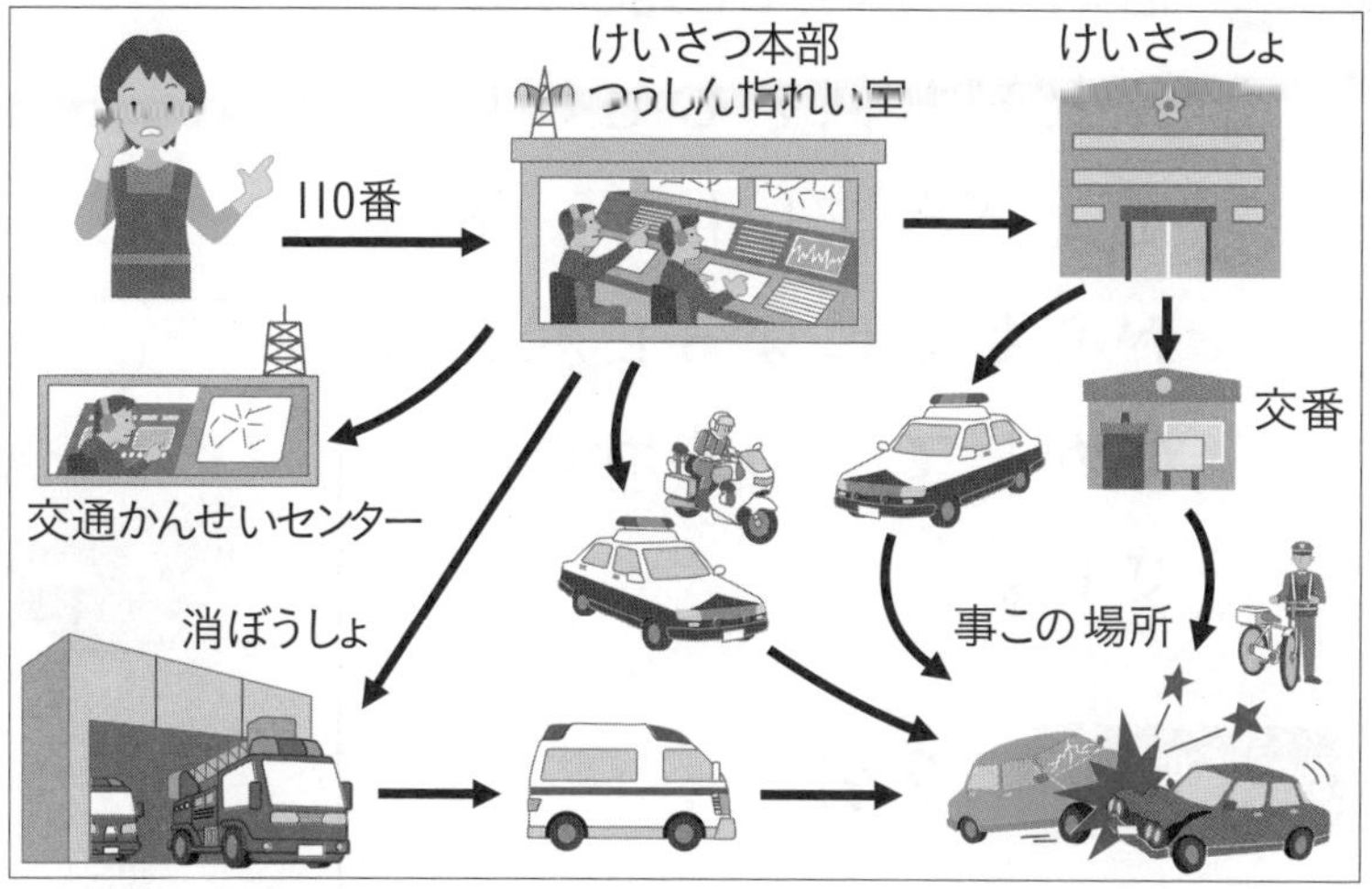

(1) 交通事こがおきて，けいさつにれんらくするとき，何番に電話をしますか。(10点) [　　]

(2) (1)の電話は，けいさつ本部のどこにつながりますか。(10点) [　　]

(3) けいさつしょは，事このれんらくをどこにしますか。2つえらび，○をつけなさい。(20点) 1つ10

① 交番 [　　]　② きゅう急《きゅう》車 [　　]

③ 学校 [　　]　④ パトロールカー [　　]

(4) しん号《ごう》きを調整《ちょうせい》したり，交通じょうほう板《ばん》やラジオで交通じょうほうを知らせたりするところを何といいますか。 [　　] (10点)

答え→182ページ

月　日

地図記号の形

問題　右の２つの地図記号《きごう》は，それぞれ何をもとにして，できましたか。下からもとになった絵をさがして，○をつけなさい。

目ひょう時間　２分

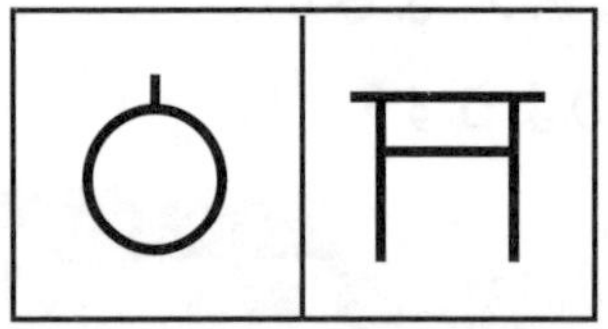

社会 7

くらしのうつりかわり

なまえ　3年　組

答え→182ページ　月　日

時間 20分　合かく 80点　とく点　点

1 右の絵は，昔《むかし》の台所《だいどころ》のようすです。絵を見て，次《つぎ》の問《と》いに答えなさい。

(1) おばあさんは，なぜ，まきをもやしているのですか。(5点)

[　　　　]

(2) 男の子は，何のしごとをしているのですか。(5点)

[　　　　]

(3) 次の文は，上の絵について書かれたものです。正しいほうを○でかこみなさい。(30点) 1つ5

お母さんの近くには，男の子が運《はこ》んできた①[いど ・ 水道]の水をためる②[バケツ ・ かめ]が，あります。

台所のゆかは，③[たたみ ・ 土]で，明かりは，④[けいこうとう ・ ランプ]です。

おばあさんとお母さんは⑤[もんぺ ・ スカート]をはき，女の子は着物《きもの》を着ています。また，お母さんと女の子は，⑥[げた ・ くつ]をはいています。

2 次の[　]の①～③に入ることばを答えなさい。 (30点) 1つ10

・人や乗《の》り物《もの》などが行き来することを，[①　　　　]といい，時代によって手段が変化します。

・自動車《じどうしゃ》が通る[②　　　　]や電車がはしる[③　　　　]がふえれば，交通のべんがよくなります。

3 次の問いに答えなさい。 (30点) 1つ5

(1) 学校や図書館《としょかん》，公園など，みんなのためにつくられたしせつのことを何といいますか。[　　　　]

(2) 日本の人口は年々，お年よりのわりあいが，どうなっていますか。[　　　　]

(3) 地図はふつう，どの方位が上になりますか。[　　　　]

(4) 神社《じんじゃ》の地図記号《きごう》をかきなさい。[　　　　]

(5) かじゅ園の地図記号をかきなさい。[　　　　]

(6) 消《しょう》ぼうしょの地図記号をかきなさい。[　　　　]

思考力トレーニング

社会 ⑦

くらしのうつりかわり

答え→182ページ　月　日

問題　右の絵は，お父さんやお母さんが子どものころ（1970～1980年代）のくらしのようすを表《あらわ》しています。絵の中で当時のくらしにはなかったものに，○を1つつけなさい。

目ひょう時間　2分

それぞれの道具《どうぐ》が，どのくらい前から使《つか》われているのか，知っておこう。

仕《し》上《あ》げテスト

なまえ　3年　組

答え→182ページ

月　日

時間 25分　合かく 80点　とく点　点

1 **次《つぎ》の表は，ある家が，どの店でどんな買《か》い物《もの》をしたかをまとめたものです。あとの問《と》いに答えなさい。**

（買い物調《しら》べ）

	近くの店	スーパーマーケット	デパート	コンビニエンスストア
米	○			
魚	○			
やさい	○	○		
肉	○	○		
ノート	○	○		○
本	○			○
洋服《ようふく》		○	○	
家具《かぐ》			○	

(1) 買った品物のしゅるいがいちばん多いのは，どの店ですか。

[　　　] (4点)

(2) 近くの店だけで買っているものは，何ですか。(8点) 1つ4

[　　　][　　　]

(3) ノートは，どの店で買っていますか。(12点) 1つ4

[　　　][　　　][　　　]

(4) デパートでは，何を買いましたか。(8点) 1つ4

[　　　][　　　]

(5) やさいや肉は，どの店で買っていますか。(8点) 1つ4

[　　　][　　　]

2 **次のものにあてはまる地図記号《きごう》を，□の中からえらんで，[　]の中にかきなさい。** (35点) 1つ5

(1) 土地りようのようす　[　　][　　][　　]

(2) たて物《もの》　[　　][　　]

(3) その他《た》　[　　][　　]

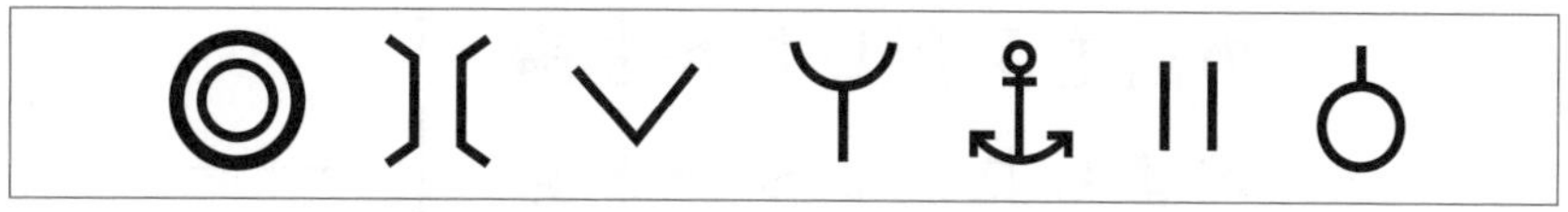

3 **次のことばとかんけいの深《ふか》いものをえらんで，線でむすびなさい。** (25点) 1つ5

(1) 農協《のうきょう》 •　　• **ア** 店の人たちが協力《きょうりょく》しあうためにつくったしくみ。

(2) 点字ブロック •　　• **イ** しぜんにやさしい商品《しょうひん》についているしるし。

(3) エコマーク •　　• **ウ** 目の不自由《ふじゆう》な人が，歩くのを手助《てだす》けするもの。

(4) 商店会《しょうてんかい》 •　　• **エ** 商品のねだんなどを白と黒の線で表《あらわ》したもの。

(5) バーコード •　　• **オ** ＪＡ《ジェイエー》のこと。農家の人たちでつくっている組合。

わたしたちのくらしとお店

答え→182ページ　月　日

問題

かける君《くん》は，家の人（お父さん・お母さん・お兄《にい》さん・お姉《ねえ》さん）からある日のレシートを見せてもらい，家の人がどの店を利用《りよう》したかを調《しら》べました。レシートを見て，右の地図で家の人が利用した店に○をつけなさい。なお，家の人は，それぞれちがう店を利用しています。

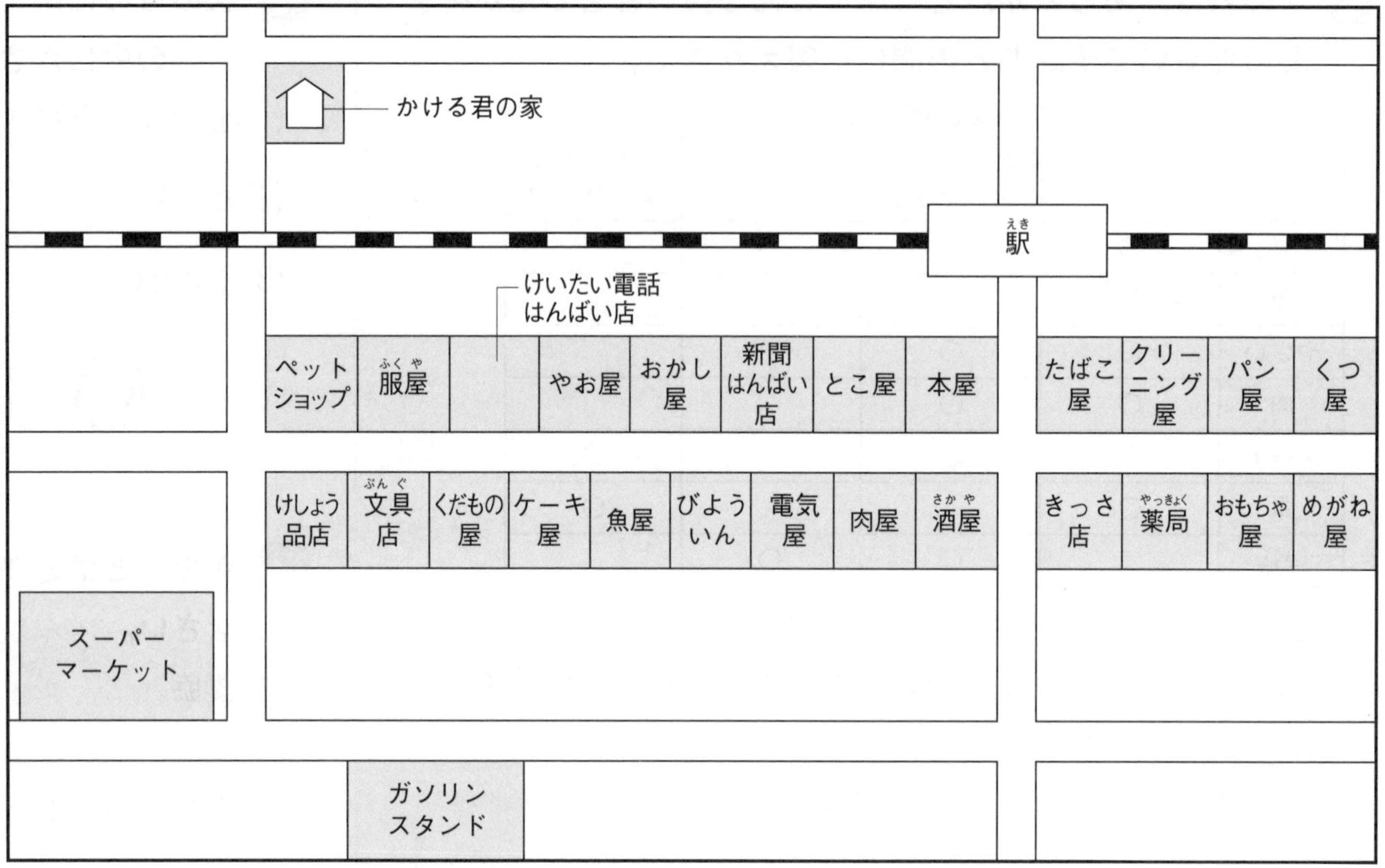

かける君の家
駅《えき》
けいたい電話はんばい店
ペットショップ
服屋《ふくや》
やお屋
おかし屋
新聞はんばい店
とこ屋
本屋
たばこ屋
クリーニング屋
パン屋
くつ屋
けしょう品店
文具《ぶんぐ》店
くだもの屋
ケーキ屋
魚屋
びよういん
電気屋
肉屋
酒屋《さかや》
きっさ店
薬局《やっきょく》
おもちゃ屋
めがね屋
スーパーマーケット
ガソリンスタンド

目ひょう時間　6分

レシート

○○○
キャベツ　¥130
ジャガイモ　¥100
レタス　¥50

○○○
ギュウニュウ　¥158
ウインナー　¥278
ビール　¥177
トイレットペーパー　¥348

○○○
シャツ　¥890
パンツ　¥890
クツシタ　¥1090
ジャケット　¥9800

○○○
コミック　¥420
ザッシ　¥560
サンコウショ　¥1950

レシートにかかれた品物《しなもの》の共通点《きょうつうてん》を考えてみよう。

アルファベット（大文字）

なまえ　3 年　　組

答え→183 ページ　　月　　日

時間 20分　合かく 80点　とく点　　点

1 次《つぎ》のアルファベットを，うすい文字をなぞったあとに，1回ずつ書きなさい。(20 点)

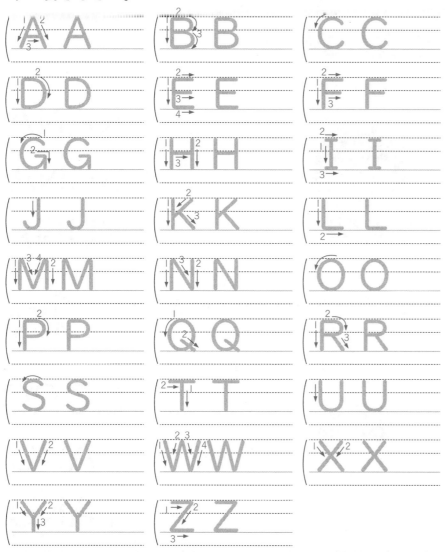

A A　B B　C C
D D　E E　F F
G G　H H　I I
J J　K K　L L
M M　N N　O O
P P　Q Q　R R
S S　T T　U U
V V　W W　X X
Y Y　Z Z

2 左上のAから，アルファベットじゅんに，右下のZまで線でつなぎなさい。ただし，ななめには進《すす》めません。(20 点)

A	B	C	R	S	T	R	Y
B	F	D	Q	I	U	V	M
O	J	E	P	O	N	W	U
N	G	F	S	L	M	X	V
T	H	I	J	K	I	Y	Z

3 次の大文字を，アルファベットじゅんにならべかえて書きなさい。(60 点) 1 つ 15

(1) DFEG

(2) NPMO

(3) QTRS

チャレンジ (4) VXYW

思考力トレーニング　英語①

アルファベットの読み書き

答え→183ページ

月　日

問題1　アルファベットじゅんになるように，□の中にぬけている大文字を書きなさい。

目ひょう時間　3分

A □ □ D E □

□ H I □ K L

□ □ O P Q □

□ T U V □ X

□ Z

問題2　それぞれの人物《じんぶつ》のなまえを，線でむすびなさい。

目ひょう時間　2分

(1)　わたしのなまえは香奈《かな》よ。

・KANA
・SANA
・YUNA

さいしょの文字はJの次《つぎ》の文字だよ。

(2)　ぼくのなまえは太郎《たろう》だよ。

・GORO
・TARO
・TAKU

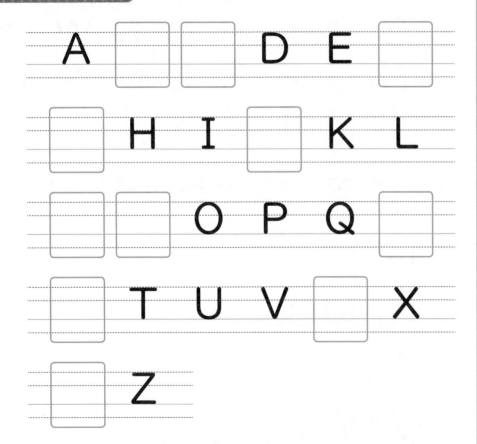

アルファベット（小文字）

なまえ　3 年　　組

答え→183 ページ　　月　　日

時間 20 分　合かく 80 点　とく点　　点

1 次《つぎ》のアルファベットを，うすい文字をなぞったあとに，１回ずつ書きなさい。（20 点）

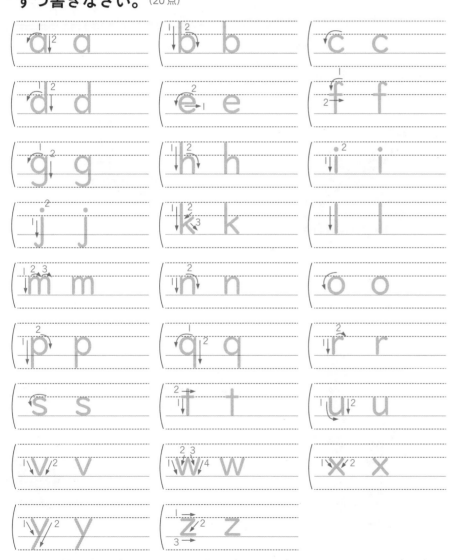

a a　b b　c c
d d　e e　f f
g g　h h　i i
j j　k k　l l
m m　n n　o o
p p　q q　r r
s s　t t　u u
v v　w w　x x
y y　z z

2 a から z まで，アルファベットじゅんに線でつなぎなさい。（20 点）

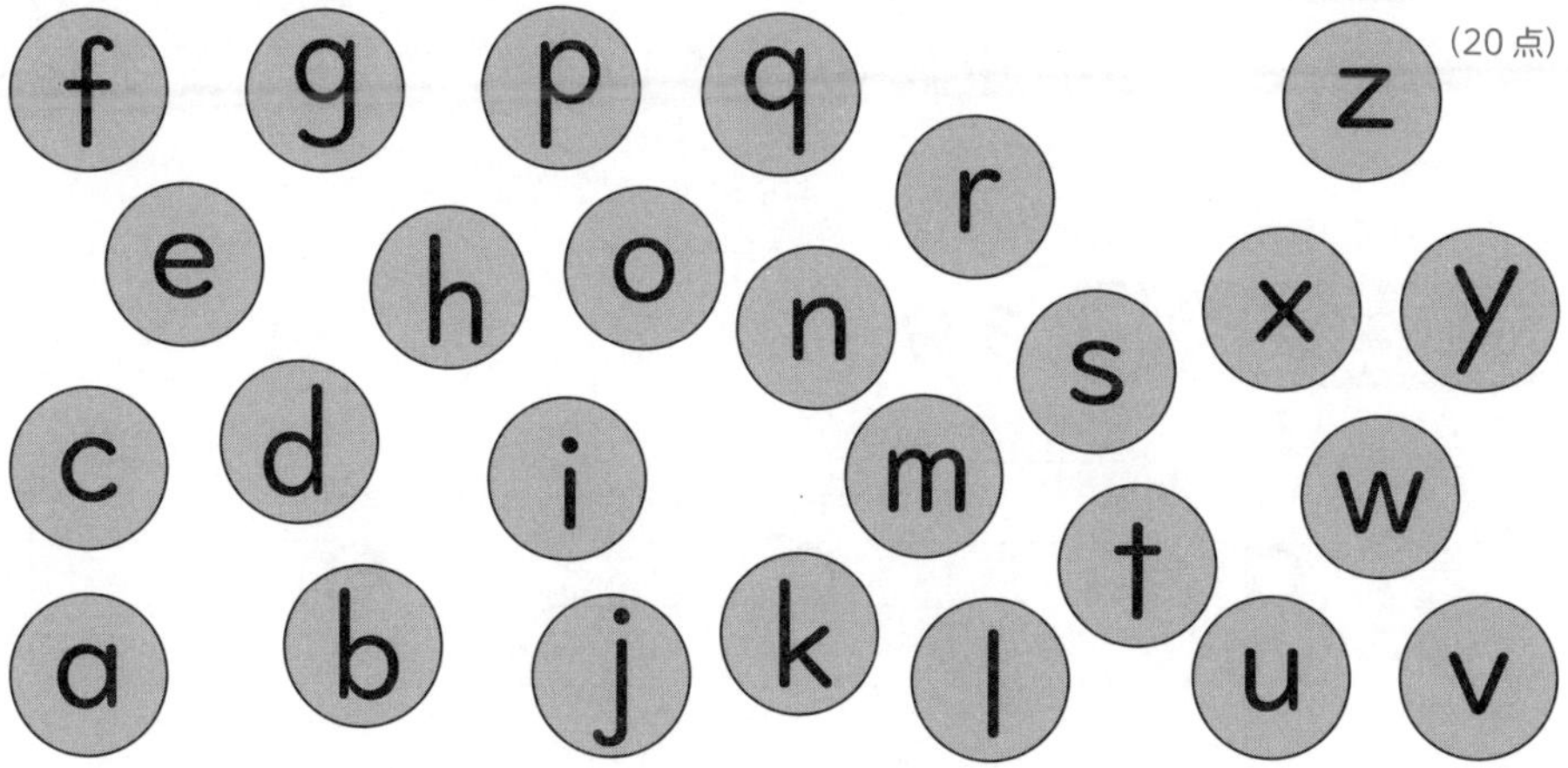

3 次の小文字を，アルファベットじゅんにならべかえて書きなさい。（60 点）1 つ 15

チャレンジ
(1) ebdc

(2) hjgi

チャレンジ
(3) rqps

(4) ywvx

算数　理科　社会　英語　国語　答え

思考力トレーニング

英語 ②　小文字の形

答え→183ページ　月　日

問題 1

アルファベットじゅんになるように，□の中にぬけている小文字を書きなさい。

目ひょう時間　3分

a □ c □ e □

□ h □ j k l

□ □ o p □ r

s □ u v □ x

□ z

問題 2

小文字のアルファベットがこわれてくっついています。もとのアルファベットを書きなさい。

目ひょう時間　3分

(1)

(2)

(3)

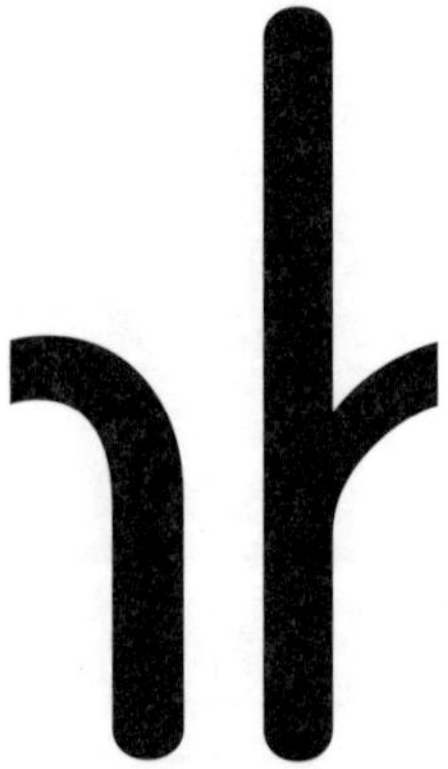

それぞれの大文字はE，R，Hだよ。

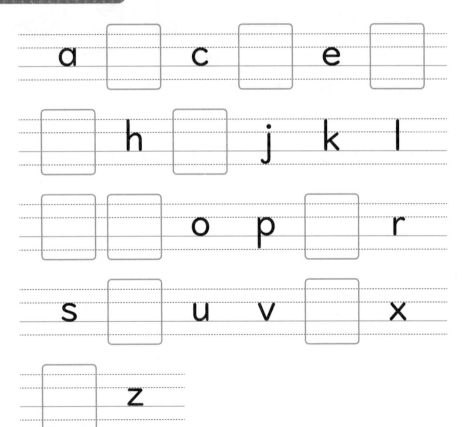

えいたん語

なまえ　3 年　　組

答え→183 ページ

月　日

時間 20分　合かく 80点　とく点　　点

1 絵に合うえいたん語を，うすい文字をなぞって書きなさい。

（20 点）

dog

cat

rabbit

bird

fish

lion

bear

mouse

cow

2 絵に合うえいたん語を，線でむすびなさい。（40 点）1 つ 8

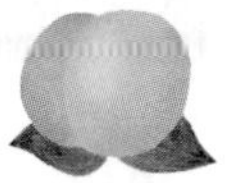

banana　melon　apple　peach　orange

チャレンジ

3 次《つぎ》の色を表《あらわ》すえいたん語を，下からえらんで書きなさい。

（40 点）1 つ 10

(1) 

(2) 

(3) 

(4) 

black　red　green　blue

算数　理科　社会　英語　国語　答え

英語③

えいたん語のパズル

答え→183ページ　月　日

問題1 絵に合うえいたん語をタテに書き，■の部分《ぶぶん》のえいたん語が表《あらわ》す食べ物《もの》のなまえを，日本語で答えなさい。

目ひょう時間　6分

■	u	■	■	k	i	■
			i		c	o
			n		e	t
			e			e
			a			

食べ物のなまえ

[　　　　]

問題2 □にアルファベットを入れて，しりとりをかんせいさせなさい。

目ひょう時間　4分

co□ ⇨

□ol□ ⇨

□is□

⇨

□orse ⇨

elephan□ ⇨

□ige□

⇨

□abbi□ ⇨

□urtle

英語 4

あいさつ・自こしょうかい

なまえ　3年　組

答え→184ページ

月　日

時間 20分　合かく 80点　とく点　点

1 次《つぎ》のあいさつを表《あらわ》すえい文の，うすい文字をなぞりなさい。 (25点)

(1) Hello.　(こんにちは。)

(2) Hi.　(やあ。)

(3) Good morning.　(おはよう。)

(4) Good afternoon.　(こんにちは。)

(5) Good evening.　(こんばんは。)

(6) Good night.　(おやすみなさい。)

(7) Goodbye.　(さようなら。)

(8) See you.　(またね。)

2 絵に合うえい文を線でむすびなさい。 (45点) 1つ15

(1)

・　　・ I am nine.

(2)

・　　・ I am Risa.

(3)

・　　・ I am from Japan.

チャレンジ

3 次の日本語と同じ意《い》味《み》になるように，＿＿＿にあてはまるえいたん語を□からえらんで書きなさい。 (30点) 1つ15

元気ですか。　How ＿＿＿＿ you?

— 元気です。ありがとう。

— I am ＿＿＿＿ . Thank you.

fine　are

かんたんなあいさつ・自こしょうかい

答え→184ページ　月　日

問題1 絵の場面《ばめん》に合うあいさつを右からえらんで，線でむすびなさい。

目ひょう時間 3分

(1)

・　　・See you.

(2)

・　　・Good night.

(3)

・　　・Good morning.

問題2 自こしょうかいカードを見て，下の自こしょうかいのえい文をかんせいさせなさい。

目ひょう時間 2分

自こしょうかいカード

なまえ　エレン(Ellen)

年れい　10さい(ten)

出身《しゅっしん》国　アメリカ(America)

I ________ Ellen.

________ ________ ten.

I'm from ________.

算数 理科 社会 英語 国語 答え

国語 1

漢字《かんじ》の読み書き①

なまえ　3年　組

時間 25分

合かく 80点

とく点　点

答え→184ページ

月　日

1 次《つぎ》の――線の言葉《ことば》を、漢字《かんじ》と送《おく》りがなで書きなさい。（20点）一つ2

(1) 学校へいそぐ。〔　　〕

(2) プリントをくばる。〔　　〕

(3) しっかりかんがえる。〔　　〕

(4) ねらいをさだめる。〔　　〕

(5) すくすくそだつ。〔　　〕

(6) 足をまげる。〔　　〕

(7) うつくしい心。〔　　〕

(8) りんごがみのる。〔　　〕

(9) 料理《りょうり》をあじわう。〔　　〕

(10) 葉《は》がおちる。〔　　〕

2 次の上と下とをつないで、一つの漢字を作りなさい。（18点）一つ3

氵	糸	冫	木	亻	言
匕	欠	周	永	录	黄

3 次の漢字の画数を〔　〕に書きなさい。（18点）一つ3

(1) 世〔　　〕

(2) 問〔　　〕

(3) 面〔　　〕

(4) 港〔　　〕

(5) 返〔　　〕

(6) 指〔　　〕

4 次の――線の漢字に読みがなをつけなさい。（24点）一つ4

(1) 親しい友達《ともだち》がいます。〔　　〕

(2) 箱《はこ》の中身は、クッキーでした。〔　　〕

(3) せみの声で、今朝は目がさめました。〔　　〕

(4) その都度れんらくする。〔　　〕

(5) 日本の農業は、米作りが中心です。〔　　〕

(6) あの大きなたて物《もの》は、中央ゆうびん局《きょく》です。〔　　〕

5 チャレンジ 次の漢字の反対《はんたい》の意味《いみ》の漢字を書きなさい。（20点）一つ4

(1) 軽 ↔ □

(2) 暑 ↔ □

(3) 負 ↔ □

(4) 明 ↔ □

(5) 強 ↔ □

まちがい漢字《かんじ》

答え→184ページ　月　日

問題

次《つぎ》の漢字《かんじ》は、正しい形から一画足りないものとなっています。それぞれ一画ずつ書き入れて直しなさい。

目ひょう時間　5分

(1) 歯

(2) 屋

(3) 拾

(4) 弟

(5) 強

(6) 鼻

(7) 橋

(8) 等

(9) 病

(10) 福

細《こま》かいところまでしっかり見よう。

国語

2 漢字《かんじ》の読み書き ②

算数 理科 社会 英語 国語 答え

なまえ

3年　組

時間 25分

合かく 80点

とく点　点

月　日

答え→184ページ

1 次《つぎ》の――線の言葉《ことば》を漢字《かんじ》で書きなさい。送《おく》りがなのつくものは、送りがなもつけて書きなさい。（30点）一つ3

(1) なつまつりの夜。［　　］

(2) しゃしんをとる。［　　］

(3) はなみずが出る。［　　］

(4) しあわせな毎日。［　　］

(5) せかい地図を見る。［　　］

(6) わるいことをしない。［　　］

(7) じゅうしょがかわる。［　　］

(8) ゆうえんちへ行く。［　　］

(9) はやおきをする。［　　］

(10) しょうてんがいを歩く。［　　］

2 次の言葉の反対《はんたい》の意味《いみ》の言葉を、漢字で書きなさい。（20点）一つ4

(1) 男子 ↔ □□

(2) 右手 ↔ □□

(3) 内野 ↔ □□

(4) 車道 ↔ □□

(5) 安心《あんしん》 ↔ □□

3 次の漢字の赤い部分《ぶぶん》は、何画目に書きますか。数字で書きなさい。（15点）一つ3

(1) 局［　　］

(2) 柱［　　］

(3) 集［　　］

(4) 服［　　］

(5) 氷［　　］

4 次の――線の漢字に読みがなをつけなさい。（20点）一つ2

(1) 野球のゲームに出場する。

(2) きかいで等しい重さをはかる。

(3) 森の中で深く息をすいこむ。

(4) 自動車でたくさんの荷物を運《はこ》ぶ。

(5) 家族みんなで相談する。

チャレンジ

5 上の□と下の□の中のものを組み合わせて、漢字を五つ作りなさい。（15点）一つ3

金	女	者	糸	彳

阝	殳	冬	失	台

［　　］［　　］［　　］［　　］［　　］

同じ読みの漢字《かんじ》

答え→185ページ

月　日

問題

次《つぎ》の表《ひょう》の中にある漢字《かんじ》のうち、「シン」という音読みをもつ漢字をぬりつぶし、のこった三つの漢字を組み合わせて言葉《ことば》を作りなさい。

目ひょう時間　5分

心	度	新	真
親	進	計	森
温	神	深	身

音読みは「写真」など熟語《じゅくご》にしてみるとわかりやすいよ。

国語

3 漢字《かんじ》の読み書き ③

なまえ
3年 組

時間 25分
合かく 80点
とく点 点

答え→185ページ

月 日

1 次《つぎ》の――線の漢字《かんじ》に読みがなをつけなさい。 (30点)一つ5

(1) 消える / 消す
(2) 乗る / 乗車
(3) 平たい / 平面
(4) 雨ふり / 雨だれ
(5) 仕事 / 記事
(6) 神様 / 神社

2 次の――線の漢字に読みがなをつけなさい。 (30点)一つ3

(1) 筆箱に入れておく。
(2) 宿題があるのを全くわすれていた。
(3) 大阪《おおさか》は大都市です。
(4) 部屋がようやく整った。
(5) 一人旅をした。
(6) 薬局へ行ってかぜの薬を買う。
(7) あの人は味方です。

3 次の言葉《ことば》を、漢字と送《おく》りがなで書きなさい。 (16点)一つ2

(1) さいわい
(2) あたためる
(3) うごかす
(4) ながれる
(5) まもる
(6) ころぶ
(7) おわる
(8) みじかい

チャレンジ
4 上と下の□から漢字を一つずつえらんで、熟語《じゅくご》を三つ作りなさい。 (12点)一つ4

上: 医 感 注
下: 想 意 者

5 次の漢字の正しい読み方を○でかこみなさい。 (12点)一つ3

(1) 目次 [もくじ めつぎ]
(2) 作用 [さくよう さよう]
(3) 酒屋 [さけや さかや]
(4) 遊具 [ゆうぐ あそびぐ]

国語③

バラバラ漢字《かんじ》

答え→185ページ 月 日

問題 次《つぎ》のバラバラになった漢字《かんじ》を正しい形に直して書きなさい。

目ひょう時間 3分

(1) 䒑 口 一

(2) 厂 山 火

(3) 月 氵 古

(4) 白 宀 一 亻

(5) 口 氵 艹 夂

(6) 木 斤 立

じゅん番《ばん》をよく考えよう。

国語 4

言葉《ことば》の使《つか》い方 ①

なまえ 3年 組

時間 25分

合かく 80点

とく点 点

答え→185ページ

月 日

1 次《つぎ》の〔 〕の中の言葉《ことば》づかいのうち、正しいほうを○でかこみなさい。 (50点)一つ10

先生 ごめんください。こんにちは、山《やま》本《もと》さん、お父さんはいらっしゃいますか。少し用があってね。

山本 いいえ、いま〔おとうさん／父〕は〔おりません／いらっしゃいません〕。

先生 そう。それじゃ、明日《あす》来ますと、つたえておいてください。

山本 お父さん、昼すぎに先生が〔来て／こられて〕、お父さんがいなかったから、また「明日来ます」と〔おっしゃって／言って〕〔帰った／帰られた〕よ。

2 次の文を読んで、〔 〕の中の言葉でいちばんよいものを○でかこみなさい。 (30点)一つ5

一年前にわたしの家に、子犬のモモがやって〔来る／来た〕。はじめは〔もう／まだ〕小さかったモモは、ぬいぐるみのように〔かわいかった／かわいらしい〕。〔それから／それが／それでは〕今では、わたしが〔だきながら／だけるくらい／だけないくらい〕大きくなった。もうじき、子犬とは言えなく〔なるだろう／なっただろう／ならないだろう〕。

チャレンジ

3 次の――線の言葉は、あとのア〜エのどの意味《いみ》にあたりますか。記号《きごう》で答えなさい。 (20点)一つ5

(1) わたしたちの学校へ明日新しい先生がいらっしゃいます。〔 〕

(2) あなたのお姉《ねえ》さんは親切な人でいらっしゃいますね。〔 〕

(3) お母さんは、おうちにいらっしゃいますか。〔 〕

(4) お父さんは、車でどちらへいらっしゃったのですか。〔 〕

ア いる　**イ** 来る

ウ 行く　**エ** ある

言葉《ことば》の意味《いみ》

答え→185ページ

月　日

問題 次《つぎ》の言葉《ことば》のうち、あとの［　］に入るのはそれぞれどちらかを答えなさい。

目ひょう時間 5分

> **いっさい**
> 意味　まったく。ぜんぜん。
> れい　「お金は**いっさい**持《も》っていない。」

> **いっせい**
> 意味　みんなそろって。いっしょに。
> れい　「**いっせい**に走り出す。」

(1) 大きな音がしたので、赤ちゃんが［　　］になきだした。

(2) 木が切られたので小鳥が［　　］いなくなってしまった。

(3) 妹のゆりが手紙をかくした場所《ばしょ》は［　　］知らないよ。

(4) 本の感想《かんそう》をたずねるとみんなが［　　］に手をあげた。

(1)［　　］　(2)［　　］

(3)［　　］　(4)［　　］

「いっさい」には、下に「ない」などがくることが多いよ。

国語 5 言葉《ことば》の使《つか》い方②

なまえ　3年　組

時間 25分
合かく 80点
とく点　点

答え→185ページ

月　日

1 **次《つぎ》の［　］にあう言葉《ことば》をあとからえらんで、記号《きごう》で答えなさい。**（30点）一つ5

(1) こたつに入っているうちに［　］ねむってしまいました。

(2) ぼく場《じょう》で馬が、［　］草を食べています。

(3) 足音が急《きゅう》に［　］止まりました。

(4) 運動会《うんどうかい》では［　］歩きなさい、と先生が言われました。

(5) ［　］お正月を待《ま》っています。

(6) 池にえさを投《な》げこんだしゅん間、［　］こいが食べてしまいました。

ア あっというまに　**イ** ぴたりと
ウ のんびりと　**エ** いつのまにか
オ どうどうと　**カ** 今か今かと

2 **次の言葉がうまく文としてつながるものをあとからえらんで、記号で答えなさい。**（32点）一つ4

(1) せっかく
(2) まだまだ
(3) だしぬけに
(4) せめて
(5) ぜひ
(6) やっと
(7) ぱっと
(8) もう少しで

ア 間に合いそうだった。
イ 家族全員《かぞくぜんいん》で行きたい旅館《りょかん》だ。
ウ たどりついた。
エ 大声でよびとめられた。
オ ちらばった。
カ マラソンはむりだ。
キ 作ったのにおいしくなかった。
ク ほけつにはえらばれたい。

3 **次の意味《いみ》にあう言葉をあとからえらんで、記号で答えなさい。**（30点）一つ3

(1) 動物《どうぶつ》などを育《そだ》てること
(2) せかせかしないでゆったりしていること
(3) じまんする
(4) 聞いてたしかめる
(5) びっくりする
(6) ためしにやってみる
(7) いきおいよく進《すす》む様子《ようす》
(8) じっと見つめる様子
(9) かわききってしまう
(10) 自分のまわりのこと

ア 身の回り　**イ** しげしげと
ウ し育《いく》　**エ** 問《と》い合わせる
オ こころみる　**カ** ひからびる
キ まっしぐら　**ク** おっとり
ケ 鼻《はな》にかける　**コ** 面食《めんく》らう

チャレンジ

4 **次の言葉を使《つか》って、短《みじか》い文を作りなさい(主語《しゅご》をかならず入れること)。**（8点）

・力いっぱい

文作りめいろ ①

答え→185ページ

月　日

問題

スタートからゴールまで、正しい文になるように言葉《ことば》をえらんで進《すす》み、できた文を書きなさい。

目ひょう時間　5分

スタート

わたしは	魚が	歌うと
弟と	いっしょに	母さんが
明日は	公園で	すな遊《あそ》びを
よい	天気を	しました。

ゴール

「わたしは……しました。」とつながることに注意《ちゅうい》しよう。

国語 6

国語辞典《じてん》の使《つか》い方

算数 理科 社会 英語 国語 答え

なまえ

3年　組

時間 25分

合かく 80点

とく点　点

答え→185ページ

月　日

1 次《つぎ》の――線の言葉《ことば》を国語辞典《じてん》にのっている形に直しなさい。（25点）一つ5

(1) 横《おう》だん歩道は、車に注意《ちゅうい》してわたりましょう。［　　］

(2) スプーンでかさまぜると温度《おんど》がひくくなった。［　　］

(3) なくしたお父さんの本をさがさないといけない。［　　］

(4) 公園に子どもがたくさん集《あつ》まるとにぎやかだ。［　　］

(5) お母さんはじょうずにクッキーをやきます。［　　］

2 次の言葉の中で、国語辞典をひいたときに先に出てくるものに、○をつけなさい。（25点）一つ5

(1) ア ちかい　イ とおい

(2) ア あか　イ あお

(3) ア きょう　イ きよう

(4) ア はね　イ ばね

チャレンジ (5) ア シール　イ しおり

3 次の言葉を国語辞典に出てくるじゅんに書きなさい。（30点）一つ5

(1) きじ　ぎし　きし

［　　］←［　　］←［　　］

(2) ばん　パン　はん

［　　］←［　　］←［　　］

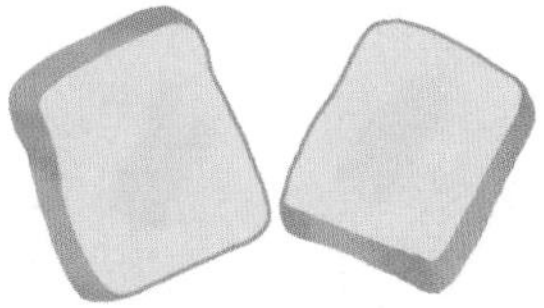

4 次の言葉の意味《いみ》を国語辞典にのっている意味の中からえらんで、○をつけなさい。（20点）一つ10

(1) 駅前《えきまえ》に店を開《ひら》く。

ア へだたりが大きくなる。
イ ひろがる。ひろげる。
ウ はじめる。

(2) かばんの口をしめる。

ア 食《た》べたり話したりするところ。
イ 物《もの》を出し入れするところ。
ウ ことば。

言葉《ことば》さがし ①

答え→185ページ

月　日

問題

次《つぎ》の表《ひょう》の中の文字を、たて、横《よこ》、ななめに読んで、動作《どうさ》を表《あらわ》す言葉《ことば》を四つさがしなさい。

目ひょう時間

5分

あ	さ	き	な
る	う	わ	い
く	ね	ら	し
ら	き	あ	わ

なまえ
3年 組

答え→185ページ

時間 20分
合かく 80点
とく点 点
月 日

1 次《つぎ》のローマ字の言《こと》葉《ば》を，ひらがなに直しなさい。

(30点) 1つ5

(1) sakana [　　　　]

(2) megane [　　　　]

(3) kanzume [　　　　]

(4) tetyô [　　　　]

(5) nikki [　　　　]

(6) tukue [　　　　]

チャレンジ

2 次の言葉をローマ字に直しなさい。(30点) 1つ5

(1) せんぷうき

(2) おかあさん

(3) コップ

(4) ろうそく

(5) 北海道《ほっかいどう》

(6) ラッパ

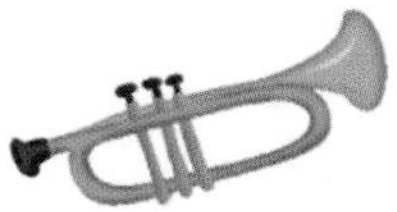

3 次の表《ひょう》の空いているところをうめなさい。(40点) 1つ5

a	i	u	e	o
ka	ki	ku	(1)	ko
(2)	si	su	se	so
ta	(3)	tu	te	to
na	ni	(4)	ne	no
ha	hi	hu	he	ho
ma	(5)	mu	me	mo
ya	(i)	yu	(e)	(6)
ra	(7)	ru	re	ro
(8)	(i)	(u)	(e)	(o)
n				

ローマ字パズル

問題

次《つぎ》の□にあてはまるローマ字をそれぞれ下からえらんで、イラストにあう言葉《ことば》をかんせいさせなさい。（使《つか》わないものもあります。）

目ひょう時間　5分

(1)

n□□□

o　e　k　c

(2)

o□□□□n

b　a　â　n　s　e

(3)

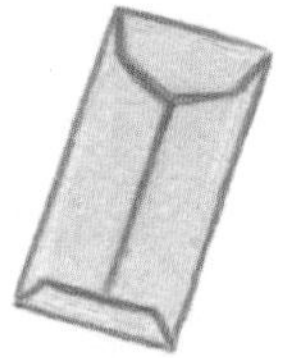

t□□□□i

g　m　a　n　e

(4)

z□□□□

i　y　h　ô　g　e

のばす音の書き方に気をつけよう。

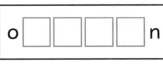

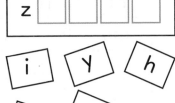

国語 8 こそあど言葉《ことば》

なまえ　3年　組

時間 25分

合かく 80点

とく点　点

月　日

答え→186ページ

1 絵にあうこそあど言葉《ことば》を次《つぎ》の〔　〕の中からえらんで、○をつけなさい。 (30点)一つ10

(1) みんなは〔あれ／どれ〕がほしいの？

(2) わたしは〔あれ／これ〕がほしい。

(3) ぼくは〔あれ／これ〕がいいな。

2 次の〔　〕に入る言葉を、あとの［　］からえらんで、答えなさい。 (30点)一つ10

(1) すべり台がある公園は〔　　〕ですか。

(2) では、〔　　〕道をまっすぐ行けばよいのですね。

(3) 〔　　〕ところまで歩いて行ったのですか。

そんな　この　これ
どこ　そう　ああ

チャレンジ

3 次の文章《ぶんしょう》を読んで、あとの問《と》いに答えなさい。 (40点)一つ10

朝《あさ》早く起《お》きて、家族《かぞく》で山に登《のぼ》りました。

山の空気はとてもきれいで、わたしは①これが大すきです。

お母さんが、「もう少し歩くとベンチがあるから、②そこで、お茶を飲《の》みましょう。」と言いました。

ベンチについてお茶を飲んでいると、弟が指《ゆび》をさして「おばあちゃんの家は□だよね。」と言いました。

わたしは、おばあちゃんの家で食《た》べたすいかを思い出し、今年もまた③あれをたくさん食べたいなと思いました。

(1) 「①これ」とは何ですか。〔　　〕

(2) 「②そこ」とはどこのことですか。〔　　〕

(3) □の中にどのこそあど言葉を入れるとよいですか。次からえらんで、記号《きごう》で答えなさい。

ア そう　イ こう
ウ あっち　エ どっち

〔　　〕

(4) 「③あれ」とは何ですか。〔　　〕

バラバラ熟語《じゅくご》 ①

答え→186ページ

月　日

問題

バラバラになった漢字《かんじ》を組み合わせて、二字の熟《じゅく》語《ご》を五つ作りなさい。（同じ漢字を二回使《つか》ってはいけません。）

目ひょう時間

5分

社　落　道　服　談　坂　洋　神　葉　相

音読みと、訓《くん》読みがあることに注《ちゅう》意《い》しながら考えよう。

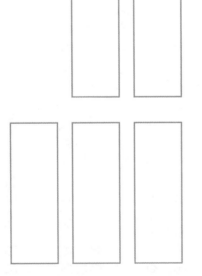

国語 9

修飾語《しゅうしょく》

答え→186ページ

なまえ　3年　組

時間 25分　合かく 80点　とく点　点　月　日

1 **次《つぎ》の文を読んで、あとの問《と》いに答えなさい。**（56点）一つ8

(1) ①わたしは、妹にえんぴつをあげました。

「だれに」にあたる言葉《ことば》をぬき出して答えなさい。〔　　　〕

②「何を」にあたる言葉をぬき出して答えなさい。〔　　　〕

(2) となりの家のひまわりがずいぶん大きくなった。

①「どのくらい」にあたる言葉をぬき出して答えなさい。〔　　　〕

②「どのように」にあたる言葉をぬき出して答えなさい。〔　　　〕

(3) わたしたちは、先週、校庭《こうてい》でサッカーをしました。

①「どこで」にあたる言葉をぬき出して答えなさい。〔　　　〕

②「いつ」にあたる言葉をぬき出して答えなさい。〔　　　〕

③「何を」にあたる言葉をぬき出して答えなさい。〔　　　〕

2 **――線を引いた言葉は、どの言葉にかかっていますか。かかっている言葉に〰〰線を引きなさい。**（24点）一つ4

(1) 親のひばりは、ひなのために、一日に何回も、食《た》べ物《もの》を運《はこ》びます。

(2) 子りすは、いきおいよく、まどから小屋《こや》の中へとびこみました。

(3) ㋐かわいいすみれの花が、㋑いっぱい小川の岸《きし》にさいていました。

(4) ㋐鼻《はな》の下にひげをはやした、太ったおまわりさんは、駅長《えきちょう》さんの声に、㋑手をふって、こたえました。

チャレンジ

3 **――線を引いた言葉を、くわしく説明《せつめい》しているところはどこですか。（　）の中の数だけ、その言葉に〰〰線を引きなさい。**（20点）一つ5

(1) さっそく、教室のうしろの黒板《こくばん》にはって、みんなで見ることにしました。（二つ）

(2) 子犬は、毎日、森をせっせと走り回っていました。（三つ）

(3) 秋も終《お》わりに近づくと、田んぼや、農家《のうか》の庭先《にわさき》から、大きなエンジンの音が聞こえてきます。（一つ）

(4) イチョウというのは、学校のすぐ前に立っている高い木だ。（二つ）

正しいものさがし①

答え→186ページ
月　日

問題 次《つぎ》のヒントを手がかりに、弟を**ア**～**オ**からえらんで、記号《きごう》で答えなさい。

目ひょう時間 **5分**

「ぼくの弟を見つけてね。

ヒント1 弟は、いつも半ズボンをはいているよ。

ヒント2 弟は、ぼうしはかぶっているけれど、めがねはかけていないよ。

ヒント3 弟は、あまいものが大すきで、今も何かを食べているよ。」

ア
イ
ウ
エ
オ

一つずつ、あてはまらないものをけしていくといいね。

国語 10 チャレンジテスト 1

なまえ　3年　組

時間 20分　合かく 80点　とく点　点

答え→186ページ

月　日

1 **次《つぎ》の文章《ぶんしょう》を読んで、あとの問《と》いに答えなさい。**

　山をこえ、七つの山をこえた山里に、①のどかな村がありました。おひゃくしょうたちははたらき(あ)モノで、みんな(い)タスけ合いながらなかよくくらしていました。

　でも、②一つだけこまったことがありました。おひゃくしょうたちに土地をかしている地主《じぬし》が、とてもよくばりで、お米や麦などをどっさりと横取《よこど》りすることです。[㋐]、地主はひまさえあれば家の前の木かげにすわって、おひゃくしょうたちがしっかりはたらくように見はっていたのです。

　ある夏の日のことです。ここちよいそよ風に、地主は[㋑]ねむりはじめました。（金森襄作《かなもりしょうさく》「木かげにごろり」）

(1) ①「のどかな」を使《つか》った文として正しいものを次からえらんで、記号《きごう》で答えなさい。（5点）　[　　]

ア のどかなけしきに、ほっとする。
イ のどかな海は、波《なみ》が高い。
ウ いそがしくてのどかな一日。
エ サイレンののどかな音。

(2) ②「一つだけこまったこと」とは何ですか。文中からぬき出しなさい。（20点）

[　　　　]

(3) ㋐に入る言葉《ことば》を次からえらんで、記号で答えなさい。（5点）　[　　]

ア そのうえ　イ しかし　ウ ところで　エ すると

(4) チャレンジ 地主は、何のために木かげにすわっているのですか。（20点）

[　　　　]

(5) ㋑に入る言葉を次からえらんで、記号で答えなさい。（5点）　[　　]

ア そろそろ　イ やっと　ウ うとうと　エ はっと

(6) 〰線(あ)・(い)のかたかなを漢字《かんじ》で書きなさい。（10点）一つ5

(あ)[　　]　(い)[　　]

2 **次の二つの漢字を組み合わせて、漢字を作りなさい。**（15点）一つ5

(1) 八　刀 → □
(2) 日　音 → □
(3) 自　心 → □

3 **書き方の正しいほうに、○をつけなさい。**（20点）一つ5

(1) ア ちぢむ　イ ちじむ
(2) ア とおだい　イ とうだい
(3) ア めいれい　イ めえれい
(4) ア つずく　イ つづく

熟語《じゅくご》パズル ①

答え→186ページ

月　　日

問題

次《つぎ》の□には、漢字《かんじ》一字が入ります。矢じるしの方《ほう》向《こう》に読むと熟語《じゅくご》ができるように、正しい漢字を書き入れなさい。

目ひょう時間　5分

(1)

発
↓
旅 → □ → 事
↓
進

(2)

暗
↓
者 ← □ ← 日
↓
号

(3)

家
↓
上 ← □ → 根
↓
外

わかるところから目星をつけよう。

国語 11 細《こま》かい点に気をつけて読む

なまえ

3年　組

時間 25分

合かく 80点

とく点　点

月　日

答え→186ページ

1 次《つぎ》の文章《ぶんしょう》を読んで、あとの問《と》いに答えなさい。

　うちゅう食《しょく》は、うちゅうひ行しがうちゅう船で食べる食べ物《もの》です。①そこでは物がぷかぷかうかんでしまいます。[㋐]、ふたがとんでいかないようにするなどのくふうがされています。また、長くおいておいてもくさらないことがひつようです。[㋑]、うちゅう船にはたくさん荷《に》物《もつ》をつむことができないので、軽《かる》いことも大切です。

　うちゅう食には、②うちゅうおにぎりなどもあり、店で買うことができるので、だれでも食べてみることができます。

(1) これは、どのような食べ物について書かれた文章ですか。(10点)

[　　　　]

(2) 「①そこ」とは、どこのことですか。(10点)

[　　　　]

(3) [㋐]、[㋑]に入る言葉《ことば》をあとの[　]の中からえらんで、答えなさい。(10点)一つ5

㋐[　　　　]

㋑[　　　　]

なぜなら　さらに　では
それとも　だから　もし

(4) 文中の食べ物にはどのようなくふうがされていますか。次からえらんで、記号で答えなさい。(10点)

ア ふたがあけやすい
イ ふたがとばない
ウ どろどろしている
エ 空中にうかぶ

[　　　　]

(5) チャレンジ 文中の食べ物には、ひつようなことがあります。どのようなことですか。二つ書きなさい。(20点)一つ10

[　　　　]

[　　　　]

(6) 「②うちゅうおにぎり」は、どこで買うことができますか。(10点)

[　　　　]

2 つなぎの言葉を考えて、㋐の文と㋑の文をつないで一つの文にしなさい。(30点)一つ10

(1) ㋐雨がふっている。
㋑今日の遠足は中止だろう。

[　　　　]

(2) ㋐テストはむずかしかった。
㋑ぼくはよい点がとれた。

[　　　　]

(3) ㋐ねこが近づいてきた。
㋑ねずみがにげた。

[　　　　]

思考力トレーニング

国語⑪

正しい読み方えらび

答え→186ページ　月　日

問題

スタートからゴールまで、読み方の正しいほうをえらんで、進《すす》みなさい。

目ひょう時間　**5分**

スタート

太陽
①たいよお
②たいよう

世界中
①せかいぢゅう
②せかいじゅう

通り
①とおり
②とうり

王様
①おおさま
②おうさま

地面
①ぢめん
②じめん

鼻血
①はなじ
②はなぢ

ゴール

「オー」とのばす音は
まちがえやすいので
注意《ちゅうい》しようね。

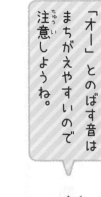

国語 12

段落《だんらく》ごとにまとめて読む

なまえ

3年　組

時間 25分

合かく 80点

とく点　点

答え→186ページ

月　日

1 **次《つぎ》の文章《ぶんしょう》を読んで、あとの問《と》いに答えなさい。**

①日本のいくつかの地方には、一年に一度《いちど》、神様《かみさま》が家にやってくる行事《ぎょうじ》があります。

②この神様たちは、とてもきみょうなすがたをしています。

③秋田県《あきたけん》の男鹿《おが》地方では、お正月の前の日の夜にやってきます。手には大きなほうちょうなどを持《も》ち、赤や青のおにのお面《めん》をつけたすがたです。この「なまはげ」が家々《いえいえ》をめぐって、なまけものをしかります。

④この地方では、冬にあたたかいところにすわって、なまけてばかりいる人の手足にできるたこのことを「なもみ」と言います。「なまはげ」は、この「なもみ」をはぎとることを表《あらわ》す「なもみはぎ」がへんかした名前です。

⑤なまはげたちは、
なく子はいねが《(いないか)》ー、親の言うこど《(こと)》
聞がね《(聞かない)》子はいねがー
とさけびながらやってきます。子どもたちは、たいてい、こわがってにげていきます。

⑥家の人たちは、ごちそうをじゅんびしてむかえます。なまはげの行事は、新しい年をむかえるおいわいの意味《いみ》があるのです。

チャレンジ
(1) この文章を二つに分けると、どこで分けられますか。①～⑥の中から、後半のはじめの文の番号《ばんごう》を書きなさい。(10点)

［　　］

(2) 一年に一度、どのような行事が行われますか。(20点)

［　　］

(3) ③段落《だんらく》に書かれている「なまはげ」について正しいものを次からえらんで、記号《きごう》で答えなさい。(10点)

ア お正月に来る。
イ 手にかごを持っている。
ウ お面をつけている。
エ 子どもをほめる。

［　　］

(4) 「なまはげ」は家々で何をするのですか。(20点)

［　　］

(5) ④段落は「なまはげ」の何について書かれていますか。次からえらんで、記号で答えなさい。(20点)

ア すがたについて
イ 名前について
ウ たこについて
エ 子どもについて

［　　］

(6) 「なまはげ」の行事の意味を答えなさい。(20点)

［　　］

カタカナならべかえパズル①

答え→186ページ

月　日

問題

次《つぎ》のカタカナをならべかえて、カタカナ語をそれぞれ作りなさい。

目ひょう時間　5分

ンドルセラ

リプータヘコ

ラアグルトンイ

マスクリツリース

字の数に注《ちゅう》意《い》しながら考えようね。

国語 13

文章《ぶんしょう》を正しく読む

なまえ

3年　組

答え→186ページ

時間 25分

合かく 80点

とく点　点

月　日

1 次《つぎ》の文章《ぶんしょう》を読んで、あとの問《と》いに答えなさい。

地球《ちきゅう》は、生まれてからの長い間に、あたたかくなったりさむくなったりしています。

およそ二万年前に、地球がとてもさむくなる氷河期《ひょうがき》という時期がありました。そして、その一万年後には、また、あたたかくなりました。

氷河期の生きのこりと言われるライチョウは、さむいところにしかすめない鳥です。どうやって生きのこってきたのでしょう。

氷河期のときにはあまりにもさむいので、ライチョウは少し気温《きおん》が高い南にうつりました。そのあと、地球がふたたびあたたかくなったとき、ライチョウはすずしい北に行くことができませんでした。なぜなら、りくが海にへだてられていたからです。そこで、高い山をすみかにしました。

今は、山からおりるとあついのでそこから動《うご》けなくなり、山の上にとじこめられてしまいました。

もし、地球全体《ぜんたい》の気温が上がったら、ライチョウは行くところがありません。氷河期を生きのびたライチョウも、今度《こんど》こそぜつめつしてしまうかもしれません。

(1) この文章は何について書かれたものですか。次からえらんで、記号《きごう》で答えなさい。(20点)　[　　]

ア 地球
イ 氷河期
ウ 気温
エ ライチョウ

(2) ライチョウは、どのような生《い》き物《もの》だと言われていますか。(20点)

[　　　　]

チャレンジ

(3) 「北に行くことができませんでした」とありますが、次の問いに答えなさい。

① それはなぜですか。(20点)

[　　　　]

② そのとき、ライチョウはどうしましたか。(20点)

[　　　　]

(4) ライチョウがぜつめつしてしまうかもしれない理由《りゆう》を次からえらんで、記号で答えなさい。(20点)　[　　]

ア 行くところがないから。
イ 食《た》べ物《もの》が足りないから。
ウ 山がよごれてきたから。
エ 人間がとるから。

思考力トレーニング

国語⑬ たからの地図さがし

答え→186ページ　月　日

問題 次《つぎ》のヒントを手がかりに、たからの地図がある場《ば》所《しょ》を**ア**〜**オ**からえらんで、記《き》号《ごう》で答えなさい。

目ひょう時間 5分

「たからの地図がある場所のヒントを教えるよ。

ヒント1 本屋《ほんや》からは一回角《かど》を曲《ま》がっただけで行けるところだよ。

ヒント2 行き先と同じ通りにコンビニはないよ。

ヒント3 駅《えき》を出たら南に行くんだよ。」

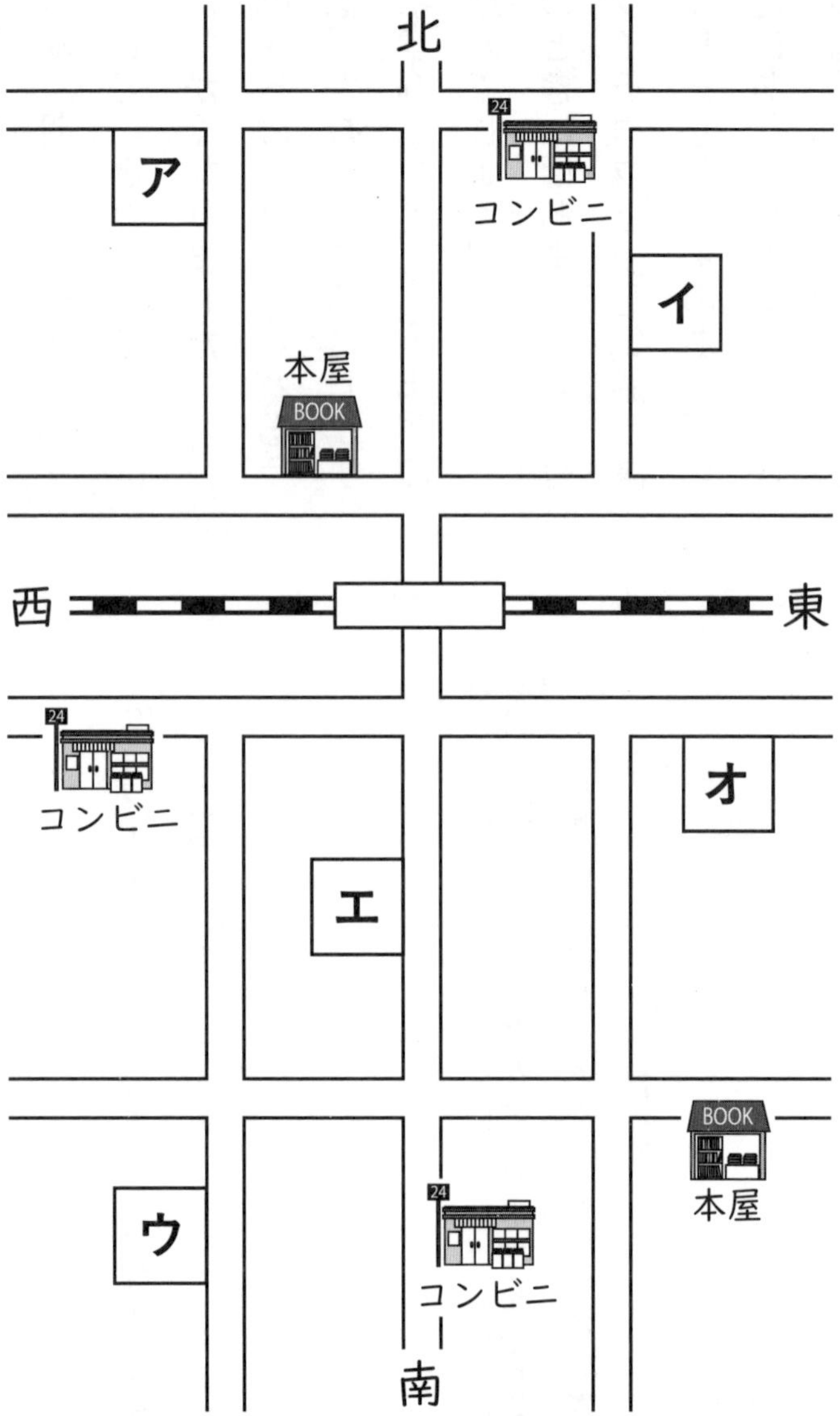
北
ア
24
コンビニ
イ
本屋
BOOK
西
東
24
コンビニ
オ
エ
BOOK
本屋
ウ
24
コンビニ
南

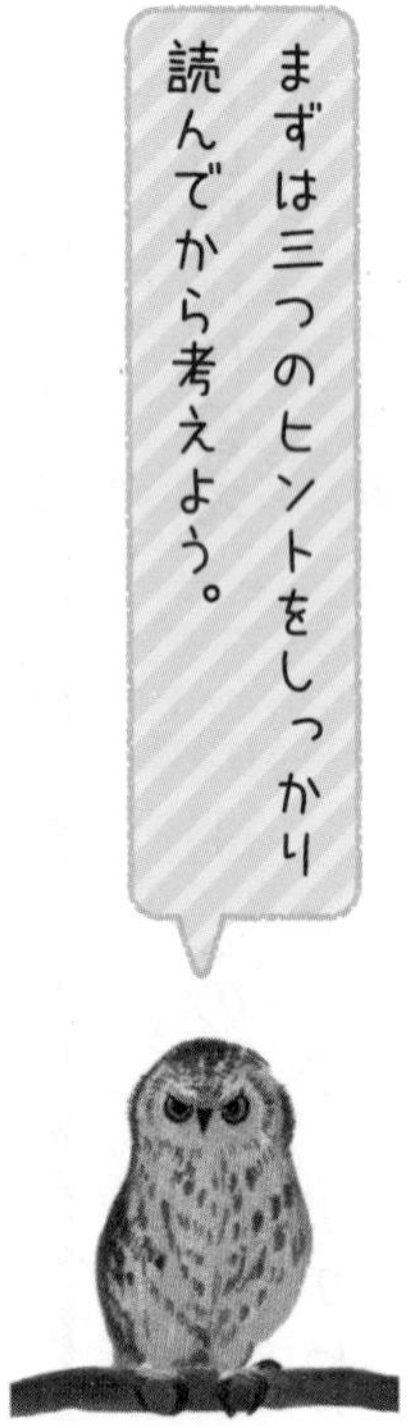
まずは三つのヒントをしっかり読んでから考えよう。

国語 14 説明《せつめい》文を読む ①

答え→187ページ

なまえ 3年 組

時間 25分　合かく 80点　とく点 点

月 日

1 **次《つぎ》の文章《ぶんしょう》を読んで、あとの問《と》いに答えなさい。**

四月や六月は三十日まで、三月や五月は三十一日まであります。一か月は、①たいてい三十日か三十一日なのです。しかし、二月だけは、とくべつです。四年に一回は二十九日で、そのほかの年は二十八日です。これはなぜでしょうか。

一か月を三十日か三十一日にしてすごしていくと、一年の日数は三百六十五日か三百六十六日なので、どうしても合わなくなってきます。

[ア]、短《みじか》い月を一つ入れないといけません。

[イ]、どうして②それが二月なのでしょうか。

大昔《おおむかし》、ヨーロッパにあったローマという国では、一年の始《はじ》まりが三月でした。一年のさい後になると、一年の長さが合わなくなるので二月を短くしたのです。

そのあと、少しずつ月日の決《き》め方はかわっていきましたが、二月で日数を調《ちょう》せつするというきまりはそのままのこっているのです。

③大昔の、外国のきまりを、今もわたしたちが使《つか》っているなんておもしろいですね。

---

(1) ①「たいてい」を使った文として正しいものを次からえらんで、記号《きごう》で答えなさい。(20点)　[　　]

ア へやをよごしたら、お母さんがおこるのもたいていだ。

イ わたしのお父さんはたいてい黒いかばんを持《も》っている。

(2) [ア]、[イ]に入る言葉《ことば》を次からえらんで、記号で答えなさい。(20点)一つ10

ア だから　イ また　ウ でも

エ つまり　オ まず　カ ただし

ア[　　]　イ[　　]

(3) ②「それ」とは何ですか。(20点)

[　　　　]

チャレンジ

(4) ③「大昔の、外国のきまり」とはどのようなきまりですか。(20点)

[　　　　]

(5) 二月が短いのはなぜですか。次の□に入る言葉を書きなさい。(20点)一つ10

大昔の□□□で、二月が一年の□□□の月だったから。

言葉《ことば》あつめ

答え→187ページ　月　日

問題

次《つぎ》の○にひらがなを入れて、言葉《ことば》を五つ作りなさい。ただし、「どんどん」のように、二つの○に同じひらがなを入れてはいけません。

目ひょう時間　5分

○ん○ん

○ん○ん

○ん○ん

○ん○ん

○ん○ん

□ん□ん

□ん□ん

□ん□ん

□ん□ん

□ん□ん

まず、はじめの○に、すきな字を入れて考えるといいよ。

国語 15 説明《せつめい》文を読む ②

答え→187ページ

なまえ

3年　組

時間 25分

合かく 80点

とく点　点

月　日

1 次《つぎ》の文章《ぶんしょう》を読んで、あとの問《と》いに答えなさい。

　みなさんは、ハチにさされたことがありますか。

　山道を歩いているときなどにハチにさされて、死《し》にそうになったというおそろしいニュースを時々《ときどき》[ア]にします。しかし、このほとんどがスズメバチにさされたもので、クマバチやミツバチなどのほかのハチの場合は、さされたとしても一週間ほどでなおります。

　反対《はんたい》に、人をさしたハチが死んでしまうことがあります。これは、ミツバチだけに起《お》こります。

　ミツバチのはりはギザギザになっています。これを人間にさすと、ギザギザがひっかかってぬけなくなります。むりやりぬくと[イ]の体がちぎれて死んでしまうのです。人間の皮《ひ》ふよりもやわらかいものをさしたときは、はりをぬくことができて、死ぬことはありません。

　ハチが人間をさすのは、たいせつなハチのすを守《まも》るためです。だから、ハチを見つけても、じっとしていればめったにさされることはありません。さわいだりあばれたりしないようにしましょう。

(1) この文章の中で、読者《どくしゃ》に対《たい》して質問《しつもん》を投《な》げかけている一文はどれですか。はじめの五字を書きなさい。(10点)

(2) [ア]に入る言葉《ことば》を次からえらんで、記号《きごう》で答えなさい。(10点)

ア 耳　イ 足　ウ 口　エ 鼻《はな》

〔　　〕

(3) 人間をさして死んでしまうことがあるのはどのハチですか。(10点)

〔　　〕

(4) 「これ」とは何ですか。(20点)

〔　　〕

(5) [イ]に入る言葉を、文中からさがして書きなさい。(10点)

〔　　〕

(6) ハチが人間をさすのはなぜですか。(20点)

〔　　〕

チャレンジ
(7) ハチを見つけたときにしてはいけないことを二つ書きなさい。(20点)一つ10

〔　　〕
〔　　〕

漢字《かんじ》組み合わせパズル ①

答え→187ページ 月　日

問題

次《つぎ》のA《エイ》チーム、B《ビー》チームから一つずつ組み合わせて、正しい漢字《かんじ》を五つ作りなさい。（ただし、同じものは一回しか使《つか》えません。）

目ひょう時間　3分

Aチーム

女	礻	氵	罒	糸

Bチーム

会	貝	土	也	市

［　　］
［　　］
［　　］
［　　］
［　　］

チームは、部首《ぶしゅ》とつくりに分かれているよ。

国語

16 説明《せつめい》文を読む ③

なまえ

3年　組

時間 25分

合かく 80点

とく点　点

月　日

答え→187ページ

1 **次《つぎ》の文章《ぶんしょう》を読んで、あとの問《と》いに答えなさい。**

①英語《えいご》では、兄・弟、姉・妹を区《く》べつして表《あらわ》す一つの言葉《ことば》がありません。「年上のきょうだい」のような言葉はありますが、あまり①これらは使《つか》わないそうです。

②また、年上のきょうだいをよぶとき、日本語のように「おにいさん」「おねえさん」ではなく、それぞれの名前でよびます。

③［㋐］、サザエさんの家で、弟のカツオや妹のワカメがおねえさんであるサザエさんを「サザエ」とよぶようなものです。アニメでは、カツオは「ねえさん」、ワカメは「おねえちゃん」とよんでいるので、ふしぎな感じがしますね。

④これは、英語を話す人たちの間では、②年が上か下かということをあまり気にしないからです。

⑤日本のとなりの韓国《かんこく》では、年上の人にはぜっ対《たい》にていねいな言葉を使わないといけません。だから、はじめてあった人には年をたずねないと話し始《はじ》めることができません。

⑥人とのつながりで、［㋑］をどう考えるかによって、よび方や言葉がかわるのです。

(1) ①「これら」とは、何ですか。はじめと終《お》わりの三字を書きなさい（記号も一字に数えます）。（20点）一つ10

［　　　］～［　　　］

(2) ［㋐］に入る言葉を次からえらんで、記号《きごう》で答えなさい。（10点）

ア また　**イ** たとえば
ウ そこで　**エ** しかし

［　　　］

(3) アニメでは、ワカメはサザエさんを日本語のよび方でよんでいます。どうよんでいるか書きなさい。（10点）

［　　　］

(4) ②「年が上か下かということをあまり気にしない」とありますが、そのためにどうなるのかが書かれた段落《だんらく》を①～⑥の中から、二つえらんで、番号《ばんごう》を書きなさい。（20点）一つ10

［　　　］［　　　］

(5) 韓国で、はじめて会った人に年をたずねるのはなぜですか。次の□に入る言葉を書きなさい。（20点）一つ10

相手《あいて》が自分より［　　］ならば、［　　　　］な言葉を使わなくてはいけないから。

(6) ［㋑］に入る言葉を漢字《かんじ》一字で書きなさい。（20点）

［　］

言葉《ことば》さがし ②

答え→187ページ
月　日

問題
次《つぎ》の表《ひょう》の中の文字を、たて、横《よこ》、ななめに読んで、くだものの名前を表《あらわ》す言葉《ことば》を四つさがしなさい。

目ひょう時間　5分

れ	た	し	な
ん	も	す	う
こ	も	ん	ど
ん	し	わ	ぶ

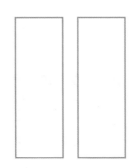

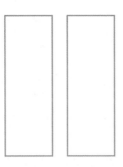

国語 17 チャレンジテスト 2

なまえ　3年　組

時間 20分　合かく 80点　とく点　点　月　日

答え→187ページ

1 次《つぎ》の文章《ぶんしょう》を読んで、あとの問《と》いに答えなさい。

①デンショバトやツバメは、ふしぎな鳥です。デンショバトを、一千キロも、とおくへつれていって、はなしても、まいごになりません。ちゃんと、じぶんのハトごやへ、もどってきます。

ツバメは、秋のおわりごろ、フランスからアフリカへ、とんでいきます。そこで、冬をこして、つぎの年の春、また、フランスへかえってきます。きょ年、じぶんがつくったすに、もどってきます。

ネコも、ふしぎなけものです。なん十キロも、とおくのうちに、もらわれていっても、よく、かえってきます。ながいみちを、とことこ、とことこあるいて、もとのうちへ、もどってきます。

ハトや、ツバメや、ネコは、どうして、かえりみちを、しっているのでしょうか。②とちゅうの、めじるしを、よく、おぼえておくのでしょうか。

いや、ハトやネコは、そとが、みえないようにして、はこばれても、やはり、かえってきます。

ツバメは、ひろいひろい、うみの上をとびこえて、かえってきます。うみの水には、めじるしがありません。ふしぎですね。

（なぜだろう？）

いろいろな学者《がくしゃ》が、そのわけを、しらべています。［　　］、ざんねんながら、よくわからないのです。

とにかく、どうぶつたちには、人間にない、ふしぎなちからがあるのです。それは、じぶんのうちを、さがしあてて、そこへ、かえっていく、ちからです。

（ファーブル 作、小林清之介《こばやしせいのすけ》 やく「新版《しんぱん》ファーブルこんちゅう記―アリのくに・バッタのくに」）

(1) ①「デンショバトやツバメは、ふしぎな鳥です」といえるのは、どうしてですか。「～から。」につづくように、文中から二十五字でぬき出し、はじめと終《お》わりの五字を書きなさい。（20点）一つ10

［　　　　　］～［　　　　　］から。

チャレンジ (2) ②「とちゅうの、めじるしを、よく、おぼえておくのでしょうか」というぎ問《もん》を打《う》ち消すために、どう答えていますか。二つに分けて答えなさい。（40点）一つ20

［　　　　］

［　　　　］

(3) ［　］に入る言葉《ことば》を次からえらんで、記号《きごう》で答えなさい。（20点）

ア そして　イ でも　ウ だから　エ さて

［　　］

(4) この文章を大きく三つのまとまりに分けるとすると、二つめのまとまりはどこからですか。はじめの五字を書きなさい。（20点）

［　　　　　］

正しいものさがし ②

答え→187ページ

月　日

問題

物語《ものがたり》の絵と文章《ぶんしょう》がばらばらになってしまいました。次《つぎ》の文章についていた絵を**ア**～**オ**からえらんで、記号《きごう》で答えなさい。

目ひょう時間　**5分**

まなさんは、お気に入りのぼうしをかぶって出かけました。たん生日に買ってもらったリュックサックをせおっています。公園につくと、ブランコの前で小さい男の子がないていました。まなさんは心配《しんぱい》して声をかけました。

ア

イ

ウ

エ

オ

文章を読んで、どんな場面《ばめん》か想《そう》ぞうしてみよう。

国語 18

物語《ものがたり》を読む ①

なまえ　3年　組

時間 25分　合かく 80点　とく点　点　月　日

答え→187ページ

1 **次《つぎ》の文章《ぶんしょう》を読んで、あとの問《と》いに答えなさい。**

　ある日、国語の時間中、①スポンと いきおいのよい音がしたかと思うと、

「あ、いた。②いたいわ。」

　広子《ひろこ》が首をおさえました。

　黒板《こくばん》に字を書いていた石川《いしかわ》よう子先生がふり向《む》きました。先生は、ゆかの上から、うす緑《みどり》のすぎの実《み》を拾《ひろ》い上げました。

「まあ、だれなの。教室を原っぱとまちがえて、時間中にすぎでっぽうをうったのは。」
　③みんな、しんとなりました。
「すぎでっぽうを持《も》ってきた人は、みんな、つくえの上に出しなさい。かくしても、だめよ。先生の目はエックス線なんだから。」

　はんとうでしょうか。エックス線というのは、服《ふく》でも、つくえのふたでも通してしまう光のことです。今、すぎでっぽうをうったあきらは、体をもぞもぞさせて、すぎでっぽうを、そっとランドセルの中にしまいこみました。


（古田足日《ふるたたるひ》「もぐら原っぱのなかまたち」）

(1) 「①スポン」というのは、何の音ですか。（10点）

［　　　　］

(2) 「②いたいわ」と広子が言ったのはなぜですか。（20点）

［　　　　］

(3) エックス線というのは、どのようなものですか。（20点）

［　　　　］

(4) 先生が、だれかがすぎでっぽうをうったことに気づいたのはなぜですか。次からえらんで、記号《きごう》で答えなさい。（10点）

ア ゆかにすぎの実が落《お》ちているのを見つけたから。
イ 広子の服にすぎの実がたくさんついていたから。
ウ 教室の中が原っぱのようになってしまったから。
エ 先生の目のエックス線ですぎの実が見えたから。

［　　　　］

(5) すぎでっぽうをうったのはだれですか。（10点）

［　　　　］

チャレンジ
(6) 「③みんな、しんとなりました」とありますが、なぜしんとなったのですか。（30点）

［　　　　］

漢字《かんじ》つなぎパズル

答え→187ページ

月　日

問題

◯の中には、矢じるしが出ている□の漢字《かんじ》でできる言葉《ことば》の読み方が書かれています。この◯をヒントに、□の中に漢字を入れ、□に入った漢字をならべてできる言葉を書きなさい。

目ひょう時間

5分

れい

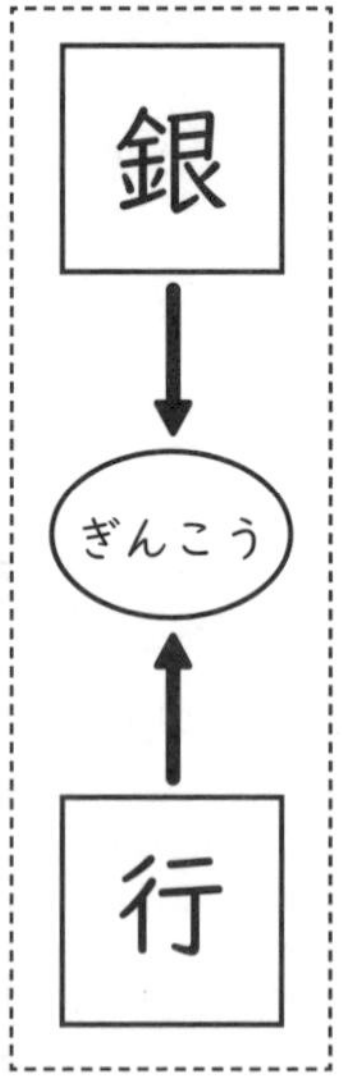
銀
ぎんこう
行

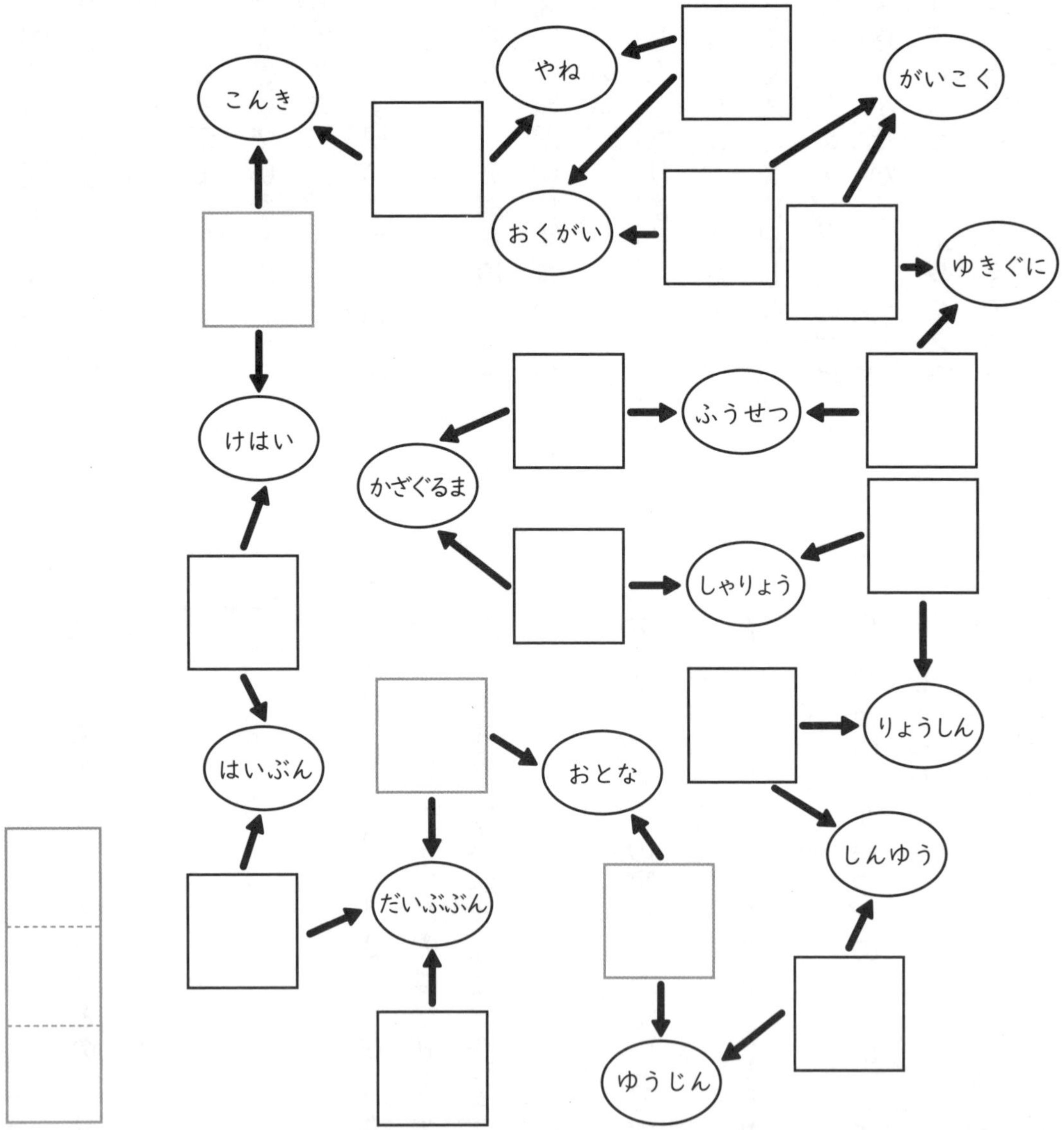
こんき
やね
がいこく
おくがい
ゆきぐに
ふうせつ
かざぐるま
けはい
しゃりょう
りょうしん
おとな
はいぶん
しんゆう
だいぶぶん
ゆうじん

音読みと訓《くん》読みがある漢字に気をつけて考えようね。

国語

19 物語《ものがたり》を読む ②

算数 理科 社会 英語 国語 答え

なまえ　3年　組

答え→187ページ

時間 25分　合かく 80点　とく点　点　月　日

1 次《つぎ》の文章《ぶんしょう》を読んで、あとの問《と》いに答えなさい。

お母さんぎつねは、心配《しんぱい》しながら、ぼうやのきつねの帰ってくるのを今か今かと、ふるえながら待《ま》っていましたので、ぼうやが来ると、温《あたた》かいむねにだきしめて、なきたいほどよろこびました。

二ひきのきつねは、森のほうへ帰っていきました。月が出たので、きつねの毛なみが銀色《ぎんいろ》に光り、その足あとには、*コバルトのかげがたまりました。

「母ちゃん、人間ってちっともこわかないや」

「どうして？」

「ぼう、まちがえてほんとうのお手て出しちゃったの。でもぼうし屋《や》さん、つかまえやしなかったもの。ちゃんとこんないいあたたかい手ぶくろくれたもの」

と言って手ぶくろのはまった両手《りょうて》を□やって見せました。

（新美南吉《にいみなんきち》「手ぶくろを買いに」）

＊コバルト＝こい青色。

(1) お母さんぎつねは、どのようなことを心配しているのですか。（10点）

(2) お母さんぎつねは、どのように待っていたのですか。（10点）

(3) 「むねにだきしめる」の意味《いみ》を次からえらんで、記号《きごう》で答えなさい。（10点）

ア　むねのところをだく。

イ　むねの中に入れて強くだく。

ウ　むねをしめる。

(4) 「二ひきのきつね」とは、だれとだれですか。（20点）一つ10

［　　］と［　　］

(5) 「二ひきのきつね」は、どこへ帰っていきましたか。（10点）

チャレンジ

(6) お母さんぎつねがよろこんでいる気《き》持《も》ちや様子《ようす》が書いてあるところを、文中からぬき出しなさい。（20点）

(7) 月の光がきつねに当たって、毛なみはどんな様子でしたか。（10点）

(8) □に入る言葉《ことば》を次からえらんで、記号で答えなさい。（10点）

ア　ドンドン　イ　パンパン

ウ　キリキリ　エ　ゴリゴリ

思考力トレーニング

国語⑲

カタカナならべかえパズル②

答え→188ページ

月　日

問題

次《つぎ》のカタカナをならべかえて、外国の国名をそれぞれ作りなさい。

目ひょう時間　5分

ルポガルト

チンアンゼル

アトラスリオー

ラードーュニンジ

小さい「ュ」もあるので注《ちゅう》意《い》しようね。

国語 20 物語《ものがたり》を読む ③

なまえ

3年　組

答え→188ページ

時間 25分

合かく 80点

とく点　点

月　日

1 次《つぎ》の文章《ぶんしょう》を読んで、あとの問《と》いに答えなさい。

むかし。

①お父さんやお母さんが、まだ、ほんの子どもだったころ。日本は、せんそうのまっさいちゅうでした。

そのころのことです。広島《ひろしま》の町のある横町《よこちょう》に、小さな石じぞうが立っていました。

石じぞうはまんまるい顔をして、いつも、いつも、「うふふっ。」とわらっているように見えました。

ある日、石じぞうのそばを、一人の女の子が通りかかりました。

女の子は、

「おじぞうさん、わらってる。」

と言って、自分も、「うふふっ。」とわらってみせました。

そして、青いスカートをふうわり広げ、スキップをして通りすぎていきました。

また、ある日、おじいさんが通りかかりました。おじいさんは、ごつごつの手で、石じぞうの頭をなぜてから言いました。

「②石じぞうはええ、せんそう知らずじゃ。」

おじいさんの言うとおり、石じぞうはせんそうのことも知らないで、来る日も来る日も、わらい顔で立っていました。

石じぞうの前を、毎日、毎日、たくさんの人々《ひとびと》が通りました。人々は、石じぞうのわらい顔を見て、石じぞうを、「わらいじぞう」とよびました。

（山口勇子《やまぐちゆうこ》「おこりじぞう」）

(1) ①「お父さんやお母さんが、まだ、ほんの子どもだったころ」の日本は、どんな様子《ようす》でしたか。（10点）

［　　　　］

(2) この文章の町はどこにありましたか。（10点）

［　　　　］

(3) 石じぞうとはどんなじぞうですか。文中から見つけて書きなさい。（20点）一つ10

［　　　　］顔をして、［　　　　］に見えた。

(4) 石じぞうの前をどんな人が通りかかりましたか。二つ書きなさい。（20点）一つ10

［　　　　］［　　　　］

(5) 石じぞうは、人々から何とよばれていましたか。（20点）

［　　　　］

チャレンジ

(6) ②「石じぞうはええ、せんそう知らずじゃ」とありますが、なぜせんそう知らずがよいのだと思いますか。（20点）

［　　　　］

ア　せんそうを知ってもむだだから。

イ　せんそうは古い話だから。

ウ　せんそうはこわいものだから。

バラバラ熟語《じゅくご》 ②

答え→188ページ　月　日

問題

バラバラになった漢字《かんじ》を組み合わせて、二字の熟《じゅく》語《ご》を五つ作りなさい。（同じ漢字を二回使《つか》ってはいけません。）

目ひょう時間　5分

箱　事　星

物　真

写　植　筆

流　食

漢字の音読みと、訓読《くん》みをいろいろ組み合わせて考えよう。

答え→188ページ

1 次《つぎ》の文章《ぶんしょう》を読んで、あとの問《と》いに答えなさい。

いまから、およそ百年前まで、夜のくらしは、ほんとうにふべんでした。ろうそくも油《あぶら》も高くて、それに、手もとをわずかにてらすだけです。夜になると、おおくの人はねてしまうほかにありませんでした。

この世界《せかい》に、電灯《でんとう》というあかりをつくりだすことで、エジソンは、人間の生活、世《よ》の中のはたらきを、すっかりかえてしまいました。夜のやみをなくしてしまったからです。

人々《ひとびと》は、どんな時《じ》こくにも勉強《べんきょう》できるようになり、はたらけるようになりました。そのため、みんなの知《ち》しきがひろまり、ものがたくさんつくれるようになりました。エジソンの電灯は、ただ夜の世界をあかるくしただけではなく、生活ぜんたいを［　］し、世の中を進歩《しんぽ》させ、発達《はったつ》させたのです。

（崎川範行《さきかわのりゆき》「エジソン」）

(1) 百年前まで、夜のくらしはどのようなものでしたか。三字で答えなさい。（10点）

(2) ろうそくや油には、どのような短所《たんしょ》（よくないところ）がありましたか。二つ書きなさい。（20点）一つ10

(3) エジソンが電灯をつくりだすことによって、なくなったものは何ですか。（20点）

チャレンジ

(4) 電灯がつくりだされて、世の中はどうなりましたか。（20点）

(5) ものがたくさんつくれるようになった理由《りゆう》を次のようにまとめました。①・②に入る言葉《ことば》を書きなさい。（20点）一つ10

電灯がつくりだされた。
←人々はいつでも①ができるようになった。
←みんなの②がひろまった。
←ものがたくさんつくれるようになった。

①［　］
②［　］

(6) ［　］に入る言葉を、文中からさがして書きなさい。（10点）

正しい漢字《かんじ》さがし

答え→188ページ
月　日

問題
次《つぎ》の表《ひょう》のうち、正しい漢字《かんじ》が書かれているますをぬりつぶし、できあがった文字を書きなさい。

目ひょう時間
5分

酒	族	血	急	始
級	世	度	童	路
薬	係	商	神	帳
祭	鋃	勉	談	史
農	整	様	暑	次

じっさいに正しい漢字を書いてみるとわかりやすいね。

国語 22 チャレンジテスト 3

なまえ　3年　組

時間 25分　合かく 80点　とく点　点

答え→188ページ

月　日

1 次《つぎ》の文章《ぶんしょう》を読んで、あとの問《と》いに答えなさい。

わたるは、どうしてだか、ぶらんこがだめでした。力を入れて、こげばこぐほど、意地悪《いじわる》く止まってしまうのです。

わたるが、ぶらんこに乗《の》ると、みんながわらいます。中には、後ろからわざとフーフーふく子もいます。①

㋐、わたるは、ひとりでこっそり練習《れんしゅう》をすることにしたのです。

とてもさむい朝でした。②

わたるは、いちばんに起《お》きて、だん地をぬけ出しました。ジャンパーのえりを両手《りょうて》でおさえ、白い息《いき》をはきながら、おかの道を登《のぼ》りました。

思ったとおり、おかの上の公園には、だれもいません。③

「ああ、よかった!」

そう、ひとり言を言って、ぶらんこに近づきかけたときです。わたるの足が、㋑と止まりました。④

だれも乗っていないぶらんこが、動《うご》いているのです。いや、風のせいではありません。ゆれているのは、二つならんだぶらんこのかた方だけです。

（山下明生《やましたはるお》「かもめがくれた三角の海」）

(1) わたるがぶらんこをこぐと、どうなってしまうのですか。(10点)

(2) ㋐に入る言葉《ことば》を次からえらんで、記号《きごう》で答えなさい。(10点)

ア だから　**イ** しかし
ウ ところで　**エ** また

(3) わたるが、いちばんに起きて公園に行ったのは、何をするためですか。(15点)

(4) 「ああ、よかった!」とありますが、わたるは、どのようなことに対《たい》してよかったと思ったのですか。(20点)

(5) ㋑に入る言葉を次からえらんで、記号で答えなさい。(15点)

ア ちらり　**イ** しっとり
ウ ぎくり　**エ** ひらり

チャレンジ
(6) ぶらんこが動いているのは風のせいではないと思ったのは、なぜですか。(15点)

(7) 次の文が入るのは、どこですか。文章中の①～④からえらんで、番号で答えなさい。(15点)

のらねこ一ぴきいませんでした。

熟語漢字《じゅくごかんじ》しりとり ①

答え→188ページ

月　日

問題

スタートからゴールまでは、次《つぎ》の漢字《かんじ》とつづけて読むと熟語《じゅくご》になる漢字がしりとりになってならんでいます。□にあてはまる漢字を、あとの□からえらんで、しりとりをかんせいさせなさい。

目ひょう時間

5分

れい

青→空→気（青空→空気）

スタート

算

↓

数

↓

字

↓

□

←

家

←

庭

↑

□

↑

長

↑

□

→

□

↓

名

ゴール

角　所　体　画　矢　有　園　風

使《つか》わない漢字を消《け》しながら考えよう。

国語 23 記録《きろく》文を読む

なまえ　3年　組

時間 25分　合かく 80点　とく点　点　月　日

答え→188ページ

1 次《つぎ》の文章《ぶんしょう》を読んで、あとの問《と》いに答えなさい。

□

三年一組　田中《たなか》　さおり

１　調《しら》べた理由《りゆう》

わたしは、小さいころ、公園のブランコで遊《あそ》ぶのが大すきでした。しかし、友だちの家の近くの公園にはブランコはなかったそうです。どのくらいの公園にブランコがあるのか知りたくなったので、調べてみました。

２　調べ方

まず、近くの公園に行って調べ、その後、おばあさんに聞きました。

３　調べてわかったこと

・ブランコがあったのは、五か所《しょ》のうちの、二か所だけでした。そのうちの一か所は使《つか》えないようになっていました。

・おばあさんによると、むかし、ブランコがぶつかってけがをした子どもがいたので、ブランコをなくしたり、使えなくしたりした□です。

４　調べた感想《かんそう》

わたしはブランコに楽しい思い出があるので、安全《あんぜん》に気をつけて、ブランコのある公園をふやしてほしいと思いました。

---

(1) 田中さんの調べ方にあてはまるものを次からえらんで、記号《きごう》で答えなさい。(20点)［　　］

ア 本で調べる

イ 人に聞く

ウ 新聞で調べる

エ さわって調べる

(2) 「そうです」と同じ意味《いみ》で使っているものを次からえらんで、記号で答えなさい。(20点)［　　］

ア かぜをひいた父は、明日《あす》も会社を休むそうです。

イ プリントをなくしたが、もう一度《いちど》もらえそうです。

チャレンジ

(3) 田中さんが調べたうちで、ブランコが使えた公園はいくつありましたか。(20点)［　　］

(4) □に入る言葉《ことば》をえらんで、記号で答えなさい。(20点)［　　］

ア ということ　イ ともいうもの　ウ とかいうほど　エ というため

(5) □には、この文章が何を記録《きろく》したのかが書かれています。次の□にあてはまる言葉を書きなさい。(20点)一つ10

どのくらいの□に□があるのか。

やくそくの日

答え→188ページ　月　日

問題

あかねさんは、お父さん、弟、お兄さんと食事《しょくじ》に行くやくそくをしようとしています。何曜日にするとよいですか。

目ひょう時間　5分

わたしは、水曜日以《い》外《がい》なら行けるよ。
お父さん
ぼくは、水・木・金がひまだよ。
弟
ぼくは、金・土・日にはバイトに行くよ。
お兄さん

表《ひょう》にしてたしかめるとわかりやすいよ。

国語

24 生活《せいかつ》文を読む

算数　理科　社会　英語　国語　答え

なまえ　3年　組

時間 25分　合かく 80点　とく点　点

月　日

答え→188ページ

1 次《つぎ》の文章《ぶんしょう》を読んで、あとの問《と》いに答えなさい。

朝の会で先生が、

「今日は、教室のそうじについて考えてみましょう。」

とおっしゃった。
　[ア]このごろ、ざっとほうきではいて、目立つところだけぞうきんでふいて、てきとうにそうじをすませてしまっている。それどころか、そうじの時間なのにおしゃべりをしたり、遊《あそ》んだりしている子もいる。ぼくもときどき何もしないでボーッとしてしまうときがある。
　先生は、

「教室のそうじは何のためにするの。教室を使《つか》っているのはだれでしょうね。」

と言われた。

ふり返《かえ》ってみて、[イ]、ぼくは自分をはずかしくなった。

　これからはもっとがんばって、きれいな教室にしていこうと思った。

(1) 先生は何について話されましたか。（20点）

[　　　　]

(2) [ア]、[イ]に入る言葉《ことば》をあとの[　]の中からえらんで、答えなさい。（10点）一つ5

ア[　　　]　イ[　　　]

それでも　そういわれて　そういえば　そんなこと

チャレンジ
(3) 教室のそうじは何のためにするのだと思いますか。（20点）

[　　　　]

(4) 教室をいつも使っているのはだれですか。（10点）

[　　　]

(5) 文章中の「ふり返って」と同じ使い方の文はどれですか。次からえらんで、記号《きごう》で答えなさい。（10点）[　　]

ア 「おうい。」とよぶと、すぐに弟はふり返った。
イ 夏休みをふり返ってみると、よく遊んだ。
ウ ふり返って見ると、犬が追《お》いかけてきた。

(6) 「ぼく」がはずかしくなった理由《りゆう》を次からえらんで、記号で答えなさい。（10点）[　　]

ア 先生がそうじのとき自分を見ていたから。
イ 先生のしつ問《もん》の答えがわからなかったから。
ウ 考えが足りなかったことに気づいたから。

(7) 先生の話を聞いたあとのぼくの決意《けつい》を、文中の言葉で書きなさい。（20点）

[　　　　]

口のつく漢字《かんじ》

答え→188ページ　月　日

問題

次《つぎ》の表《ひょう》のうち、□の部分《ぶぶん》に「口」が入る漢字《かんじ》が書かれたますをぬりつぶして、できあがった文字を書きなさい。

目ひょう時間 5分

れい
店 → 店 ○
林 → 森 ×

豆	和	問	苦	倍
温	者	箱	拾	陽
軽	列	局	宿	都
談	品	式	向	勝
命	寒	灯	着	客

じっさいに「口」を書いて、正しいかどうかたしかめてみよう。

国語 25 詩《し》を読む ①

なまえ　3年　組

時間 25分　合かく 80点　とく点　点

月　日

答え→189ページ

1 次《つぎ》の詩《し》を読んで、あとの問《と》いに答えなさい。

夕日がせなかをおしてくる
①まっかなうでで　おしてくる
歩くぼくらのうしろから
②でっかい声で　よびかける
さよなら　さよなら
さよなら　きみたち
ばんごはんが　まってるぞ
あしたの朝ねすごすな

（阪田寛夫《さかたひろお》「夕日がせなかをおしてくる」）

(1) だれが、だれによびかけるのですか。（10点）一つ5

［　　　］が［　　　］に

(2) 「せなかをおしてくる」とはどのようにすることですか。次からえらんで、記号《きごう》で答えなさい。（10点）

［　　　］

ア ばんごはんを早く食べさせること。
イ 家に帰らせないようにすること。
ウ 家に早く帰らせようとすること。

(3) 「①まっかなうで」とは何のことですか。（20点）

［　　　］

(4) 「さよなら」といっているのはだれですか。（10点）

［　　　］

(5) なぜ「②でっかい声」なのでしょうか。次からえらんで、記号で答えなさい。（10点）

［　　　］

ア ゆっくり歩いているから。
イ 夕日があかあかと大きいから。
ウ みんなで声を出しているから。

(6) この詩は、一日のうちでいつごろのことですか。（10点）

［　　　］

2 次の詩を読んで、あとの問いに答えなさい。

かたつむり　ぷんぷん

工藤直子《くどうなおこ》

お日さま　かんかん
かたつむり　ぷんぷん
おしめりが　ないと
おれは　ひあがる
からは　ひびわれる

かたつむりは　からの中で
そっと　*ウェストを　はかった

*ウェスト＝からだのこしまわり。

(1) この詩は、どのような様子《ようす》を表《あらわ》していますか。次からえらんで、記号で答えなさい。（10点）

［　　　］

ア 晴れた日がつづいている様子。
イ くもった日がつづいている様子。
ウ ひさしぶりに晴れた様子。
エ ひさしぶりに雨がふった様子。

チャレンジ (2) 「ウェストを　はかった」のはなぜですか。考えて書きなさい。（20点）

［　　　］

熟語《じゅくご》パズル ②

答え→189ページ　月　日

問題

次《つぎ》の□には、漢字《かんじ》一字が入ります。矢じるしの方《ほう》向《こう》に読むと熟語《じゅくご》ができるように、正しい漢字を書き入れなさい。

目ひょう時間 5分

(1)

神
↓
子 ← □ ← 多
↓
式

(2)

首
↓
合 ← □ ← 古
↑
京

(3)

安
↓
消 → □ ← 休
↑
鼻

矢じるしの向《む》きに気をつけて、音読み、訓《くん》読みで読んでみよう。

国語 26

詩《し》を読む ②

答え→189ページ

時間 25分
合かく 80点
とく点　点
月　日

1 次《つぎ》の詩《し》を読んで、あとの問《と》いに答えなさい。

春の日

高《たか》田《だ》敏《とし》子《こ》

お母さん
しっしっ　しずかに
しずかに来てごらんなさい
生まれたばかりのちょうがいる
やまぶきの葉《は》のかげに
ちょうがはねをひらこうとしている
①しっしっ　しずかに　しずかに
見てごらんなさい
二まいのはねがほら □
②もうすぐ　とぶわ
とぶわ

(1) この詩はいくつに分かれていますか。(10点)

〔　　〕つ

(2) だれがだれをよんでいるのですか。(20点)一つ10

〔　　〕が〔　　〕をよんでいる。

(3) この詩では、何が何をしているところを見ているのですか。詩の言葉《ことば》で書きなさい。(20点)一つ10

〔　　〕のちょうが
〔　　〕としている
ところ。

(4) チャレンジ なぜ「①しっしっ　しずかに　しずかに」見ないといけないのでしょうか。次からえらんで、記号《きごう》で答えなさい。(20点)

〔　　〕

ア うるさくすると、親のちょうがおこるから。
イ 人がいると、ちょうは生まれてこないから。
ウ 生まれたばかりのちょうの一生けんめいな様子《ようす》を、じゃましたくないから。
エ 声につられてほかの虫たちが集《あつ》まってくるとこまるから。

(5) □に入る言葉を次からえらんで、記号で答えなさい。(20点)

〔　　〕

ア とじた　イ しぼんだ
ウ ひらいた　エ かさなった

(6) 「②もうすぐ　とぶわ／とぶわ」といったときの気持《きも》ちを次からえらんで、記号で答えなさい。(10点)

〔　　〕

ア そわそわした気持ち。
イ わくわくどきどきした気持ち。
ウ ざんねんな気持ち。

熟語漢字《じゅくごかんじ》しりとり②

答え→189ページ
月　日

問題

スタートからゴールまでは、次《つぎ》の漢字《かんじ》とつづけて読むと熟語《じゅくご》になる漢字がしりとりになってならんでいます。☐に入る漢字を、あとの☐からえらんで、しりとりをかんせいさせなさい。

目ひょう時間
5分

れい
青→☐空→気（青空→空気）

名	→	人		スタート 交
↑		↓		↓
☐		☐		☐
↑		↓		↓
話		手 ゴール		表
↑				↓
☐	←	会	←	☐

面　第　談　短　代　相　題

音読み、訓読《くん》みがある漢字に気をつけて考えようね。

国語 27

作文の力 ①

なまえ
3年　組

時間 25分
合かく 80点
とく点　点

答え→189ページ

月　日

1 次《つぎ》の絵を見て、れいにならって、それぞれの［　］に言葉《ことば》を書き入れなさい。（40点）一つ5

れい ［ねこが］二ひきいる。

(1) 二ひきのねこの色は［　　　］。

(2) ［　　　］とんでいる。

(3) ［　　　］こちらを見ている。

(4) ［　　　］えさを食べている。

(5) 大きなねこは、［　　　］。

(6) ［　　　］歩いている。

(7) すずめの数は、［　　　］。

(8) 犬がいるのは［　　　］。

チャレンジ **2** 次の絵を見て、文章《ぶんしょう》を作りなさい。（60点）一つ30

(1)

(2)

漢字《かんじ》組み合わせパズル②

答え→189ページ

月　日

問題

次《つぎ》のA《エイ》チーム、B《ビー》チームから一つずつ組み合わせて、正しい漢字《かんじ》を五つ作りなさい。(ただし、同じものは一回しか使《つか》えません。)

目ひょう時間　5分

Aチーム

田　立　冖　糸　匚

Bチーム

里　与　矢　介　冬

それぞれのチームから上下左右に組み合わせてじっさいに漢字を書いてみよう。

国語 28 作文の力②

なまえ 3年 組

時間 20分 合かく 80点 とく点 点 月 日

答え→189ページ

1 次《つぎ》の手紙を読んで、あとの問《と》いに答えなさい。

おじいちゃん、だいぶすずしくなってきたけれど、お元気ですか。
今年の夏は、おじいちゃんの家の庭《にわ》から植《う》えかえたサルスベリが、とてもきれいにさきました。わたしがとった写真《しゃしん》を入れましたので、見てください。来年も、こんなふうにさくといいな。
来年の夏には、きっと見に来てくださいね。さようなら。

ゆかり

(1) これは、だれがだれに書いた手紙ですか。(10点)一つ5

[　　　]が[　　　]に

(2) この手紙のはじめのあいさつの部分《ぶぶん》を、そのとおりに書きなさい。(20点)

[　　　]

チャレンジ

(3) この手紙でいちばんつたえたかったことは何ですか。次からえらんで、記号《きごう》で答えなさい。(10点) [　　　]

ア サルスベリの花が、きれいにさいたこと。

イ おじいちゃんが元気かどうかということ。

ウ 来年は、おじいちゃんに家に来てほしいこと。

2 次の文のまちがっているところの右がわに——線を引いて、正しく書き直しなさい。ただし、まちがいは一つとはかぎりません。(60点)一つ20

(1) 毎日、みんなでまらそんをしています。休時間に校庭《こうてい》を五しゅう、まわります。二十日で一万メートル走るのが目標《もくひょう》です。今までに、五千メートル走しりました。

(2) すけーとを習うことにしたの。きのう、申《もう》しこみをしました。毎週、日曜日の午前中に、教てくれるんですって。りえさんはすべれますか。

(3) てんぐは、風といつしょに空中を自《じ》由《ゆう》にとび回り、とつぜん、空から高い木にまい上ります。そのうえ、すがたを消《き》えたりあらわしたりすることもできます。

文作りめいろ②

答え→189ページ

月　日

問題

スタートからはじめて、正しい文になるように言《こと》葉《ば》をえらんで、できた文を書きなさい。

目ひょう時間

5分

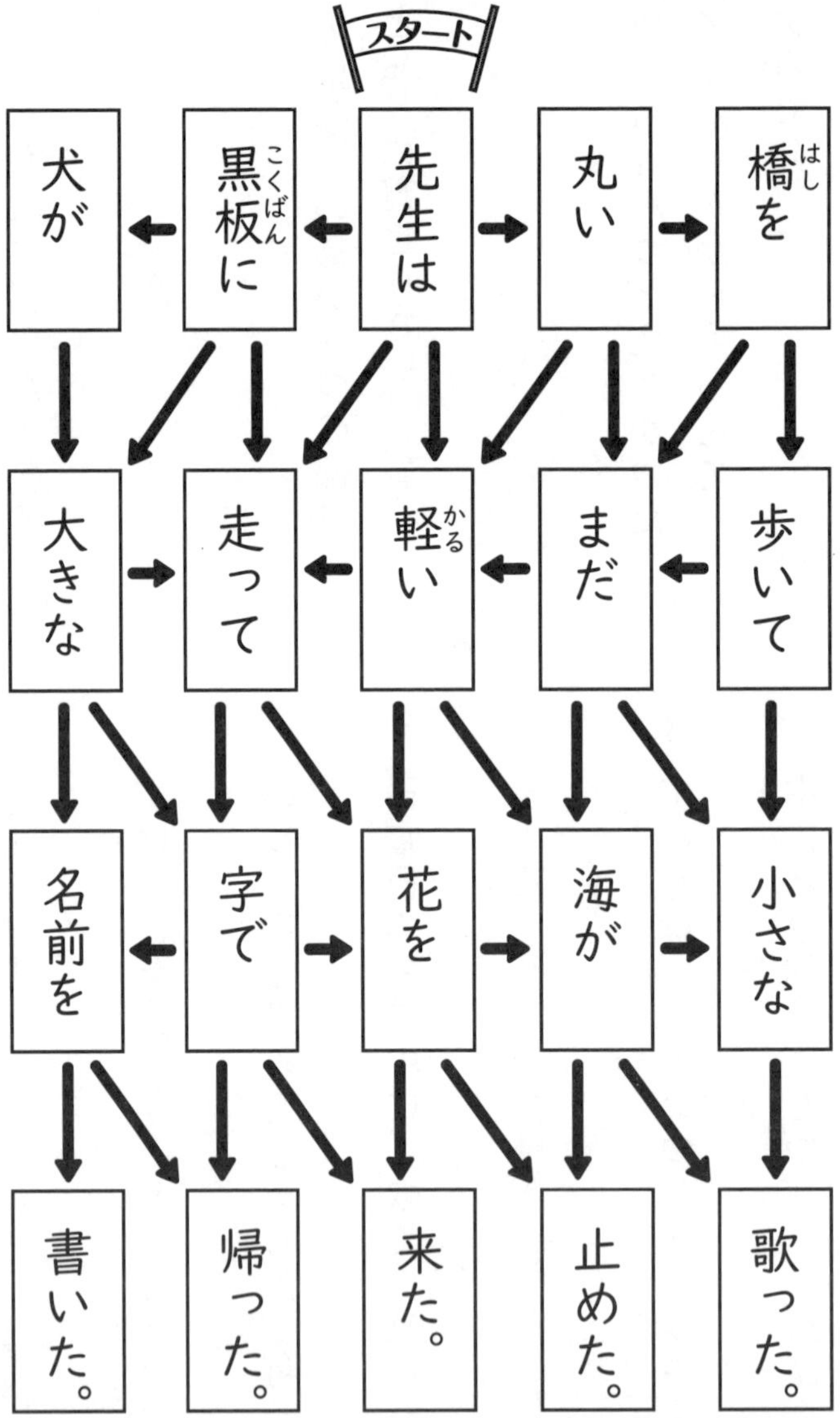

矢じるしの先の言葉につながるものをさがしながら文を作ろうね。

国語 29
チャレンジテスト 4

なまえ
3年　組

時間 25分
合かく 80点
とく点　点
月　日

答え→189ページ

1 次《つぎ》の文章《ぶんしょう》を読んで、あとの問《と》いに答えなさい。

　①わか葉《ば》の季節《きせつ》でした。ゆうすげ村のゆうすげ旅館《りょかん》では、山に林道を通す工事《こうじ》の人たちがとまりに来て、ひさしぶりに、六人ものたいざいのお客《きゃく》さんがありました。ひとりで旅館を切りもりしているつぼみさんは、朝早くから夜おそくまで②息《いき》をつくひまもありませんでした。

　わかいころなら、お客さんの六人ぐらい、何日とまってもへい気でした。でも、年のせいでしょうか。一週間もすると、ふとんをあげたり、おじんを持《も》ってかいだんを上ったりするのが、つらくなってきたのです。

　ある日、つぼみさんは、夕飯《ゆうはん》の買い物《もの》から帰るとちゅう、重《おも》い買い物ぶくろをちょっとの間道ばたに下ろして、ついひとり言《ごと》を言いました。

「せめて、今とまっているお客さんたちが帰るまで、だれか、てつだってくれる人がいないかしら……。」

（茂市久美子《もいちくみこ》「ゆうすげ村の小さな旅館」）

(1) 「①わか葉の季節」とはいつですか。次からえらんで、記号で答えなさい。（10点）

ア 春のはじめ　**イ** 夏のはじめ
ウ 夏の終《お》わり　**エ** 秋のはじめ

［　　］

(2) 旅館にとまっているお客さんは、何をする人たちでしたか。（20点）

［　　　　］

(3) 「つぼみさん」は、どのような仕事《しごと》をしていますか。文中からさがして書きなさい。（20点）一つ5

［　　］をあげたり、
［　　］をはこんだりして、
［　　］で［　　］を
切りもりしている。

(4) 「②息をつく」の意味《いみ》を次からえらんで、記号《きごう》で答えなさい。（20点）

ア 話をする　**イ** ねむる
ウ ひと休みする　**エ** わらう

［　　］

(5) 「つぼみさん」が、ついひとり言を言ったのはなぜですか。次からえらんで、記号で答えなさい。（10点）

ア だれかが話を聞いている気がしたから。
イ お客さんたちが帰ってほっとしたから。
ウ 仕事がいそがしすぎてつらくなったから。

［　　］

(6) つぼみさんが今ねがっていることは、どのようなことですか。（20点）

［　　　　］

熟語《じゅくご》パズル ③

答え→189ページ

月　日

問題

次《つぎ》の□には、漢字《かんじ》一字が入ります。矢じるしの方《ほう》向《こう》に読むと熟語《じゅくご》ができるように、正しい漢字を書き入れなさい。

目ひょう時間　10分

(1)

明
↓
食 ← □ → 顔
↓
日

(2)

橋
↑
化 → □ → 炭
↑
岩

(3)

思
↑
味 ← □ → 地
↑
決

なまえ　3年　組

時間　25分
合かく　80点
とく点　点
月　日

答え→189ページ

1 **次《つぎ》の文章《ぶんしょう》を読んで、あとの問《と》いに答えなさい。**

　わたしたちは、よく天気を気にかけます。なにか行事《ぎょうじ》があるときなどは、①なおさらです。
　②そこで、新聞やテレビ番組の天気予報《よほう》をたしかめることをします。
　そんな番組を見ていて、天気予報をつたえる人の中に、気象予報士《きしょうよほうし》というしかくをもっている人がいることを知りました。

　気象予報士は、わかりやすく正しい気象じょうほうをつたえるための仕事《しごと》をします。

(1) 「①なおさら」の意味《いみ》を次からえらんで、記号《きごう》で答えなさい。(10点)
ア いいかげん　**イ** ますます
ウ まっ先に　**エ** まあまあ
〔　　〕

(2) 「②そこで」とありますが、どうだから天気予報をたしかめるというのですか。次からえらんで、記号で答えなさい。(10点)
ア 天気を気にかけるから。
イ 新聞やテレビ番組を見ているから。
ウ 天気予報をつたえているから。
エ 気象予報士という人がいるから。
〔　　〕

チャレンジ
(3) この文章は何についてせつ明《めい》したものですか。次からえらんで、記号で答えなさい。(10点)
〔　　〕
ア 行事と天気について
イ 天気予報のおこりについて
ウ テレビ番組のおもしろさについて
エ 気象予報士について

2 **漢字《かんじ》のでき方には、いろいろあります。次の漢字は、(1)～(4)のどれにあてはまるでしょうか。〔　〕の中に漢字を書きなさい。**(50点)一つ5

目　林　岩　上　晴
山　鳥　明　花　中

(1) 物の形を表《あらわ》す絵からできたもの
〔　〕〔　〕〔　〕
(2) 形のないものを記号で表すもの
〔　〕〔　〕
(3) 二つの漢字の意味を合わせたもの
〔　〕〔　〕〔　〕
(4) 意味と音を組み合わせたもの
〔　〕〔　〕

3 **次の文の中で、カタカナで書く言葉《ことば》を見つけて右がわに――線を引き、かたかなに直しなさい。**(20点)一つ10

(1) とつぜん、庭《にわ》から、こけこっこーという鳴き声が聞こえました。

(2) わたしは、よおぐるとが大すきです。

四字熟語《じゅくご》さがし

答え→190ページ 月　日

問題
次《つぎ》の□の中にある漢字《かんじ》を組み合わせて、四字熟語《じゅくご》を二つ作りなさい。

目ひょう時間　5分

※ヒント
・とてもまち遠しいよ。
・まちがったことはしないよ。

才	秋	岸	色
港	品	晴	他
当	行	酒	定
毎	一	申	方
首	正	千	係
古	乗	日	地

□□□□・□□□□

国語 31 仕《し》上《あ》げテスト2

なまえ　3年　組

時間 20分　合かく 80点　とく点　点

月　日

答え→190ページ

1 **次《つぎ》の文章《ぶんしょう》を読んで、あとの問《と》いに答えなさい。**

あなたは、海を見たことがありますか。

［ア］広がった海。はるかな遠い（あ）スイヘイセン。よせてくる［イ］、くだけちる波《なみ》。海を見ていると、心が広がっていくような気がします。

わたしたちの住《す》んでいる日本は、［ウ］にかこまれた国です。

［エ］、地球《ちきゅう》上で、海と陸《りく》とでは、どちらが広いのでしょうか。それは海です。海は、［オ］の表面《ひょうめん》の十分の七をしめているのですから、海の方が、［カ］より①はるかに広いのです。

広いだけではありません。陸地でいちばん高い所《ところ》は、エベレストという山のいただきの、八千八百メートル②あまりですが、（い）タイヘイヨウの中にある、海でいちばん深《ふか》い所は、一万一千メートル近くもあるのです。

（加古里子《かこさとし》「ひらけていく海」）

(1) ［ア］～［カ］に入る言葉《ことば》を次からえらんで、記号《きごう》で答えなさい。（30点）一つ5

㋐［　　］　㋑［　　］　㋒［　　］
㋓［　　］　㋔［　　］　㋕［　　］

ア 波　**イ** いったい　**ウ** 海
エ 地球　**オ** 陸地　**カ** 青く

(2) 〰線（あ）・（い）のカタカナを漢字《かんじ》で書きなさい。（10点）一つ5

（あ）［　　］　（い）［　　］

(3) 「それ」は、何を指《さ》していますか。（10点）

［　　］

(4) ──線①・②の言葉の意味《いみ》で、正しいものを次からえらんで、記号で答えなさい。（20点）一つ10

① はるかに
ア もう少し
イ 少し
ウ かなり

［　　］

② あまり
ア あまっている
イ もう少し多い
ウ たくさんある

［　　］

チャレンジ
(5) 陸地でいちばん高い所と、海でいちばん深い所の長さくらべをしたら、どちらがどれだけ長いですか。（10点）

［　　］で、いちばん［　　］所がやく［　　］長い。

2 **次の絵を見て、わたし（ぼく）になったつもりで、文章を作りなさい。**（20点）

［　　］

クロスワードパズル

答え→190ページ 月 日

問題

ヒントを手がかりにして、□にひらがなを書き入れなさい。また、ア～エの文字をじゅんにならべて、言葉《ことば》を作りなさい。

目ひょう時間 5分

たてのヒント

① かえるの子どもは？
② 板《いた》ではねをうち合うお正月の遊《あそ》びは？
③ ごはんの中に具《ぐ》を入れて、のりでまいた食《た》べ物《もの》は？

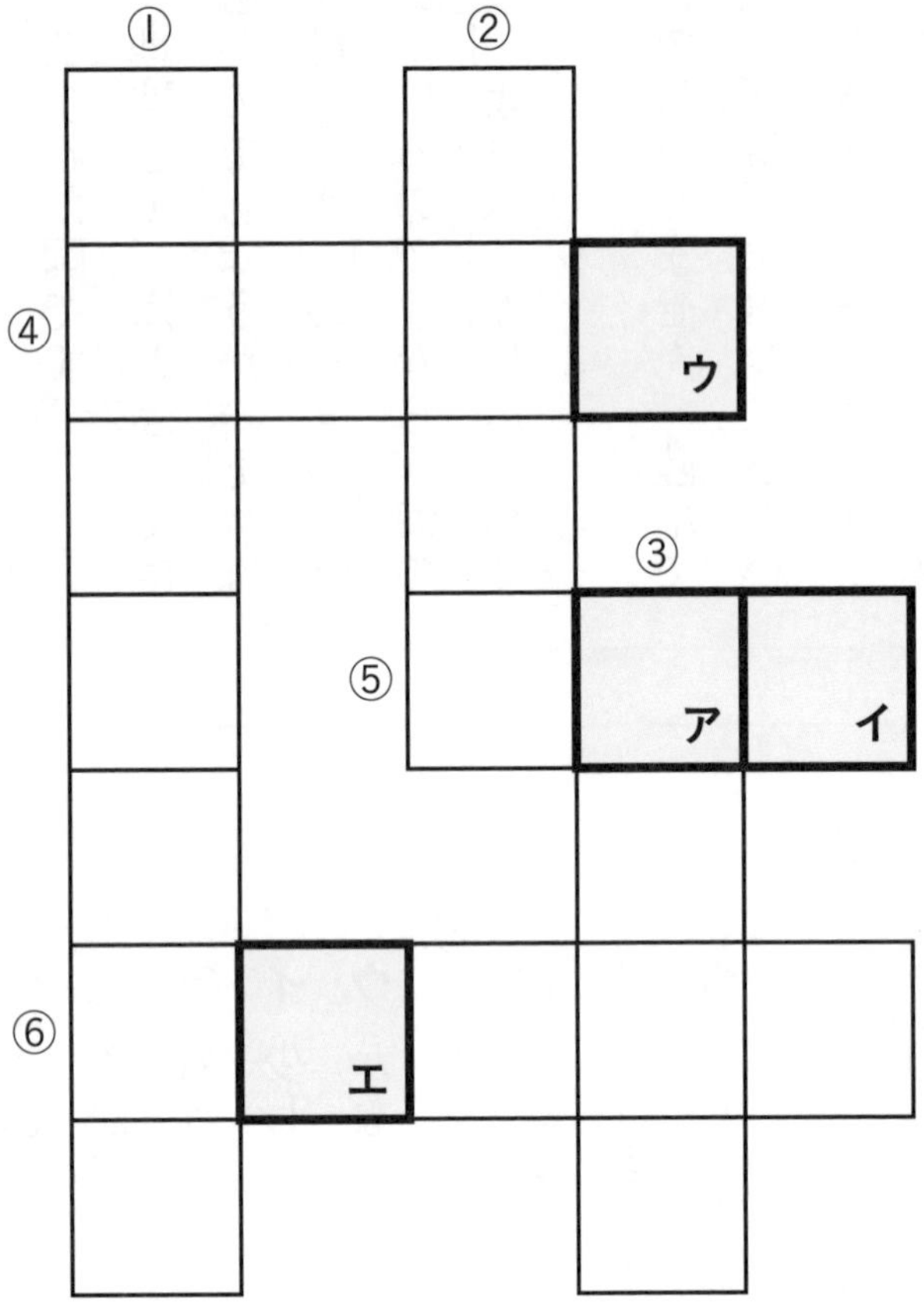

横《よこ》のヒント

④ 切るとなみだが出てくる野さいは？
⑤ しいたけやまつたけなどは何のなかま？
⑥ 12月25日は何の日？

字数に注《ちゅう》意《い》しながらヒントの言葉を考えよう。

国語 32 仕《し》上《あ》げテスト 3

なまえ

3年　組

答え→190ページ

時間 25分

合かく 80点

とく点　点

月　日

1 **次《つぎ》の文をならべかえて、意味《いみ》のつながる文章《ぶんしょう》になるようにあとの□に記号《きごう》で答えなさい。** (14点)

ア その後、コートでの練習開始《れんしゅうかいし》です。

イ 集合《しゅうごう》したら、はじめにじゅんび体そうをします。

ウ 走り終《お》わった人から、ボールを使《つか》って、パスの練習をします。

エ それから、グラウンドを五しゅう走ります。

オ 今日は、ぼくの入っているサッカーチームの、練習のしかたをせつ明《めい》します。

□→□→□→□→□

2 **文章の流《なが》れを考えて、次の〔　〕に入る言葉《ことば》をあとからえらんで、記号で答えなさい。** (20点)一つ4

〔　〕おこのみやきの作り方を、せつ明します。〔　〕、生地《きじ》の小麦《こむぎ》こに、水とたまごを入れてまぜます。〔　〕、こまかく切ったキャベツをくわえて、まぜ合わせます。〔　〕、これを油《あぶら》をひいたホットプレートに、まるく広げておとします。〔　〕、その上に肉やいかなどをのせて、やけばできあがりです。

ア さいごに　**イ** つぎに
ウ これから　**エ** まず　**オ** そのあと

3 **次の□に漢字《かんじ》を書きなさい。** (36点)一つ3

(1) □□《しごと》は□□《のうぎょう》です。

(2) □□□《かいがんせん》が□《うつく》しい。

(3) □《おも》い□□《てっぱん》を□《はこ》ぶ。

(4) □□《へや》で□□《べんきょう》する。

(5) □《お》ち□《ば》を□《ひろ》う。

4 **次の漢字の送《おく》りがなとして正しいものに、○をつけなさい。** (20点)一つ4

(1)
〔　〕全ったく
〔　〕全たく
〔　〕全く

(2)
〔　〕助すける
〔　〕助ける
〔　〕助る

(3)
〔　〕温ためる
〔　〕温める
〔　〕温る

(4)
〔　〕悲なしい
〔　〕悲しい
〔　〕悲い

(5)
〔　〕表らわす
〔　〕表わす
〔　〕表す

チャレンジ

5 **次の言葉を使って、短《みじか》い文を作りなさい。** (10点)一つ5

(1) やっぱり
〔　　〕

(2) なかなか
〔　　〕

国語 32　三人の話

答え→190ページ　月　日

問題

次《つぎ》の文章《ぶんしょう》を読んだ、はるかさん、ゆうたさん、ひなたさんの三人が話しています。この中で、正しく話しているのはだれですか。

目ひょう時間 **5分**

ポケットに家のかぎがないことに気づき、ひろしはあわてました。学校を出て図書館《としょかん》の前を通るときに転《ころ》んだことを思い出し、あのときかもしれない、と思いました。でも、ひろしは交番の前でだいすけさんとわかれたあとにかぎがあることをたしかめていました。ふと、橋《はし》をわたる前に公園で手をあらってハンカチを使《つか》ったことを思い出しました。そのときに落《お》としてしまったにちがいありません。ひろしは橋の方に向《む》かって本屋《ほんや》の前を走っていきました。

ひろしさんは、公園か図書館の前でかぎを落としたと思ってさがしに行ったんだね。

はるかさん

ひろしさんは、図書館の前で転んでしまって、そのときに家のかぎを落としてしまったのね。

ひなたさん

ひろしさんは、ポケットに入れていたかぎを公園で落としたと考えているんだね。

ゆうたさん

ひろしさんがどこを通ったかに注意《ちゅうい》しながら文章を読もう。

答え 3年

算数

1 かけ算　1ページ

1 (1)**7，28**　(2)**4，28**

2 (1)**14，7，7，0**　(2)**0**　(3)**30**　(4)**5，50**

3 (1)**0**　(2)**0**　(3)**0**　(4)**30**　(5)**270**　(6)**3000**

4 (1)**8**　(2)**0**　(3)**6**　(4)**1**　(5)**2**　(6)**8**　(7)**6**　(8)**4**

5 **35 日**

考え方　式《しき》は 7×5=35 です。

6 **18 こ**

考え方　6×9=54　8×9=72　72−54=18 です。

思考力トレーニング　算数❶　2ページ

（ことばの式）

3 年生の人数 − すわれない人数 = すわれる人数（いすの数）

（式）

40 − 8 = 32

（答え）

32 きゃく

2 わり算 ①　3ページ

1 (1)**4**　(2)**7**　(3)**5**　(4)**6**　(5)**9**　(6)**4**　(7)**9**　(8)**1**

2 (1)(式)**24÷3=8**　答え **8 まい**

(2)(式)**24÷3=8**　答え **8 人**

考え方　どちらもわり算ができて，式も同じですが，式の意味《いみ》はことなります。

3 (1)**6**　(2)**9**　(3)**8**　(4)**7**　(5)**6**　(6)**7**　(7)**5**　(8)**7**

(9)**4**　(10)**0**　(11)**6**　(12)**1**

4 (1)**6，5**　(2)**8，3**　(3)**7，9**

5 (1)**6 人**　(2)**9 まい**

考え方　(1)式は 36÷6=6 です。

(2)式は 36÷4=9 です。

思考力トレーニング　算数❷　4ページ

(1)**6**　(2)**4**　(3)**2**　(4)**7**　(5)**1**　(6)**7**　(7)**4**　(8)**3**　(9)**5**

(10)**5**　(11)**9**　(12)**6**　(13)**8**　(14)**5**　(15)**9**　(16)**4**　(17)**3**　(18)**8**

(19)**8**　(20)**5**

3 わり算 ②　5ページ

1 (1)**8**　(2)**9**　(3)**6**　(4)**3**　(5)**3**　(6)**7**　(7)**8**　(8)**5**

(9)**4**　(10)**7**

2 (1)**10**　(2)**10**　(3)**10**　(4)**0**　(5)**0**

3 **7 日**

考え方　式は 56÷8=7 です。

4 **10 cm**

考え方　式は 50÷5=10 です。

5 **10 人**

考え方　24÷3=8

2 人分たりないので 8+2=10

思考力トレーニング　算数❸　6ページ

(1)**24 まい**　(2)**32 まい**

4 たし算とひき算　7ページ

1 (1)**290**　(2)**470**　(3)**130**　(4)**40**　(5)**700**

(6)**1000**　(7)**700**　(8)**400**　(9)**486**　(10)**929**

(11)**865**　(12)**833**　(13)**404**　(14)**174**　(15)**629**

(16)**496**

2 **365 円**

考え方　式は 550−185=365 です。

3 (1)**540 人**

(2)**男子が 34 人多い。**

考え方　(1)式は 287+253=540 です。

(2)式は 287−253=34 です。

4 (1)**107**　(2)**23**　(3)**133**　(4)**75**　(5)**450**

(6)**490**　(7)**780**　(8)**380**

5 (1)**6802**　(2)**6068**　(3)**9143**

(4)**4510**　(5)**6065**　(6)**2124**

思考力トレーニング　算数❹　8ページ

(1)

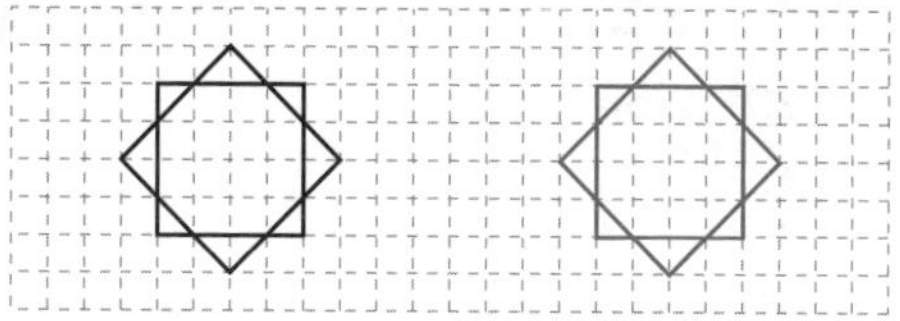

(2)

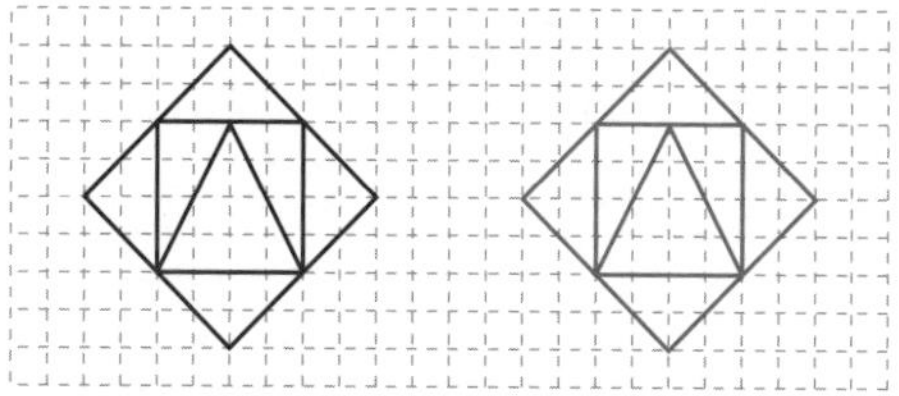

5 あまりのあるわり算 ①　9ページ

1 (1)**5 あまり 1**　(2)**7 あまり 1**

(3)**3 あまり 6**　(4)**4**　(5)**0**　(6)**4 あまり 8**

(7)**4 あまり 2**　(8)**8 あまり 2**

(9)**7 あまり 2**　(10)**5 あまり 2**

(11)**7 あまり 3**　(12)**2 あまり 4**

(13)**6 あまり 5**　(14)**6 あまり 6**

(15)**4 あまり 1**

2 (1)**4 あまり 2**

(たしかめ)**4×4+2=18**

(2)**8 あまり 4**

(たしかめ)**7×8+4=60**

3 **8 こ買えて，6 円あまる。**

考え方 式は 70÷8=8 あまり 6 です。

4 **6 本できて，4 m あまる。**

考え方 式は 40÷6=6 あまり 4 です。

5 **8 さつ**

考え方 25÷3=8 あまり 1

あまった 1 cm のところにあつさ 3 cm の本は入りません。

思考力トレーニング　算数⑤　10ページ

(1) $\begin{array}{r} 21 \\ +7\boxed{3} \\ \hline \boxed{9}4 \end{array}$　(2) $\begin{array}{r} \boxed{3}8 \\ +4\boxed{5} \\ \hline 83 \end{array}$　(3) $\begin{array}{r} 1\boxed{6} \\ +\boxed{3}5 \\ \hline 51 \end{array}$

(4) $\begin{array}{r} \boxed{9}1 \\ +2\boxed{5} \\ \hline 116 \end{array}$　(5) $\begin{array}{r} 7\boxed{6} \\ +59 \\ \hline 1\boxed{3}5 \end{array}$　(6) $\begin{array}{r} 8\boxed{8} \\ +\boxed{7}8 \\ \hline 166 \end{array}$

考え方 (2) $\begin{array}{r} \boxed{ア}8 \\ +4\boxed{イ} \\ \hline 83 \end{array}$

一の位《くらい》から考えます。8+$\boxed{イ}$ の一の位は 3 なので $\boxed{イ}$=5
十の位に 1 くり上がるので，十の位は $\boxed{ア}$+4+1=8
$\boxed{ア}$=3 です。

6 あまりのあるわり算 ②　11ページ

1 **(1)5 あまり 4　(2)6 あまり 2　(3)6 あまり 6**
(4)6 あまり 2　(5)8 あまり 1　(6)6 あまり 3
(7)8 あまり 4　(8)4 あまり 4　(9)4 あまり 4
(10)7 あまり 1　(11)5 あまり 1　(12)8 あまり 3
(13)6 あまり 4　(14)5 あまり 3　(15)7 あまり 1
(16)5 あまり 6　(17)5 あまり 6　(18)3 あまり 4
(19)6 あまり 2　(20)5 あまり 1

2 **(1)26÷4=6 あまり 2**
(2)40÷5=8
(3)○

3 **1 人分 6 まいで，2 まいあまる。**

考え方 式は 50÷8=6 あまり 2 です。

4 **(1)8 かごできて 2 こあまる。**
(2)6，2

考え方 (1)式は 34÷4=8 あまり 2 です。
(2)(1)より 4 こ入りのかごが 8 かごできて 2 こあまるので，このあまった 2 このみかんを 1 こずつ 4 こ入りのかごに入れます。すると，4 こ入りのかごが 6 かご，5 こ入りのかごが 2 かごできます。

思考力トレーニング　算数⑥　12ページ

(1)21 $\boxed{-}$ 8 $\boxed{+}$ 13=26　(2)21 $\boxed{+}$ 8 $\boxed{-}$ 13=16
(3)21 $\boxed{+}$ 8 $\boxed{+}$ 13=42　(4)21 $\boxed{-}$ 8 $\boxed{-}$ 13=0
(5)30 $\boxed{+}$ 4 $\boxed{-}$ 12=22　(6)30 $\boxed{+}$ 4 $\boxed{+}$ 12=46
(7)30 $\boxed{-}$ 4 $\boxed{-}$ 12=14　(8)30 $\boxed{-}$ 4 $\boxed{+}$ 12=38

7 大きな数　13ページ

1 **(1)一万の位　(2)百の位　(3)9　(4)7**

2 **(1)54326789　(2)30040805**
(3)六千八万四十五　(4)三千八十万五千七十

3 **(1)60 万　(2)140 万　(3)210 万**
(4)3300 万　(5)3900 万　(6)4800 万

4 **(1)510 万　(2)1 億《おく》　(3)19999900**

5 **(1)760000　(2)320000　(3)4876500**
(4)24536298

6 **(1)76543210　(2)10234567**

思考力トレーニング　算数⑦　14ページ

(1)

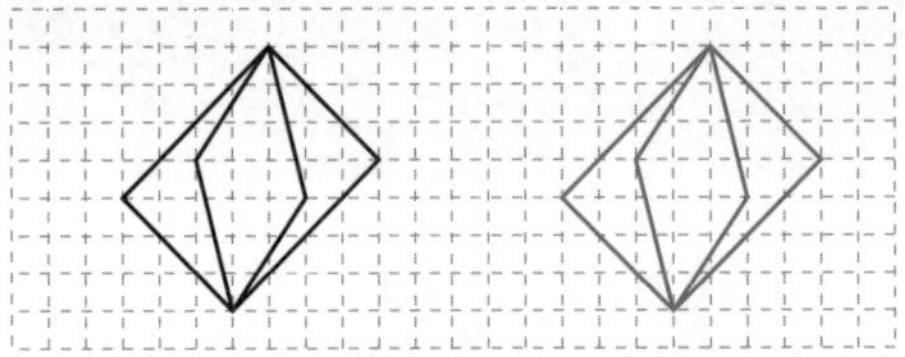

(2)

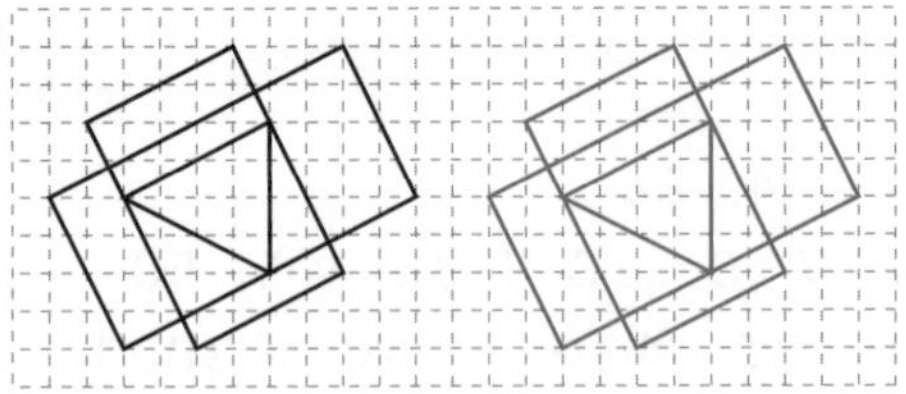

8 かけ算の筆算 ①　15ページ

1 **(1)㋐6　㋑90　㋒96**
(2)㋐18　㋑70　㋒438

2 **(1)86　(2)39　(3)116　(4)188　(5)69**
(6)90　(7)192　(8)476　(9)824　(10)693
(11)1290　(12)2920　(13)2156　(14)4224
(15)2415　(16)3168

3 **(1)180　(2)320　(3)450　(4)560　(5)1440**
(6)2450

4 **216 円**

考え方 式は 24×9=216 です。

5 **40 円**

考え方 式は 160×6=960　1000−960=40 です。

6 (1) $\begin{array}{r} \boxed{8}4 \\ \times\ \ 6 \\ \hline 504 \end{array}$　(2) $\begin{array}{r} 67 \\ \times\ \ \boxed{4} \\ \hline \boxed{2}68 \end{array}$　(3) $\begin{array}{r} 5\boxed{9} \\ \times\ \ 3 \\ \hline \boxed{1}77 \end{array}$

考え方 (2) $\begin{array}{r} 67 \\ \times\ \ \boxed{ア} \\ \hline \boxed{イ}68 \end{array}$

一の位どうしの計算を考えると，7×$\boxed{ア}$ の一の位は 8 なので，7 のだんの九九より $\boxed{ア}$=4 です。

思考力トレーニング　算数⑧　16ページ

（ことばの式）

[のこりの数]＋[おり紙の数]＋[はり絵の数]＝[はじめの数]

（式）　（答え）

[14]＋[12]＋[9]＝[35]　[35まい]

9 かけ算の筆算 ②　17ページ

1 (1)86　(2)208　(3)488　(4)460　(5)498
(6)204　(7)216　(8)539　(9)576　(10)672
(11)370　(12)272　(13)4352　(14)2040
(15)3138　(16)996　(17)1904　(18)2296
(19)2148　(20)1722

2

(1)
```
  [3]1 4
×     6
 1 8 8 4
```
(2)
```
  5[4]6
×     9
 4 9 1 4
```
(3)
```
   2 6 7
×    [4]
 1[0]6 8
```
(4)
```
  6 5[7]
×     3
 1[9]7 1
```

考え方 (3)
```
   2 6 7
×    [ア]
 1[イ]6 8
```
一の位《くらい》どうしの計算を考えると，7×[ア] の一の位は 8 なので，7 のだんの九九より [ア]＝4 です。

3 たろう…325，83，415
はなこ…83，148，148

思考力トレーニング　算数⑨　18ページ

ウ

考え方 さいごの形から 1 つずつ広げたときの形を考えましょう。

10 チャレンジテスト [1]　19ページ

1 (1)7　(2)8　(3)4　(4)8　(5)9　(6)8　(7)1　(8)10

2 (1)40　(2)0　(3)200　(4)8　(5)6 あまり 5　(6)0

3 (1)833　(2)8041　(3)318　(4)4956
(5)348　(6)272　(7)2156　(8)4842

4 (1)85 万　(2)99 万　(3)121 万

5 375 円

考え方 式は 125×5＝625　1000－625＝375 です。

6 8 箱《はこ》

考え方 式は 23÷3＝7 あまり 2　7＋1＝8 です。

注意 あまった 2 こを入れるために，もう 1 箱ひつようです。

7 7 きゃく

考え方 32÷5＝6 あまり 2
のこりの 2 人がすわる長いすもいるから，6＋1＝7

思考力トレーニング　算数⑩　20ページ

(1)2　(2)9　(3)8　(4)1　(5)3　(6)6　(7)5　(8)4　(9)3
(10)8　(11)6　(12)7　(13)6　(14)5　(15)9　(16)9　(17)7　(18)3
(19)7　(20)3

11 時こくと時間 ①　21ページ

1 (1)4 時 45 分　(2)5 時 9 分　(3)12 時 42 分

2 (1)午前，午後　(2)60，60　(3)24，7

3 (1)120　(2)1，40　(3)240　(4)130
(5)1，3　(6)2

4 (1)午前 10 時 30 分　(2)午後 2 時

5 (1)7 分 55 秒《びょう》　(2)3 時 15 分　(3)6 時 20 分
(4)2 分 35 秒

6 午後 8 時 30 分

考え方 9 時 55 分－1 時 25 分＝8 時 30 分より午後 8 時 30 分です。

思考力トレーニング　算数⑪　22ページ

(1)
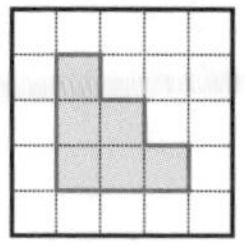
(2)
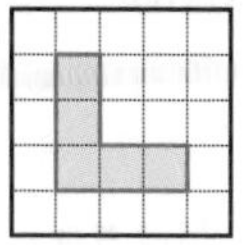
(3)
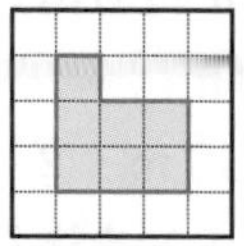

12 時こくと時間 ②　23ページ

1 (1)60　(2)180　(3)2　(4)5　(5)80　(6)150

2 (1)午前 9 時 14 分　(2)午後 6 時 48 分
(3)42 分間　(4)2 時間

3 (1)7 時 55 分　(2)6 分 6 秒　(3)7 時 4 分
(4)6 時 27 分　(5)8 分 44 秒　(6)4 時 42 分

4 (1)13 時間 40 分　(2)10 時間 20 分

考え方 (1)午後 7 時 5 分－午前 5 時 25 分
＝13 時間 40 分
(2)24 時間－13 時間 40 分＝10 時間 20 分

思考力トレーニング　算数⑫　24ページ

（ことばの式）

[きょうのページ数]－[きのうより多いページ数]－[おとといより多いページ数]＝[おとといのページ数]

（式）　（答え）

[30]－[4]－[2]＝[24]　[24ページ]

13 長　さ　25ページ

1 (1)4 m 74 cm　(2)4 m 97 cm
(3)5 m 2 cm　(4)5 m 15 cm

2 (1)3　(2)5，300　(3)6000　(4)2500
(5)8005　(6)9，60

3 (1)1700 m（1 km 700 m）
(2)3 km（3000 m）

(3) **2 km 800 m (2800 m)**

(4) **5 km 920 m (5920 m)**

4 (1)**750 m**

(2)①**850 m**　② **1 km**

③**神社の前を通るほうが 150 m 近い。**

考え方 (2)①式《しき》は 450 m＋400 m＝850 m です。

②式は 350 m＋650 m＝1000 m＝1 km です。

③式は 1000 m－850 m＝150 m です。

5 (1)**cm**　(2)**m**　(3)**km**

思考力トレーニング　算数⑬　26ページ

(1)48 ＋ 21 － 25＝44　(2)48 － 21 － 25＝2

(3)48 ＋ 21 ＋ 25＝94　(4)48 － 21 ＋ 25＝52

(5)54 － 19 ＋ 26＝61　(6)54 ＋ 19 ＋ 26＝99

(7)54 ＋ 19 － 26＝47　(8)54 － 19 － 26＝9

14 重　さ　27ページ

1 (いちばん重《おも》い箱《はこ》)**イ**　(いちばん軽《かる》い箱)**ウ**

2 (1)**750 g**　(2) **1 kg 550 g**　(3)**26 kg**

3 (1)**650 g**　(2) **4 kg 300 g**　(3) **3 kg 300 g**

4 (1)**2000**　(2)**8**　(3)**1500**　(4)**10000**

(5)**5，830**　(6)**1000**

5 (1)**1300，1，300**　(2)**260**

(3)**2400，2，400**

考え方 同じたんいにそろえて計算します。

6 (1)×　(2)○　(3)○　(4)×

思考力トレーニング　算数⑭　28ページ

11	9	4
1	8	15
12	7	5

15 たんいのかんけい　29ページ

1 (1)**m**　(2)**mm**　(3)**km**　(4)**cm**　(5)**m**

2 (1)**mL**　(2)**L**

3 (1)**g**　(2)**kg**　(3)**t**

4 (1)**1**　(2)**1000**　(3)**10，1000**　(4)**1000**　(5)**1**

(6)**1**　(7)**10**　(8)**7000**　(9)**21**　(10)**10000**

5 **5 km**

考え方 式は 500 m×10＝5000 m＝5 km です。

6 **5 kg**

考え方 式は 100 g×50＝5000 g＝5 kg です。

思考力トレーニング　算数⑮　30ページ

(1) 　(2) 　(3) 　(4) 

16 □を使った式　31ページ

1 (1)**出したお金，－，代金《だいきん》**

(2) **1 このねだん，×，買った数**

2 (1)**45**　(2)**38**　(3)**68**　(4)**115**　(5)**8**　(6)**7**

(7)**8**　(8)**42**

(9)**□＝75＋45＝120**

(10)**□＝120－55＝65**

3 (1)(式)**□－250＝450**　答え **700**

(2)(式)**470＋□＝1000**　答え **530**

(3)(式)**2×□＝84**　答え **42**

(4)(式)**□÷5＝120**　答え **600**

4 **9 円**

考え方 式は □×6＝54　□＝54÷6＝9 です。

思考力トレーニング　算数⑯　32ページ

(1) $\begin{array}{r} \boxed{7}\,6 \\ -\,2\,\boxed{3} \\ \hline 5\,3 \end{array}$　(2) $\begin{array}{r} 4\,9 \\ -\,2\,\boxed{9} \\ \hline \boxed{2}\,0 \end{array}$　(3) $\begin{array}{r} 8\,\boxed{3} \\ -\,\boxed{3}\,8 \\ \hline 4\,5 \end{array}$

(4) $\begin{array}{r} \boxed{4}\,3 \\ -\,1\,5 \\ \hline 2\,\boxed{8} \end{array}$　(5) $\begin{array}{r} 9\,\boxed{4} \\ -\,\boxed{4}\,7 \\ \hline 4\,7 \end{array}$　(6) $\begin{array}{r} 6\,\boxed{1} \\ -\,3\,9 \\ \hline \boxed{2}\,2 \end{array}$

考え方 (3) $\begin{array}{r} 8\,\boxed{ア} \\ -\,\boxed{イ}\,8 \\ \hline 4\,5 \end{array}$

一の位《くらい》から考えます。ア－8 の一の位が 5 なので ア＝3

十の位から 1 くり下がるので，十の位は 8－イ－1＝4

イ＝3 です。

17 かけ算の筆算 ③　33ページ

1 (1)**10，12，120**

(2)**10，10，2，4，100，800**

(3) $\begin{array}{r} 3\,6 \\ \times\,2\,4 \\ \hline \boxed{1\,4\,4} \\ \boxed{7\,2} \\ \hline \boxed{8\,6\,4} \end{array}$ $\begin{array}{l} \\ \\ \cdots\boxed{3\,6}\times 4 \\ \cdots\boxed{3\,6}\times 20 \\ \\ \end{array}$　(4) $\begin{array}{r} 8\,4 \\ \times\,5\,2 \\ \hline \boxed{1\,6\,8} \\ \boxed{4\,2\,0} \\ \hline \boxed{4\,3\,6\,8} \end{array}$

2 (1)**529**　(2)**1368**　(3)**1215**　(4)**3456**

(5)**2494**　(6)**5418**　(7)**4160**　(8)**3560**

3 (1)**44700**　(2)**18375**　(3)**30800**

(4)**75115**　(5)**30600**　(6)**14060**

4 **8 m**

考え方 式は 25×32＝800　800 cm＝8 m です。

5 **13140 円**

考え方 式は 365×36＝13140 です。

思考力トレーニング　算数⑰　34ページ

(1)

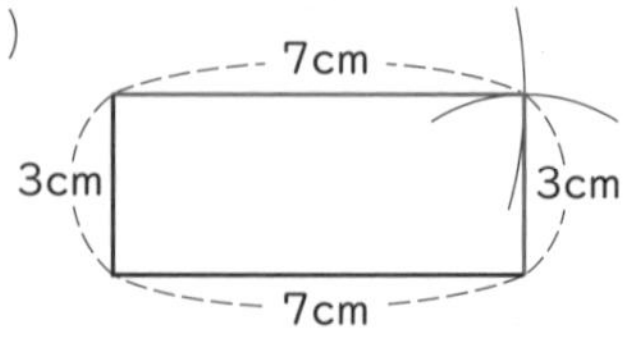

(2)

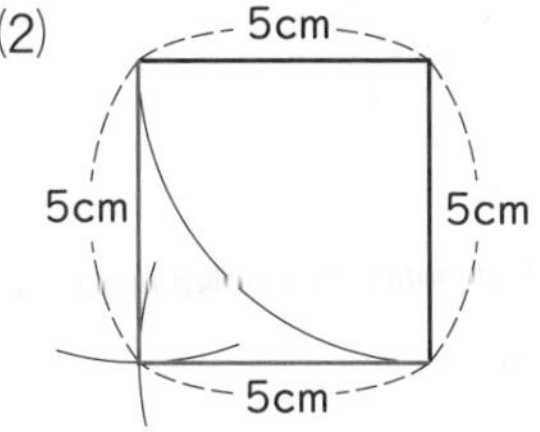

18 かけ算の筆算 ④ 35ページ

1 (1)**288** (2)**414** (3)**1245** (4)**3763**
(5)**1288** (6)**1596** (7)**4234** (8)**2444**
(9)**21128** (10)**34464** (11)**4312** (12)**16905**
(13)**3614** (14)**9234** (15)**40866** (16)**30348**

2 **756円**

3 (1)**18130** (2)**181300** (3)**1813000**

4 **ア**

考え方 **ア**は 56×25＝1400(円)，**イ**は 120×12＝1440(円)なので，**ア**のほうが安いです。

5

```
   8[4]
 ×[6]3
 [2][5]2
 504
 [5]2[9]2
```

考え方

```
   8[ア]
 ×[イ]3
 [ウ][エ]2
 504
 [オ]2[カ]2
```

[ア]×3 の一の位《くらい》は 2 なので，3 のだんの九九を考えると [ア]＝4 となります。84×[イ]＝504 なので，[イ]＝6 です。

思考力トレーニング 算数⑱ 36ページ

(1)

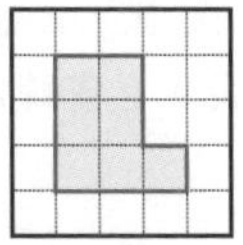

(2)

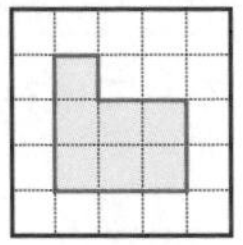

(3)

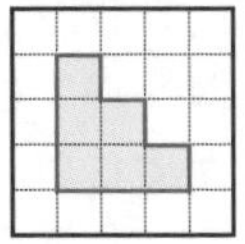

19 チャレンジテスト 2 37ページ

1 (1)**(午前) 7時55分** (2)**3時間55分**

考え方 (2)午後 0 時 15 分－午前 8 時 20 分
＝12 時 15 分－8 時 20 分＝3 時間 55 分

2 **170 m**

考え方 式《しき》は 630＋520＝1150
1150－980＝170 です。

注意 1150 m は，ゆうびん局《きょく》とケーキ屋《や》の間を 2 回たしています。

3 (1)**2700** (2)**5，70** (3)**6，400** (4)**8002**

4 (1)

```
   [5]3
 ×[4]7
  371
 21[2]
 [2][4][9]1
```

(2)

```
   [2]8
 ×4[8]
  2[2]4
 112
 1[3][4]4
```

考え方 (1)

```
   [ア]3
 ×[イ]7
  371
 21[ウ]
 [エ][オ][カ]1
```

[ア]3×7＝371 なので，[ア]＝5
53×[イ] の計算を考えます。[イ]に 1 からじゅんにあてはめたとき，答えが 21[ウ] になるのは [イ]＝4 しかありません。

(2)

```
   [ア]8
 ×4[イ]
  2[ウ]4
 112
 1[エ][オ]4
```

[ア]8×4＝112 なので，[ア]＝2
28×[イ] の計算を考えます。答えの一の位が 4 なので，[イ]には 3 か 8 が入ります。[イ]が 3 のとき答えは 3 けたにならないので，[イ]＝8 です。

思考力トレーニング 算数⑲ 38ページ

9	7	8
7	8	9
8	9	7

20 小 数 ① 39ページ

1 (1)

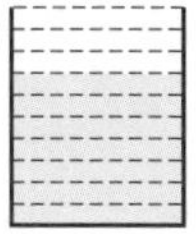

(2)

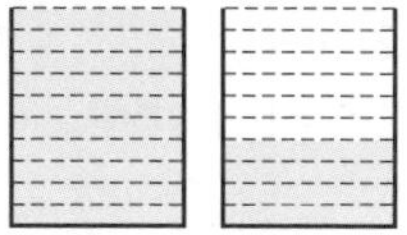

2 (1)**0.5** (2)**25** (3)**0.6** (4)**0.1**

3 (1)**0.2** (2)**1.5** (3)**3.1** (4)**5.3**

4 (1)< (2)> (3)< (4)< (5)<

5 (1)**1** (2)**1.9** (3)**5.3** (4)**8.3** (5)**0.6** (6)**0.9**
(7)**4.2** (8)**1.7**

6 **3.4 m**

考え方 式は 2.5＋0.9＝3.4 です。

7 (1)**2.4 L** (2)**0.8 L**

考え方 (1)式は 0.8＋1.6＝2.4 です。
(2)式は 1.6－0.8＝0.8 です。

思考力トレーニング 算数⑳ 40ページ

ア

考え方 さいごの形から 1 つずつ広げたときの形を考えましょう。

21 小 数 ② 41ページ

1 (1)**0.8** (2)**0.7** (3)**5.9** (4)**5.7** (5)**1.4**
(6)**3.5** (7)**6.4** (8)**9.1**

2 (1)**0.3** (2)**0.1** (3)**2.2** (4)**2.3** (5)**0.6**
(6)**1.5** (7)**0.7** (8)**2.5** (9)**0.8** (10)**2.7**

3 (1)**2.3 L**　(2)**0.7 L**

考え方　(1)式《しき》は　1.5+0.8=2.3　です。

(2)式は　1.5−0.8=0.7　です。

4 **2.2 m**

考え方　式は　6−3.8=2.2　です。

5 (1)**2 と 0.7 を合わせた数が 0.3 大きい**

(2)**5.1**

考え方　(1)0.1 の 24 倍《ばい》 → 2.4

2.7−2.4=0.3　です。

(2)式は　2.4+2.7=5.1　です。

思考力トレーニング　算数㉑　42ページ

(1)
```
  2[3]
×   4
 [9]2
```
(2)
```
 [2]2
×  [3]
   66
```
(3)
```
 [2][9]
×     3
     87
```
(4)
```
  1[4]2
×     3
 [4]26
```
(5)
```
 [4]75
×     2
  9[5]0
```

考え方　(1)
```
  2[ア]
×    4
  [イ]2
```

一の位《くらい》どうしの計算を考えると，[ア]×4　の一の位は 2 なので，4 のだんの九九より[ア]は 3 または 8 が入ります。[ア]=3　のとき　23×4=92，[ア]=8　のとき　28×4=112 なので　[ア]=3　とわかります。

22 分　数 ①　43ページ

1 (1) 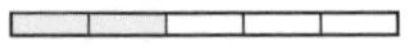　(2) 

2 (1)$\frac{5}{9}$　(2)**3**　(3)$\frac{4}{7}$　(4)$\frac{1}{6}$

3 (1)$\frac{1}{10}$　(2)$\frac{4}{10}$　(3)$\frac{6}{10}$　(4)$\frac{9}{10}$　(5)$\frac{1}{7}$

(6)$\frac{3}{7}$　(7)$\frac{4}{7}$　(8)$\frac{6}{7}$

4 (1)<　(2)>　(3)=

5 (1)$\frac{5}{7}$　(2)$\frac{7}{9}$　(3)**1**　(4)$\frac{4}{9}$　(5)$\frac{3}{7}$　(6)$\frac{3}{5}$

6 (1)**1 L**　(2)$\frac{5}{9}$**L**

考え方　(1)式は　$\frac{7}{9}+\frac{2}{9}=1$　です。

(2)式は　$\frac{7}{9}-\frac{2}{9}=\frac{5}{9}$　です。

思考力トレーニング　算数㉒　44ページ

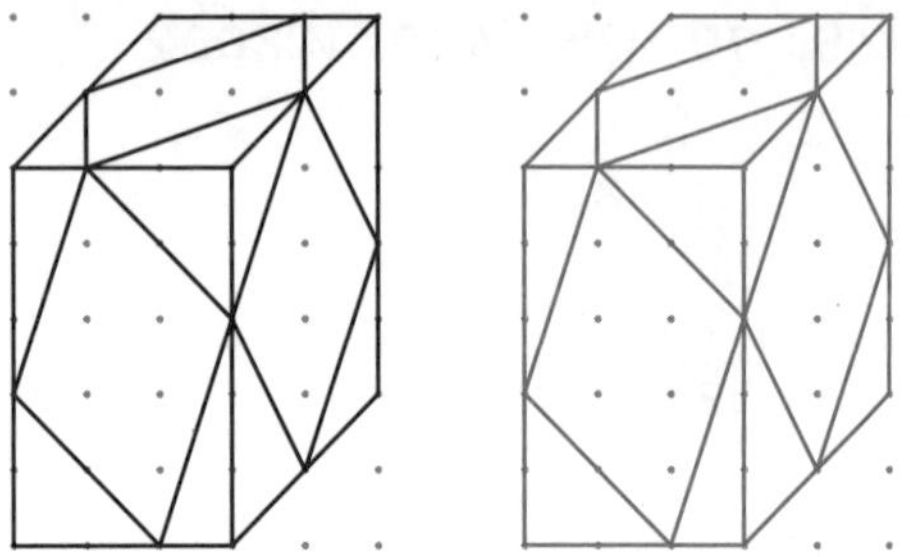

23 分　数 ②　45ページ

1 (1)$\frac{4}{5}$　(2)**2**　(3)$\frac{1}{7}$　(4)$\frac{4}{4}$(**1**)　(5)$\frac{1}{10}$

2 (1)**1**　(2)**9**　(3)**50**　(4)$\frac{1}{2}\left(\frac{5}{10}\right)$

考え方

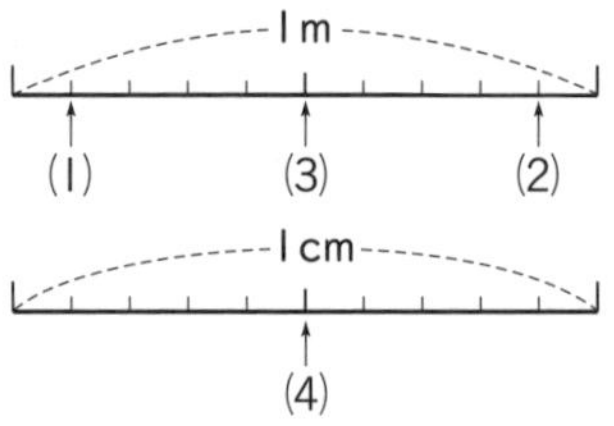

3 (1)<　(2)=　(3)>

4 (1)$\frac{4}{6}$　(2)$\frac{7}{8}$　(3)**1**　(4)$\frac{2}{5}$　(5)$\frac{6}{9}$　(6)$\frac{4}{8}$

(7)$\frac{6}{7}$　(8)$\frac{7}{10}$　(9)$\frac{2}{5}$　(10)$\frac{2}{8}$　(11)$\frac{7}{10}$

(12)$\frac{4}{7}$　(13)$\frac{7}{8}$　(14)$\frac{3}{6}$　(15)$\frac{3}{8}$　(16)$\frac{3}{9}$

5 (1)$\frac{3}{8}$**m**　(2)$\frac{7}{8}$**m**

考え方　(1)式は　$1-\frac{5}{8}=\frac{3}{8}$　です。

(2)式は　$\frac{5}{8}+\frac{2}{8}=\frac{7}{8}$　です。

思考力トレーニング　算数㉓　46ページ

(1)
```
   17[1]
+[2][8]4
    455
```
(2)
```
 [2]86
+2[5][7]
   543
```
(3)
```
  50[5]
+2[7]5
 [7]80
```
(4)
```
  54[1]2
+3[9]18
 [9]33[0]
```
(5)
```
   673[5]
+[6][5]82
  133[1]7
```

考え方　(2)
```
 [ア]86
+2[イ][ウ]
    543
```

一の位から考えます。6+[ウ]　の一の位は 3 なので　[ウ]=7　十の位に 1 くり上がり，8+[イ]+1　の一の位は 4 なので　[イ]=5　よって　[ア]=2　です。

24 円と球　47ページ

1 (1)㋐**(円の)中心**　㋑**(円の)半径《はんけい》**

㋒**(円の)直径《ちょっけい》**　㋓**(球《きゅう》の)中心**

㋔**(球の)半径**　㋕**(球の)直径**

(2) **3 cm**

2 **円**

3 (1)**エ**　(2)**直径**

4 **イ**

注意　コンパスを使《つか》って，ていねいに長さを直線にうつしてください。

5 (1)**イ，オ，カ，キ，ケ**　(2)**点エ**

考え方 (1)点**ア**を中心として半径**アウ**の円をかき，円の外がわにある点です。

6 **図はしょうりゃく。**

考え方 1辺《へん》のちょうどまん中の点を中心として，円の半分を4つかけばよいです。

思考力トレーニング　算数㉔　48ページ

イ

考え方 さいごの形から1つずつ広げたときの形を考えましょう。

25 三角形 ①　49ページ

1 (1)**イ，エ，ク**　(2)**ウ，キ**　(3)**ア，イ，カ**

注意 正三角形を二等辺三角形《にとうへんさんかくけい》の中に入れてもよいですが，この場合は，点数にはかんけいなくあつかいます。

2 **ウ**

3 (1)**正三角形，3**　(2)**二等辺三角形**
(3)**2，二等辺三角形(直角二等辺三角形)**

4 (1)

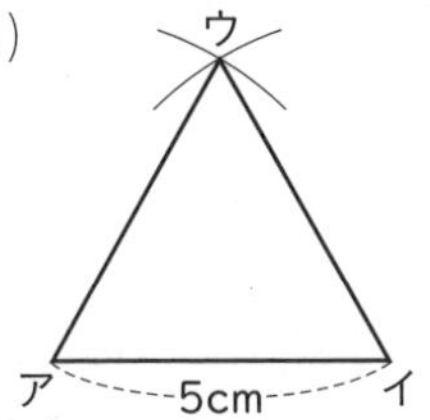
ウ
ア
5cm
イ

(2)

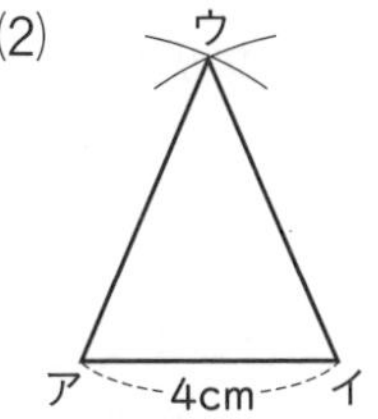
ウ
ア
4cm
イ

考え方 (1)つぎのじゅんでかきます。
①アイ 5cm の直線をかく。
②アとイをそれぞれ中心にして，半径 5cm の円の一《いち》部《ぶ》をかく。
③交わった点ウと，ア，イをそれぞれ直線でつなぐ。
(2)つぎのじゅんでかきます。
①アイ 4cm の直線をかく。
②③ ((1)のかき方と同じ。)

思考力トレーニング　算数㉕　50ページ

(1)
$$\begin{array}{r} \boxed{5}\boxed{7} \\ \times\quad 3 \\ \hline 1\,7\,1 \end{array}$$

(2)
$$\begin{array}{r} 5\boxed{7} \\ \times\quad 7 \\ \hline 3\boxed{9}9 \end{array}$$

(3)
$$\begin{array}{r} \boxed{8}2 \\ \times\quad \boxed{7} \\ \hline 5\,7\,4 \end{array}$$

(4)
$$\begin{array}{r} 4\boxed{2}6 \\ \times\quad 3 \\ \hline 1\boxed{2}7\,8 \end{array}$$

(5)
$$\begin{array}{r} \boxed{9}8\boxed{4} \\ \times\quad 7 \\ \hline 6\,8\,8\,8 \end{array}$$

考え方 (2)
$$\begin{array}{r} 5\boxed{ア} \\ \times\quad 7 \\ \hline 3\boxed{イ}9 \end{array}$$

一の位《くらい》どうしの計算を考えると，$\boxed{ア}\times7$ の一の位は9なので，7のだんの九九より $\boxed{ア}=7$ です。

(4)
$$\begin{array}{r} 4\boxed{ア}6 \\ \times\quad 3 \\ \hline 1\boxed{イ}7\,8 \end{array}$$

一の位どうしの計算は $6\times3=18$ なので，十の位に1くり上がります。かけ算の答えの十の位が7なので $\boxed{ア}\times3$ の一の位が6となり $\boxed{ア}=2$ です。また百の位へのくり上がりはないので $\boxed{イ}=2$ です。

26 三角形 ②　51ページ

1 (1)**ア**　(2)**ア，イ**

考え方 (1)

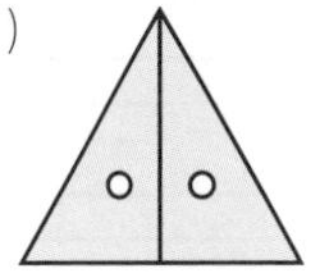

(2)

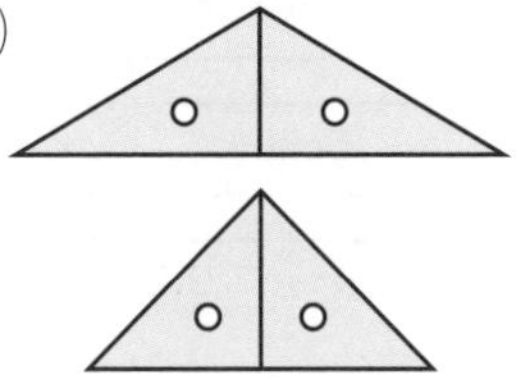

2 (1)**イ，ア，ウ**　(2)**ア，ウ，イ**

3 (1)**8つ**　(2)**8つ**

4 (1)

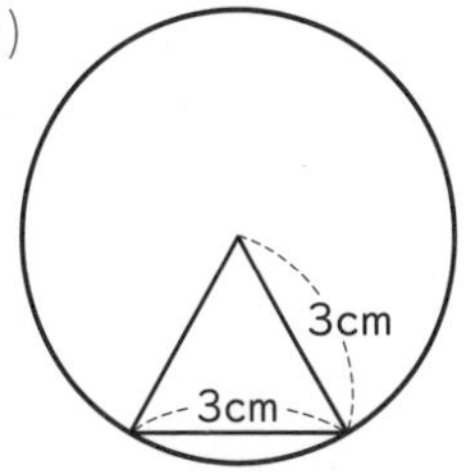
3cm
3cm

(2)

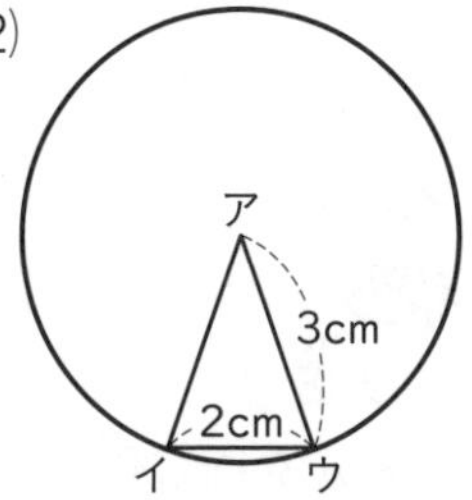
ア
3cm
2cm
イ
ウ

考え方 (2)つぎのじゅんでかきます。
①アウ 3cm をかく。
②点アを中心にして，半径 3cm の円をかく。
③点ウを中心にして，半径 2cm の円の一部をかき，②と交わった点をイとする。
④点イと，ア，ウをそれぞれ直線でつなぐ。

思考力トレーニング　算数㉖　52ページ

(1) 　(2) 　(3) 　(4) 

27 表とグラフ ①　53ページ

1 (1)**読書調べ**
(2)**1人**
(3)右のグラフ
(4)**スポーツ**
(5)**社会**

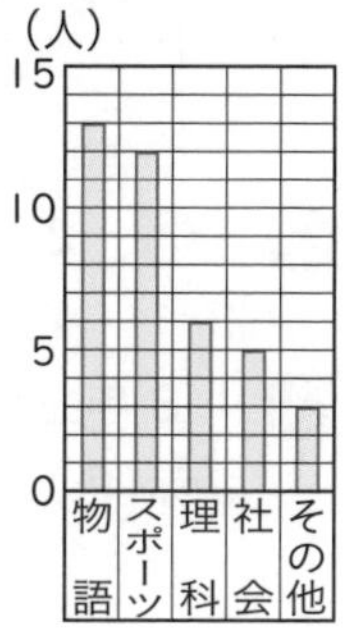
(人)
15
10
5
0
物語
スポーツ
理科
社会
その他

注意 「その他《た》」はじゅんいに入れません。

2 (1)

点数		3	4	5	6	7	8	9	10
人数	正	一		下	正の4画	正 下	正 正 一	正 丁	正の4画
	数	1	0	3	4	8	11	7	4

(2)**38人**　(3)**8点で11人**　(4)**11人**

注意 「より」はその数字を入れません。

3 (1)**1人**　(2)**5円**　(3)**10まい**

思考力トレーニング　算数㉗　54ページ

(1)

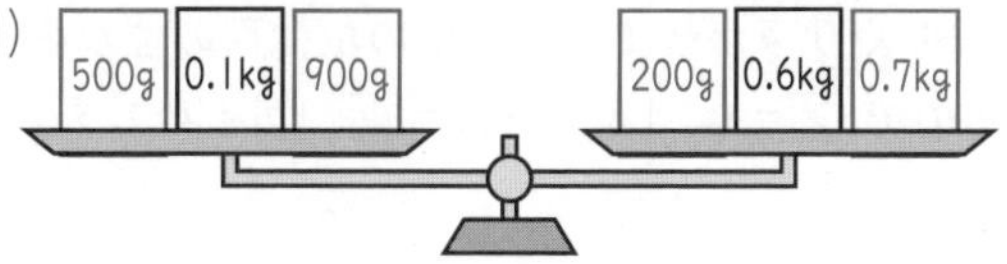
500g
0.1kg
900g
200g
0.6kg
0.7kg

(2)

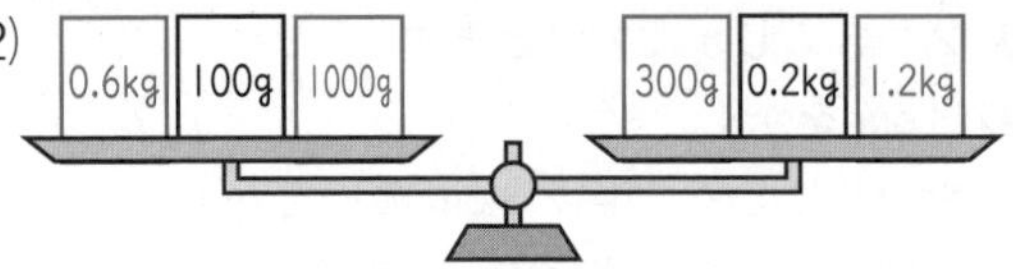

0.6kg
100g
1000g
300g
0.2kg
1.2kg

28 表とグラフ ②
55ページ

1 (1) 4月…**76人**，5月…**93人**，6月…**57人**

(2)

月／しゅるい	4月（人）	5月（人）	6月（人）	合計（人）
すりきず	15	29	24	68
うちみ	31	42	18	91
切りきず	12	7	5	24
ねんざ	6	5	2	13
その他《た》	12	10	8	30
合　計	76	93	57	226

2 (1)㋐…**20人**，㋑…**10人**，㋒…**5人**

(2)㋐…**40人**，㋑…**50人**，㋒…**45人**

3 (1)**3年生のすきな色**

(2)**赤（色）**

思考力トレーニング　算数 ㉘
56ページ

(1) $\boxed{1}32-\boxed{4}5=8\boxed{7}$　(2) $\boxed{1}4\boxed{1}-69=\boxed{7}2$　(3) $\boxed{3}73-2\boxed{6}7=10\boxed{6}$

(4) $46\boxed{2}\boxed{7}-2\boxed{9}08=\boxed{1}719$　(5) $\boxed{9}3\boxed{3}1-576\boxed{2}=3\boxed{5}69$

考え方 (2) $\boxed{\text{ア}}4\boxed{\text{イ}}-69=\boxed{\text{ウ}}2$

一の位《くらい》から考えます。$\boxed{\text{イ}}-9$ の一の位が 2 なので $\boxed{\text{イ}}=1$ 十の位から 1 くり下がっていて，十の位は百の位から 1 くり下がるので $\boxed{\text{ア}}=1$　$14-6-1=\boxed{\text{ウ}}$　$\boxed{\text{ウ}}=7$ です。

29 いろいろな問題
57ページ

1 **9才**

考え方 式は $(60+3)\div7=9$ です。

2 (1)**90m**　(2)**30本**

考え方 (1)式は $(30+15)\times2=90$ です。

(2)式は $90\div3=30$ です。

3 **20円**

考え方 式は $(200-40)\div8=20$ です。

4 **42才**

考え方 式は $7\times2=14$　$14\times3=42$ です。

5 **もも14こ，レモン9こ**

考え方 式は $23-5=18$　$18\div2=9$

$9+5=14$ です。

6 **80円**

考え方 式は $(500-20)\div8=60$　$60\times7=420$

$500-420=80$ です。

$(500-20)\div8=60$　$20+60=80$ でもよいです。

思考力トレーニング　算数 ㉙
58ページ

(1)

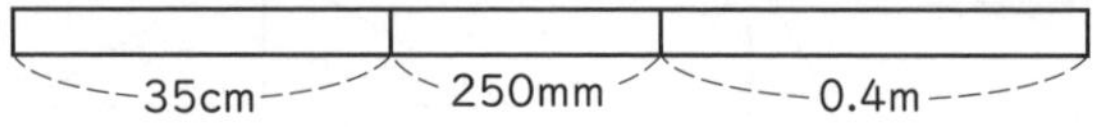

35cm
250mm
0.4m

(2)

23cm
0.2m
47cm
100mm

30 チャレンジテスト ③
59ページ

1 (1)**6.4**　(2)**3.7**　(3)**3.7**　(4) $\frac{6}{7}$　(5) $\frac{7}{8}$　(6) $\frac{5}{9}$

2 **28cm**

考え方 式は $4\times7=28$ です。

3 (1)**2倍《ばい》**

(2)**みんな同じ長さ**

4 (1)**2こ**

(2)**ゆう子，たかし，よし子，まさし**

(3)**30こ**

5 **7本**

考え方 両《りょう》はしに電柱《でんちゅう》があるので，間の数より 1 本少なくてすみます。

式は $40\div5=8$　$8-1=7$ です。

思考力トレーニング　算数 ㉚
60ページ

(1) $56\times\boxed{3}=\boxed{1}68$　(2) $\boxed{7}5\times6=4\boxed{5}0$　(3) $84\times\boxed{4}=3\boxed{3}6$

(4) $\boxed{1}36\times2=2\boxed{7}\boxed{2}$　(5) $2\boxed{4}3\times\boxed{4}=\boxed{9}72$　(6) $\boxed{4}\boxed{7}8\times3=143\boxed{4}$

考え方 (1) $56\times\boxed{\text{ア}}=\boxed{\text{イ}}68$

一の位どうしの計算を考えると，$6\times\boxed{\text{ア}}$ の一の位は 8 なので，6 のだんの九九より $\boxed{\text{ア}}$ は 3 または 8 が入ります。

$\boxed{\text{ア}}=3$ のとき $56\times3=168$，$\boxed{\text{ア}}=8$ のとき $56\times8=448$ なので $\boxed{\text{ア}}=3$ になります。

(5) $2\boxed{\text{ア}}3\times\boxed{\text{イ}}=\boxed{\text{ウ}}72$

一の位どうしの計算を考えると，$3\times\boxed{\text{イ}}$ の一の位は 2 なので，3 のだんの九九を考えると $\boxed{\text{イ}}=4$ となります。

$3\times4=12$ なので十の位に 1 くり上がります。

かけ算の答えの十の位が 7 なので $\boxed{\text{ア}}\times4$ の一の位が 6 になります。4 のだんの九九より $\boxed{\text{ア}}$ は 4 または 9 が入ります。$\boxed{\text{ア}}=4$ のとき $243\times4=972$，$\boxed{\text{ア}}=9$ のとき $293\times4=1172$ なので $\boxed{\text{ア}}=4$ とわかります。

31 仕上げテスト ①

61 ページ

1 (1)3　(2)0　(3)4　(4)8　(5)7　(6)7

2 (1)6　(2)9　(3)8　(4)5　(5)274　(6)682
(7)221　(8)362

3 (1)20　(2)4，500　(3)6，70
(4)180　(5)1，35　(6)3000　(7)5080

4 (1)円
(2)㋐(球《きゅう》の)中心　㋑(球の)直径《ちょっけい》　㋒(球の)半径《はんけい》

5 8さつ
考え方　式は 50÷6＝8 あまり 2 です。

6 (1)92万　(2)94万8000　(3)99万
(4)101万4000

7 48kg
考え方　式は 32＋19＝51　51－3＝48 です。

思考力トレーニング　算数 ㉛

62 ページ

6	5	10
11	7	3
4	9	8

32 仕上げテスト ②

63 ページ

1 (1)$\frac{4}{5}$　(2)$\frac{3}{10}$　(3)1.5　(4)0.9　(5)7
(6)8 あまり 3　(7)8 あまり 2　(8)0　(9)504
(10)260　(11)1308　(12)5832　(13)1665
(14)1748　(15)10545　(16)21000

2 (1)455g　(2)140人　(3)52kg

3 (1)240　(2)286　(3)774　(4)261
(5)28　(6)32

4 4km 900m
考え方　式は 3km 700m＋2km＝5km 700m
5km 700m－800m＝4km 900m です。

5 1m 32cm
考え方　式は 15×10＝150　2×9＝18
150－18＝132　132cm＝1m 32cm です。

思考力トレーニング　算数 ㉜

64 ページ

(1)
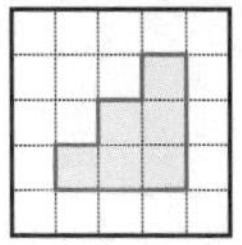
(2)
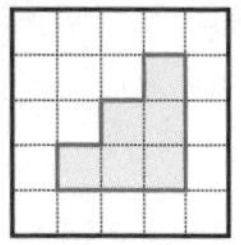
(3)
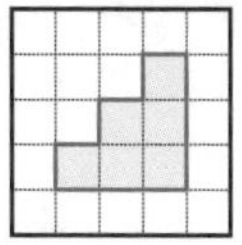

理科

1 草花を育てよう

65 ページ

1 (1)ア…葉《は》　イ…くき　ウ…根《ね》
(2)スズメノテッポウ
(3)水をとり入れる役《やく》わり
(からだをささえる役わり)

さん考　ハルジオンのからだは，葉，くき，根の3つの部分《ぶぶん》からできています。葉は，くきについていて，根は，くきの下から出ています。

2 ア…ヒマワリ　イ…ホウセンカ
ウ…マリーゴールド
①イ　②ウ　③ア

3 ①茶　②かれて

4 ア→ウ→オ→イ→エ

5 (1)ホウセンカ　(2)ヒマワリ

6 (1)ア…子葉《しよう》　イ…葉　(2)ア　(3)イ
(4)葉と葉が重《かさ》ならないようについている。

思考力トレーニング　理科 ①

66 ページ

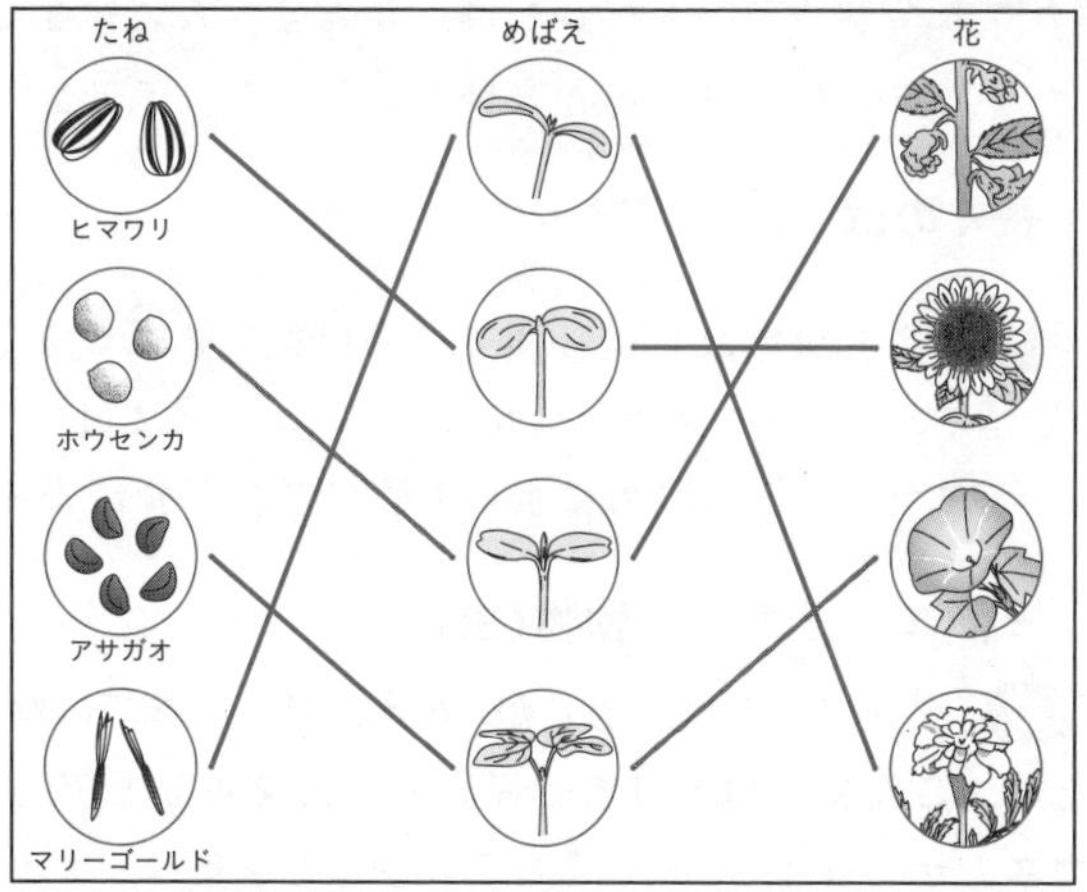

2 こん虫を育てよう　67ページ

1 (1)**イ**

(2)**キャベツがモンシロチョウのよう虫（あおむし）のえさになるから。**

> さん考　モンシロチョウのよう虫は，キャベツやアブラナなどの葉《は》を食べます。アゲハのよう虫は，ミカンやサンショウなどの葉を，キアゲハのよう虫は，ニンジンやセリなどの葉を食べます。

2 ①**しょっ角**　②**目（ふくがん）**　③**口**

④**あし**　⑤**はね**　⑥**頭（頭部《とうぶ》）**

⑦**むね（胸部《きょうぶ》）**　⑧**はら（腹部《ふくぶ》）**

考え方 〈こん虫のからだ〉頭，むね，はらの３つの部分に分かれ，６本のあしがあります。

〈あしやはねのつき方〉むねの部分についています。（はねは，２まいあるもの，４まいあるもの，なくなっているものがあります。）

3 (1)**イ**　(2)**ア**　(3)**イ**　(4)**ア**　(5)**イ**　(6)**ア**

> さん考　たまご→よう虫→さなぎ→せい虫　と育《そだ》つことを，かん全《ぜん》へんたいといい，たまご→よう虫→せい虫　と育つことを，ふかん全へんたいといいます。カブトムシやテントウムシは，かん全へんたいをし，セミやコオロギは，ふかん全へんたいをします。

4 (1)**長くのばす。**　(2)**ア・ウ**

> さん考　こん虫は，しょっ角でにおいなどを感《かん》じることができます。チョウのなかまは，しょっ角でみつやよう虫が食べる植物《しょくぶつ》のにおいを感じてかぎ分けます。

5 (1)**イ，エ**　(2)**カ**　(3)**動物（虫）**

考え方 ダンゴムシは，あしが14本あり，６本ではないため，こん虫ではありません。オオカマキリとアキアカネのせい虫は，いろいろなこん虫などを食べ，ナナホシテントウは，よう虫もせい虫もアブラムシを食べます。

思考力トレーニング　理科②　68ページ

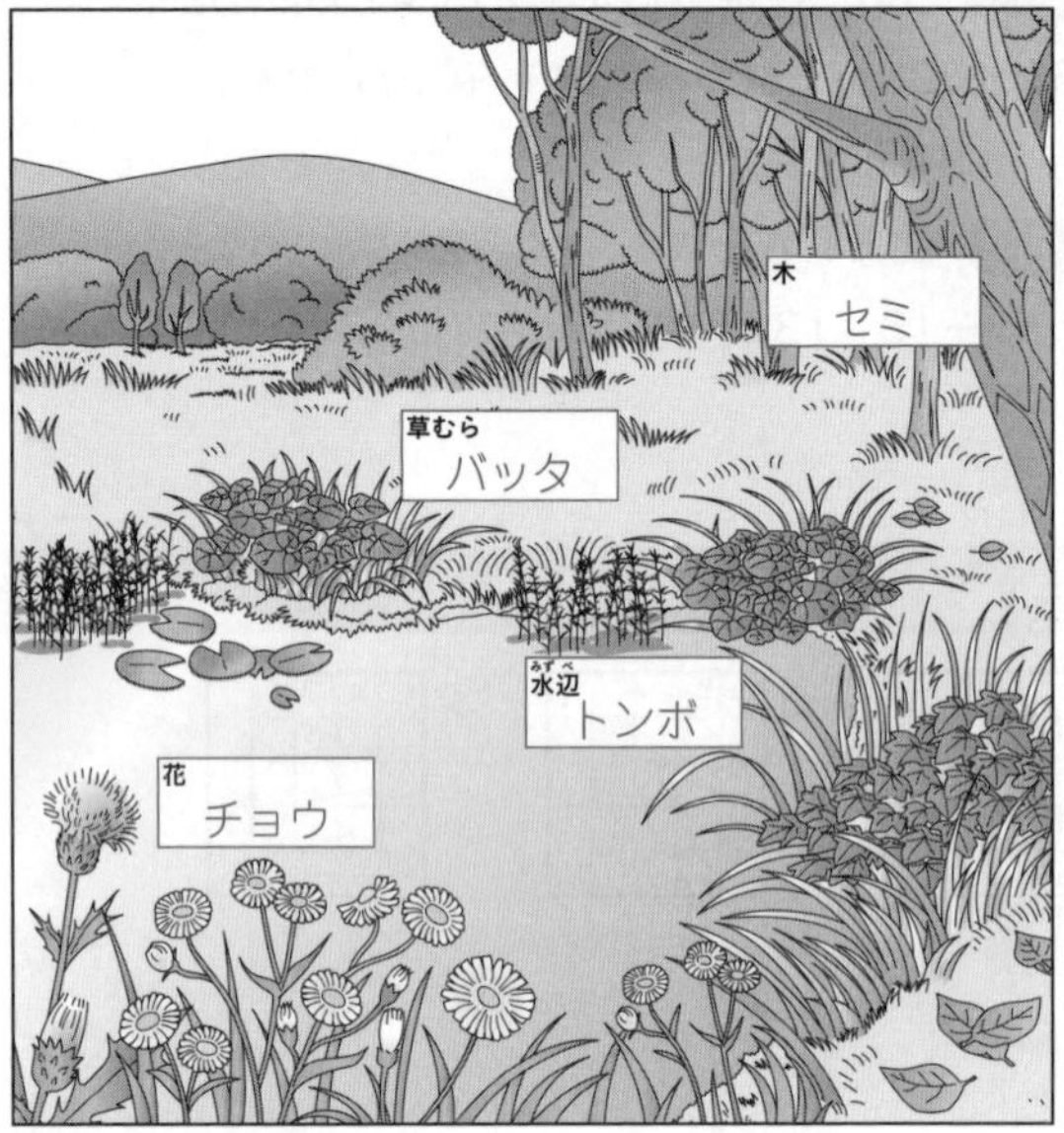

3 日なたと日かげ　69ページ

1 (1)**午前９時**　(2)**ア**　(3)**夕方**

考え方 太陽《たいよう》の高さが高くなるほど，かげの長さは短《みじか》くなります。

2 (1)**イ**　(2)**15℃**　(3)①**×**　②**○**　③**×**

考え方 温度計《おんどけい》の目もりを読むときは，温度計と目が直角になるようにします。また，温度計を持《も》つときは，手のあたたかさがつたわるのをふせぐために，えきだめの部分を持たないようにします。

3 ①**ひくい**　②**しめっている**

③**暗《くら》い**　④**高い**

⑤**かわいている**　⑥**明るい**

4 (1)**オ**　(2)**ウ**　(3)**カ→オ→エ**

(4)**東からのぼり，南を通って西にしずむ。**

考え方 かげと太陽の動《うご》き方《かた》は反対《はんたい》になります。

思考力トレーニング　理科③　70ページ

記号《きごう》…**ア**

理由《りゆう》…**木のかげの中にいるので，自分のかげをふまれないから。**

記号…**ウ**

理由…**かげがわくの外にあるので，ふまれないから。**

4 光と音について調べよう　71ページ

1 (1)①**エ**　②**オ・カ**　③**エ**

(2)**明るさ…明るくなる。**

温度《おんど》…高くなる。

考え方 光をあてると，あてた部分《ぶぶん》は明るくなり，あたたまります。光を重《かさ》ねるとさらに明るく，あたたかくなります。

2 (1)①**ア**　②**ウ**　③**イ**　④**ウ**

(2)**③**

考え方 虫めがねを使《つか》うと，日光を集《あつ》めることができます。日光を集めたところは，小さくなるほど，温度が高くなります。

3 (1)**イ**　(2)**イ**　(3)**ア**

考え方 水はとう明で光が通りぬけるため，かげができず，温度も上がりにくくなります。黒い水は光を通さないので，かげができ，温度も上がりやすくなります。

4 (1)**イ**　(2)**大きくなる。**

考え方 物《もの》から音が出ているとき，物はふるえています。また，音が大きくなると，ふるえ方も大きくなります。たいこを強くたたくと，たいこの皮《かわ》のふるえ方が大きくなり，ビーズのとびはね方も大きくなります。

思考力トレーニング　理科❹　72ページ

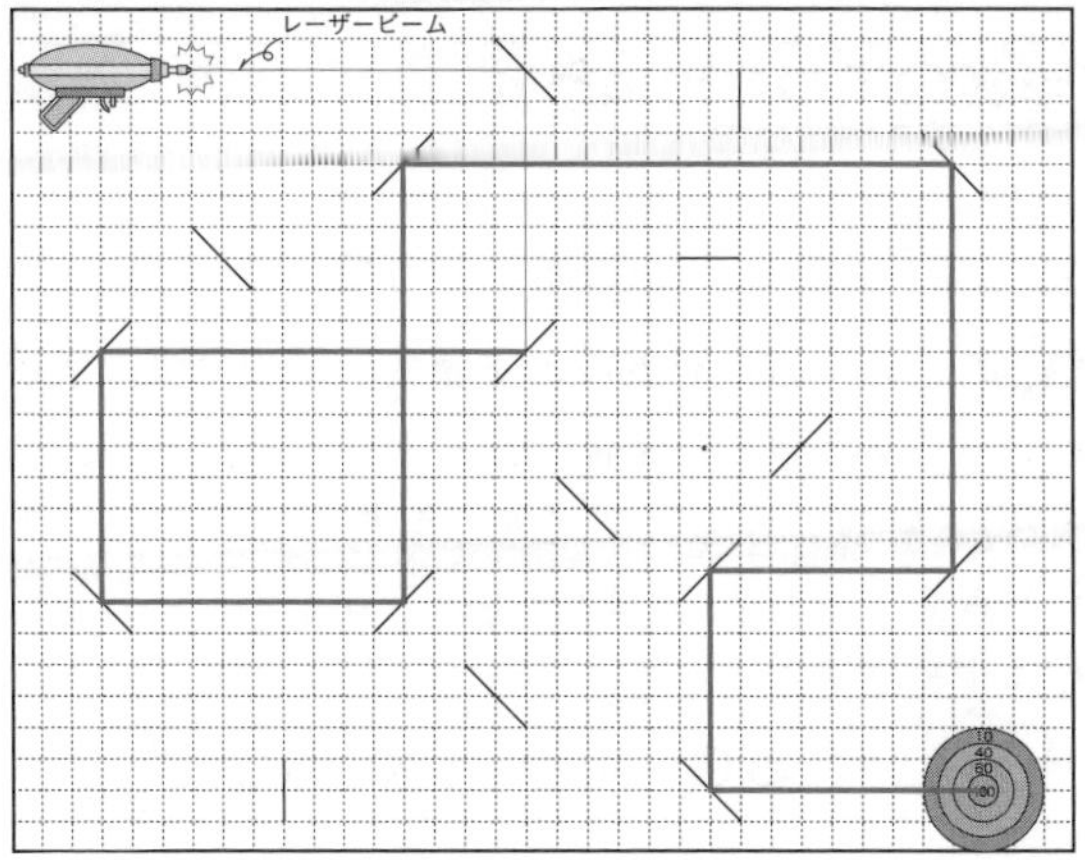

5 明かりをつけよう　73ページ

1 ①×　②×　③×　④○　⑤×　⑥×
⑦×　⑧○

考え方 かん電池の＋《プラス》きょく，豆電球《まめでんきゅう》，かん電池の－《マイナス》きょくがどう線でつながって，１つのわになっているとき，電気が通って，豆電球に明かりがつきます。電気の通り道のことを回路《かいろ》といいます。

2 (1)(右図)

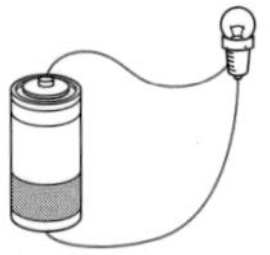

(2)(右図)

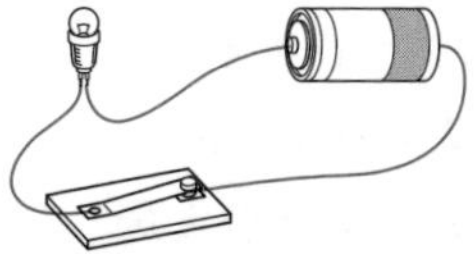

考え方 かん電池の＋きょく，－きょくにつながっている２本のどう線を，それぞれ豆電球の横《よこ》と下につなぐと，回路ができて，ソケットを使《つか》わなくても，豆電球に明かりがつきます。

3 ウ

考え方 「②と④」につなぐと，電気は②→①→④のじゅんに通ります。「②と⑦」につなぐと，電気は②→①→④→⑦のじゅんに通ります。

4 (1)(右図)　(2)①×
②○　③×　④○

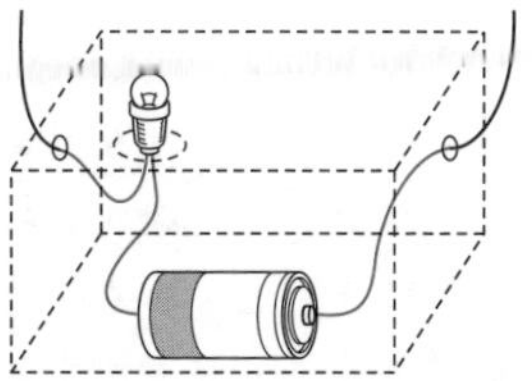

5 **明かりがついたり消《き》えたりする。**

考え方 アルミニウムは電気を通し，ビニルは電気を通さないので，クリップをアルミニウムはくの部分《ぶぶん》につけているときだけ，豆電球に明かりがつきます。

思考力トレーニング　理科❺　74ページ

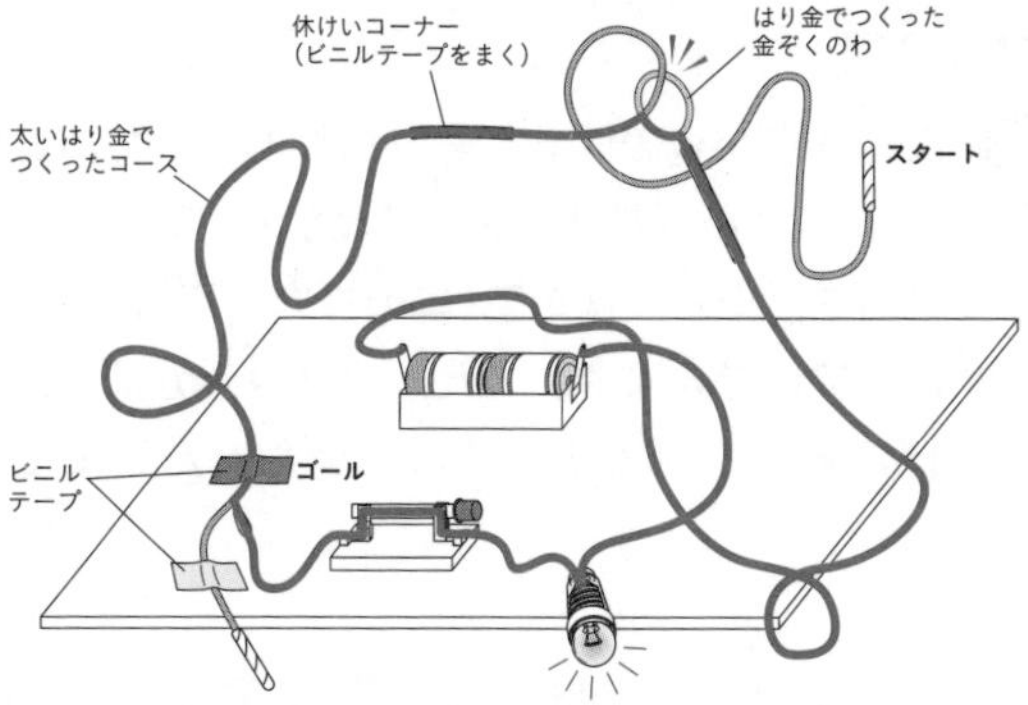

6 ものの重さと風やゴムのはたらき　75ページ

1 (1)**50(g)**
(2)①**ウ**　②**ウ**

考え方 形をかえても，ものの重さはかわりません。また，小さく切り分けても，切り分けたものをすべて集めれば，ものの重さはかわりません。

2 (1)**66(g)**　(2)**イ**　(3)**木**

考え方 しゅるいが同じものは，同じ体せきならば重《おも》さも同じになり，体せきが２倍《ばい》，３倍，…になると，重さも２倍，３倍，…になります。

3 **イ**

考え方 プロペラをつけた車は，ゴムを10回まいてはなすと５ｍ進《すす》み，30回まいてはなすと15ｍ進みます。したがって，ゴムを10回より多く30回より少ない20回まいてはなすと，５ｍより長く15ｍより短《みじか》い長さを進むと考えられます。

4 **①風　②速《はや》くなる**

考え方 風の強さが強くなるほど，ものを動《うご》かすはたらきは大きくなります。

思考力トレーニング　理科❻　76ページ

①**ア**　②**ア**

考え方 プロペラのまい数が多い車のほうが，強い風を起《お》こすことができるので，ゴムをまいた回数が同じとき，プロペラが２まいある車のほうが速《はや》く走ります。また，ゴムをまいた回数が多い車のほうが，強い力がはたらくので，プロペラのまい数が同じとき，ゴム200回まきの車のほうが速く走ります。

7 じしゃくにつくもの　77ページ

1 (1)①**ア，カ**　②**イ，ウ，エ，オ**
(2)①**ア，カ**　②**イ，オ**

考え方 鉄《てつ》でできたものはじしゃくにつきますが，アルミニウムやプラスチック，ガラス，どうでできたものはじしゃくにつきません。

鉄やアルミニウム，どうなどの金ぞくでできたものは電気を通しますが，プラスチックやガラスでできたものは電気を通しません。

2 (1)**ア，ウ**　(2)**ア，ウ，エ，カ**
(3)**切り口のくぎは落《お》ちる。**

考え方 じしゃくは，きょくのはしに近いほど引きつける力が強くなります。

じしゃくを２つに切ると，切り口に新しいＮ《エヌ》きょく，Ｓ《エス》きょくがかならずできます。これをくっつけると，両方《りょうほう》から引きつけられるような手ごたえがあって，切り口のじしゃくの力は，切られる前の力にもどります。

3 ①**N**　②**S**　③**N**　④**N**

考え方　じしゃくには，NきょくとSきょくは引き合い，NきょくとNきょく，SきょくとSきょくはしりぞけ合うというせいしつがあります。

4 (1)**N**　(2)**方位《ほうい》じしんを近づけてみる。**

(3)**S**

考え方　ぬいばりをぼうじしゃくでこすると，こすり始《はじ》めたほうのはしは，じしゃくのきょくと同じきょくになり，反対《はんたい》がわのはしは，じしゃくのきょくとちがう極になります。したがって，**図1**のぬいばりでは，はりあながあるほうがSきょくになり，はり先がNきょくになります。

思考力トレーニング　理科⑦　78ページ

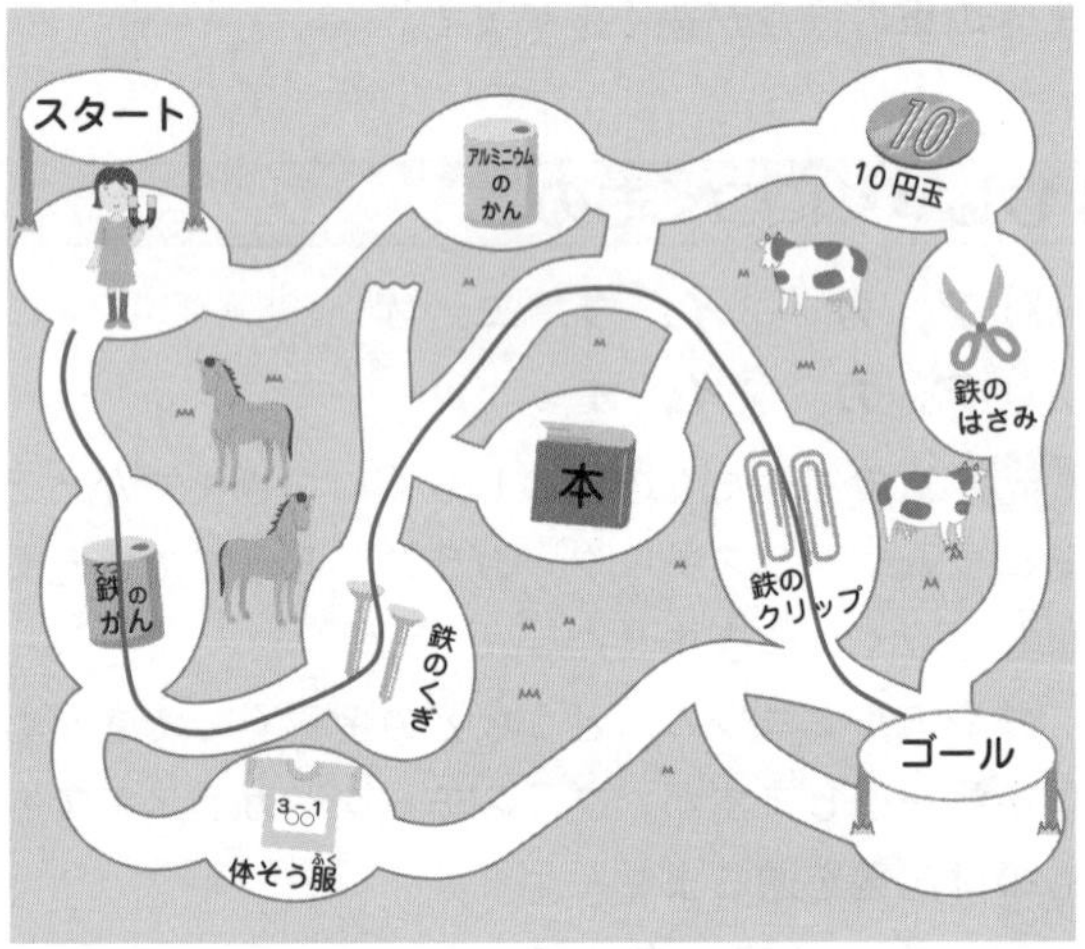

8 仕上げテスト　79ページ

1 **エ→ア→カ→ウ→オ→イ→キ**

2 ①○　②×　③×　④○

さん考　セミのなかまは，よう虫のときは土の中で木や草のしるをすいます。

こん虫には，頭にふくがんとよばれる２つの目だけでなく，たんがんとよばれる目ももつトンボ・セミ・ハエなどのなかまもいます。ふくがんでものの形や動《うご》きをとらえることができ，たんがんで明るさを感《かん》じることができます。

3 (1)(右図)

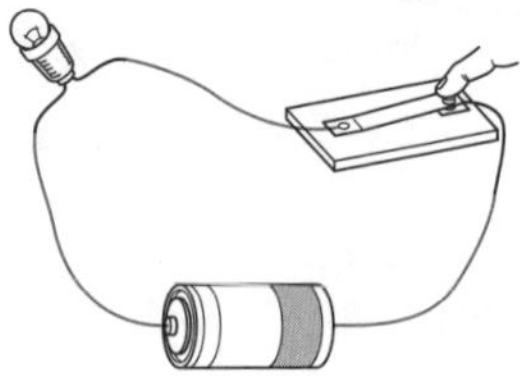

(2)**スイッチ**

(3)①×　②×

③○　④○

⑤○　⑥×

4 (1)**ア**　(2)**昼**

考え方　太陽《たいよう》は東からのぼり，南に高く上がったあと西へしずみます。かげは太陽と反対《はんたい》がわにできるので，太陽が午前中，東から南の空(**エ**の方向《ほうこう》の空)にあるとき，かげは**ア**にできます。また，かげの部分は，太陽がいちばん高く上がる正午ごろにいちばんせまくなります。

思考力トレーニング　理科⑧　80ページ

ア

考え方　**ア**は，2g×500mL=1000g

イは，8g×120mL=960g

ウは，1g×300mL=300g

エは，8g×30mL+2g×100mL+1g×30mL=470g

社会

1 学校のまわりのようす　81ページ

1 (1)①○　②○　③×　④○　⑤×

(2)①**西**　②**南東**　③**南西**　④**北東**

考え方　地図で方位《ほうい》を読みとる場合，駅《えき》や公園，学校などから見るときと，全体《ぜんたい》を見るときがあります。(2)の場合，「学校」から見てです。学校を方位じしんの中心と考えて，方位(方角)を読みとります。八方位はかならずおぼえましょう。

2 (1)○　(2)×　(3)○　(4)×　(5)×　(6)○

思考力トレーニング　社会①　82ページ

(1)

考え方　老人《ろうじん》ホームの地図記号《きごう》です。真《ま》ん中につえの形があるのが，とくちょうです。

2 わたしたちの市のようす　83ページ

1 (1)**方位《ほうい》**

(2)①　(3)①**イ**　②**エ**　③**ウ**

(4)①**イ**　②**オ**　③**ウ**

考え方　地図は，ふつう北を上にしてかかれています。北が上になっていない地図には，のような方位をしめす記号がかかれています。

2 (1)**風車《ふうしゃ》**　(2)**老人ホーム**

3 (1)―**市役所《しやくしょ》**　(2)―**ゆうびん局**　(3)―**鉄道《てつどう》**

考え方　地図記号は，教科書を見ておぼえましょう。2002〜2006年にふえた地図記号―風車，老人ホーム，図書館《としょかん》，博物館《はくぶつかん》。2019年には，自然災《しぜんさい》害伝承碑《がいでんしょうひ》の地図記号が新しく生まれました。

思考力トレーニング　社会❷　84ページ

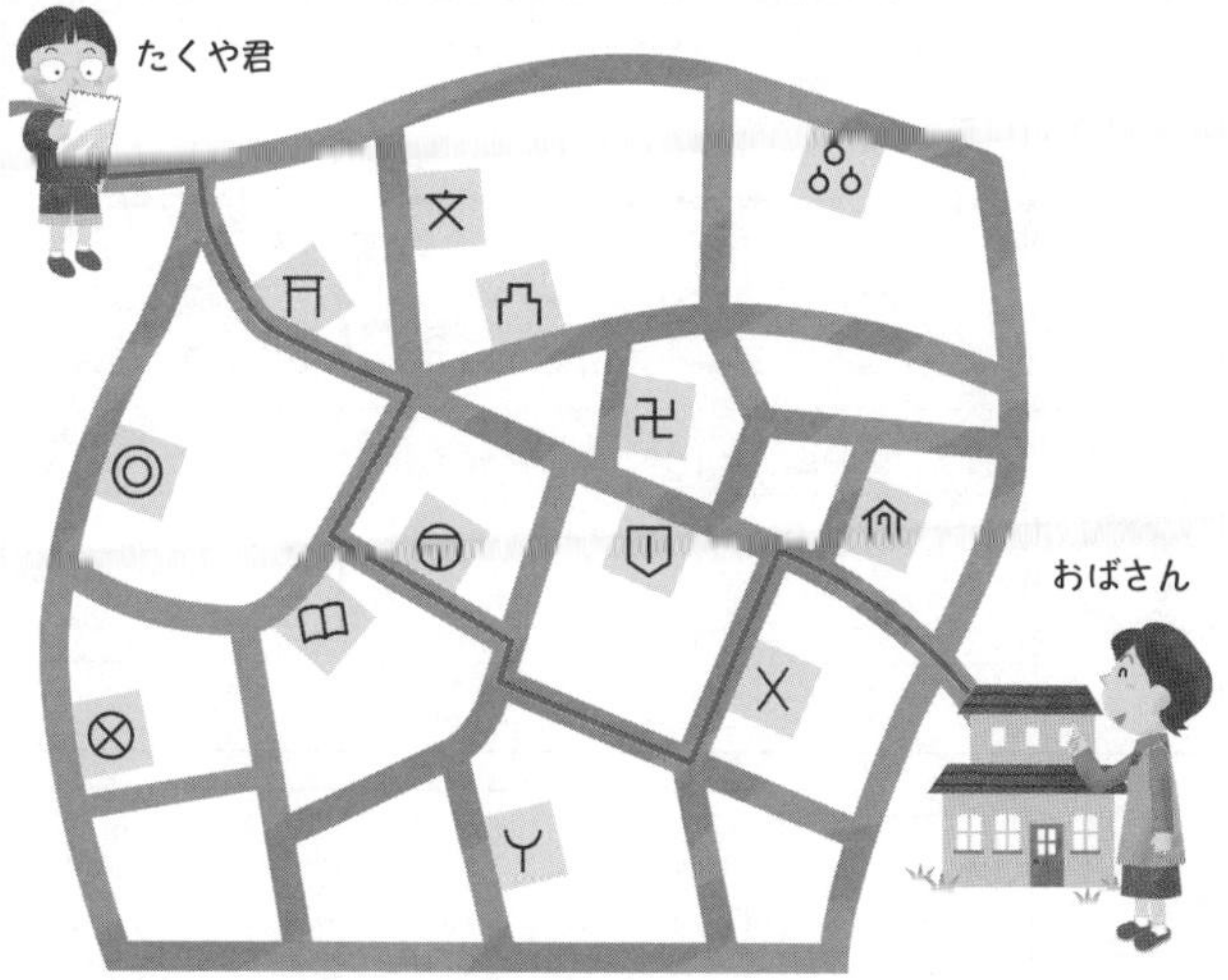
たくや君
おばさん

考え方 メモに出てくる場所をひとつひとつ，地図記号に書いて，考えてみましょう。

3 店ではたらく人々のしごと　85ページ

1 (1)**ウ**　(2)**オ**　(3)**ア**　(4)**イ**　(5)**エ**

2 ①**ウ**　②**オ**　③**イ**　④**カ**　⑤**エ**

3 (1)**コンビニエンスストア**
(2)**商店《しょうてん》がい**

考え方 「コンビニエンスストア」の「コンビニエンス」とは，英語で「べんり」という意味《いみ》です。食料品《しょくりょうひん》や日用品，本，薬《くすり》など，いろいろな品物《しなもの》を売っています。24時間あいているところもあり，水道や電話などのお金をはらったり，しょるいをコピーしたり，たくはいびんを送《おく》ったりできます。

商店がいには，アーケードがあることが多く，せんもん店が多くならんでいます。商品《しょうひん》のしゅるいや数も多く，気に入ったものが買えます。また，お客《きゃく》さんを集《あつ》めるために，お店が協力《きょうりょく》し合って，きせつごとに楽しいもよおしを行っています。

思考力トレーニング　社会❸　86ページ

パン工場
BAKERY
自動車《じどうしゃ》工場
いんさつ工場
かまぼこ工場

考え方 かまぼこ工場にかかれている人のかっこうは，工事前に測量《そくりょう》をする人のかっこうです。

4 工場ではたらく人々のしごと　87ページ

1 (1)①**みか**　②**たくや**　③**しょうた**
④**なつき**　(2)①×　②×　③○　④○

2 (1)**自動車《じどうしゃ》**　(2)**21人**　(3)**58人**　(4)**122人**

考え方 自転車で工場に来ている人は，「わたしたちの市」の人が33人で，「他《ほか》の市や町」の人が25人なので，あわせて58人です。

思考力トレーニング　社会❹　88ページ

ペットボトル
空《あき》かん
牛乳《ぎゅうにゅう》パック
トレー

考え方 資源の箱の中だけでなく，男の子にも注目してみましょう。

5 田や畑ではたらく人々のしごと　89ページ

1 (1)×　(2)○　(3)○　(4)×　(5)×　(6)×
(7)×　(8)○

2 (1)**ほうれん草**　(2)**米**　(3)**キャベツ**
(4)**せり**

3 **農業協同組合《のうぎょうきょうどう》(農協《のうきょう》)**

考え方 農業協同組合(農協・JA《ジェイエー》)は，農家の人たちがしごとをしやすく，くらしをよくするためにお金を出し合ってつくった組合です。銀行《ぎんこう》と同じように，お金をあずかったり，かしたりもします。

思考力トレーニング　社会❺　90ページ

ウ

考え方 しろかきは，田に水を入れて，土をかきまぜ，平らにする作業《さぎょう》で，トラクターを使《つか》って行います。

6 安全なくらし　91ページ

1 (1)②・④・⑤**に○**　(2)①

2 (1)**110番**　(2)**つうしん指《し》れい室**
(3)①・④**に○**　(4)**交通かんせいセンター**

さん考 つうしん指れい室は，けいさつ本部《ほんぶ》にあり，交通事《じ》このれんらくを受《う》けるしせつです。交通事この知らせが入ると，場所をたしかめて，事こげん場に近いパトカーや交番に出動を指れいを出します。

思考力トレーニング　社会⑥　92ページ

ó	⛩

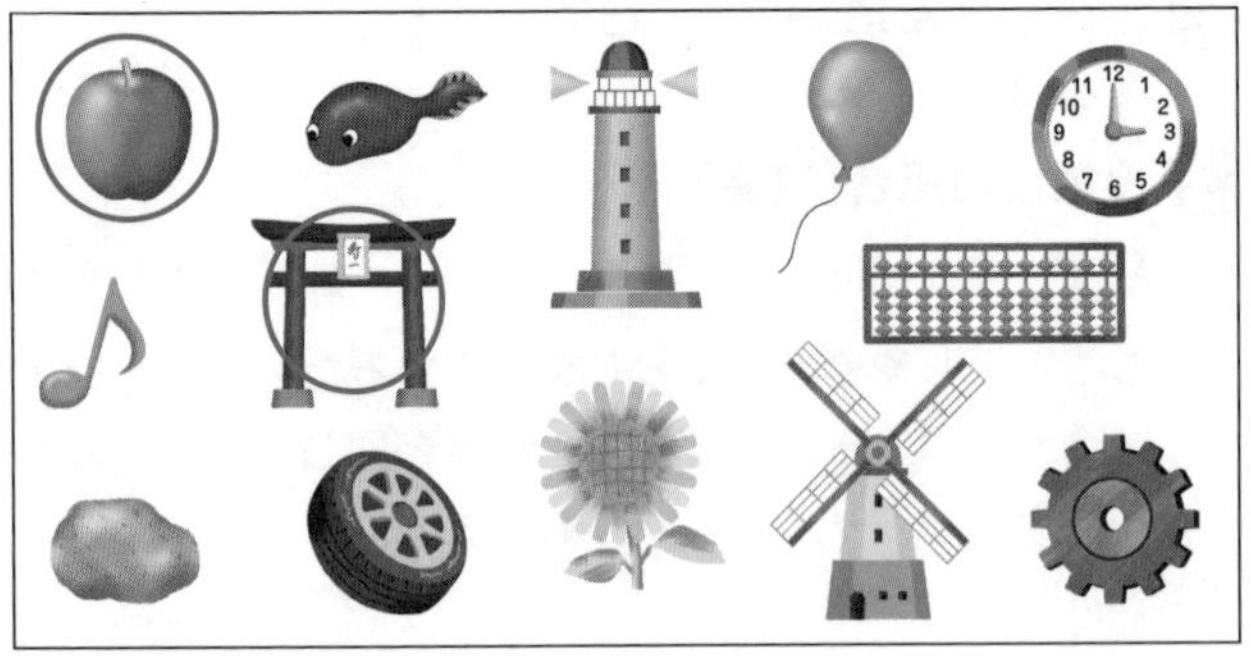

考え方　óはかじゅ園，⛩は神社《じんじゃ》の地図記号《きごう》です。

7　くらしのうつりかわり　93ページ

1 ⑴**ごはんをたくため**　⑵**水くみ**
⑶①**いど**　②**かめ**　③**土**　④**ランプ**
⑤**もんぺ**　⑥**げた**

2 ①**交通**　②**道路《どうろ》**　③**線路**

3 ⑴**公共《こうきょう》しせつ**　⑵**高くなっている(大きくなっている)**　⑶**北**　⑷⛩　⑸ó　⑹Y

さん考　おじいさんやおばあさんの子どものころの遊《あそ》びは，石けり，おしくらまんじゅう，お手玉，おにごっこ，おはじき，かくれんぼ，こま，じんとり，ビー玉，めんこ(べったん)，たこあげ，ゴムとび，ちゃんばら，野球《やきゅう》などです。知らない遊びは，たずねてみましょう。

思考力トレーニング　社会⑦　94ページ

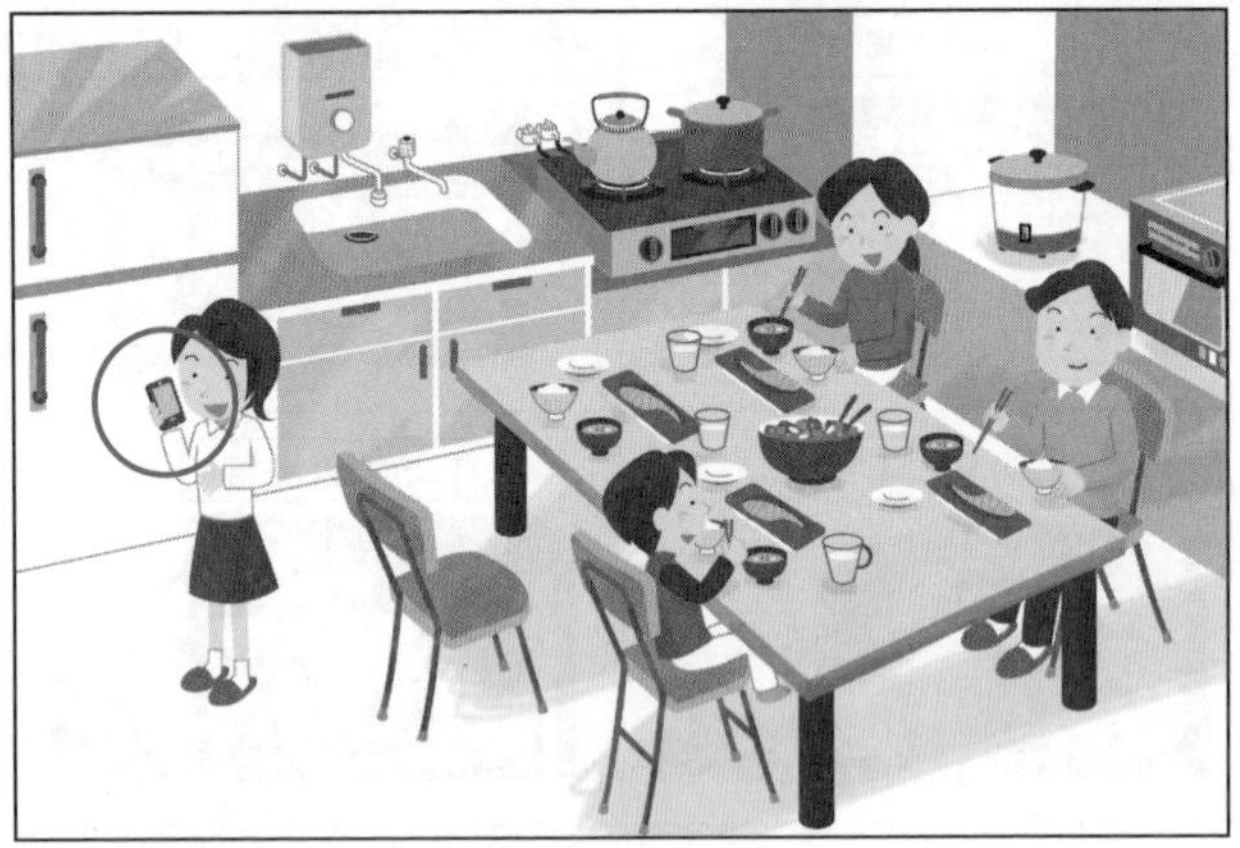

考え方　スマートフォンは，2013年ごろから急速《きゅうそく》に広まりました。

8　仕上げテスト　95ページ

1 ⑴**近くの店**　⑵**米・魚**　⑶**近くの店・スーパーマーケット・コンビニエンスストア**
⑷**洋服《ようふく》・家具《かぐ》**
⑸**近くの店・スーパーマーケット**

考え方　今では，インターネットをりようして買《か》い物《もの》をすることができます。コンピューターを使って注文《ちゅうもん》すると，たくはいびんなどで品物《しなもの》が家にとどきます。

2 ⑴∨・||・ó　⑵◎・Y　⑶][・⚓

3 ⑴—**オ**　⑵—**ウ**　⑶—**イ**　⑷—**ア**　⑸—**エ**

考え方　商店会《しょうてんかい》は，商店連合《れんごう》会，商店しんこう会などのよび方もあります。商店会に入っているお店はお客《きゃく》さんを集めるために協力《きょうりょく》しています。

バーコードは，ねだんなど商品《しょうひん》のじょうほうを白と黒の線で表《あらわ》したものです。コンピューターとむすばれた機械《きかい》にこれを読みとらせると，商品がいつ，いくつ売れたかなどいろいろなじょうほうを集めることができます。

思考力トレーニング　社会⑧　96ページ

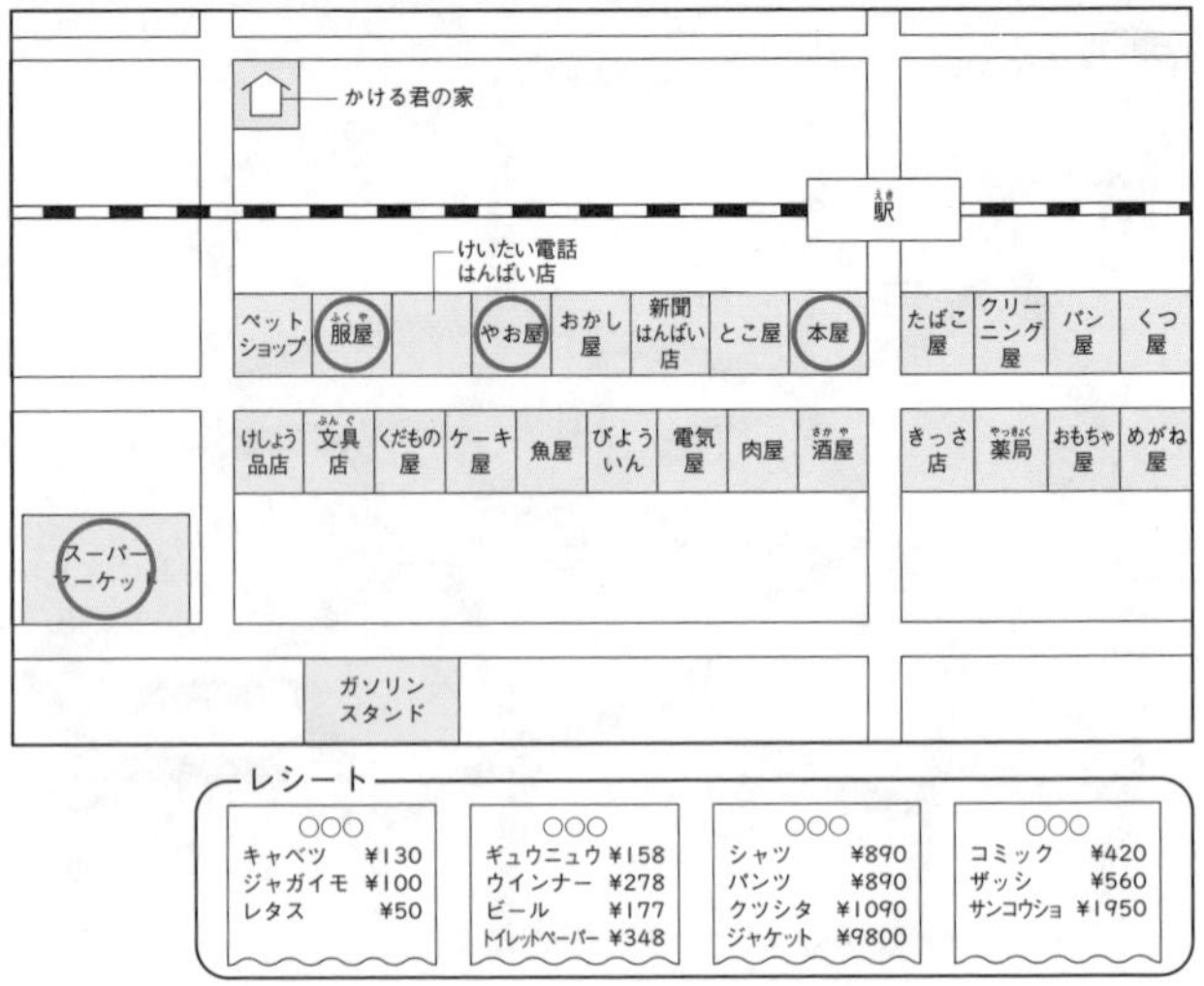

考え方　一番左のレシートは，やさいが書かれているので，やお屋《や》のレシートです。その次《つぎ》のレシートは，さまざまな品物《しなもの》が書かれているので，スーパーマーケットのレシート，その次は衣料品《いりょうひん》が書かれているので，服《ふく》屋のレシート，一番右のレシートは本が書かれているので，本屋のレシートです。

英語

1 アルファベット（大文字） 97 ページ

2

A	B	C	R	S	T	R	Y
B	F	D	Q	I	U	V	M
O	J	E	P	O	N	W	U
N	G	F	S	L	M	X	V
T	H	I	J	K	I	Y	Z

3 (1) DEFG　(2) MNOP
(3) QRST　(4) VWXY

思考力トレーニング　英語 1　98 ページ

1
A [B] [C] D E [F]
[G] H I [J] K L
[M] [N] O P Q [R]
[S] T U V [W] X
[Y] Z

注意　大文字は１番目から３番目までの線を使《つか》って書きます。

2 (1) KANA　(2) TARO

さん考　(1)SANAは「さな」，YUNAは「ゆな」と読みます。(2)GOROは「ごろう」，TAKUは「たく」と読みます。

2 アルファベット（小文字） 99 ページ

2

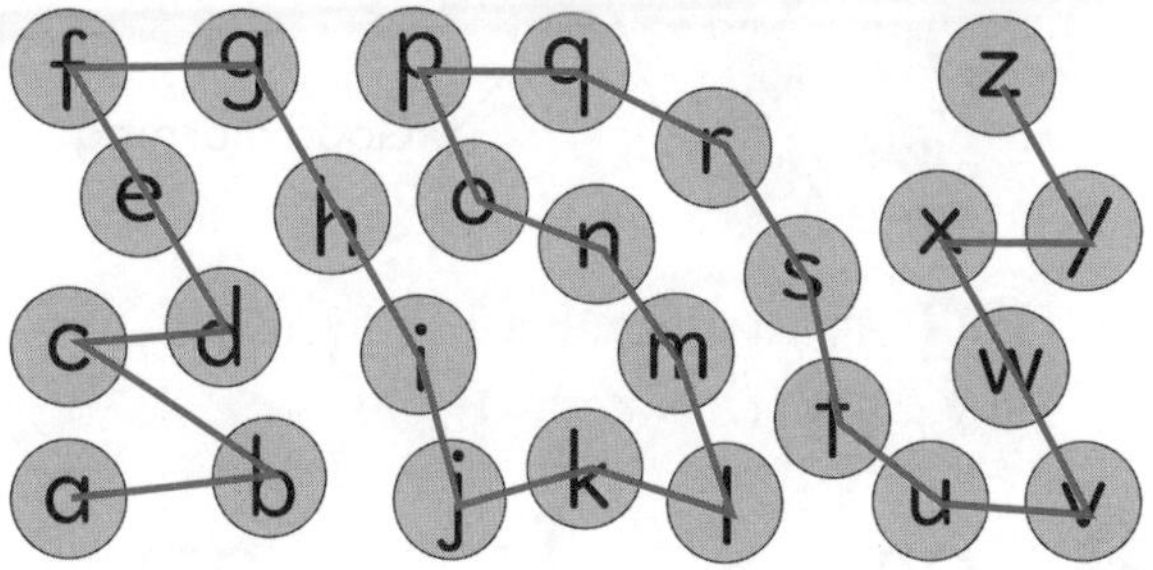

3 (1) bcde　(2) ghij
(3) pqrs　(4) vwxy

思考力トレーニング　英語 2　100 ページ

1
a [b] c [d] e [f]
[g] h [i] j k l
[m] [n] o p [q] r
s [t] u v [w] x
[y] z

注意　bとd，hとn，iとj，pとq，uとvは形がにているので注意《ちゅうい》しましょう。

2 (1) e　(2) r　(3) h

3 えいたん語　101 ページ

2

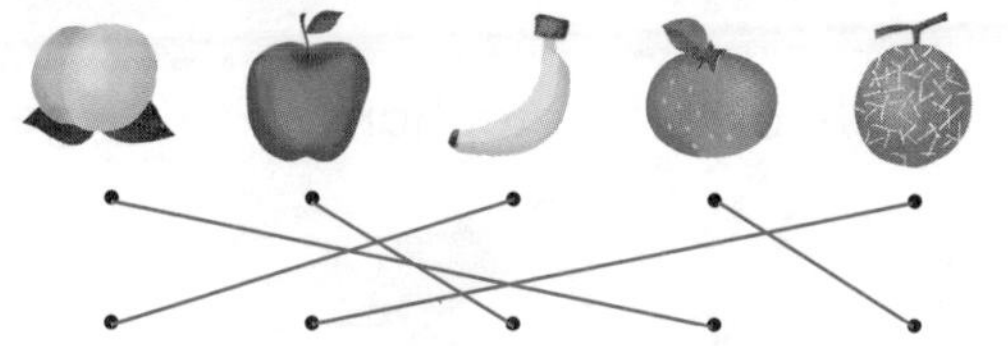

banana　melon　apple　peach　orange

3 (1) red　(2) blue
(3) black　(4) green

思考力トレーニング　英語 3　102 ページ

1

p	u	m	p	k	i	n
e		e	i		c	o
a		l	n		e	t
c		o	e			e
h		n	a			b
			p			o
			p			o
			l			k
			e			

食べ物《もの》のなまえ
[　かぼちゃ　]

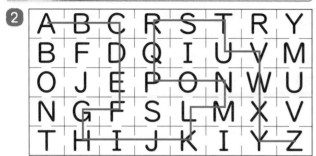

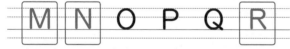

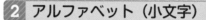

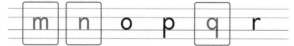

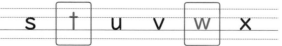

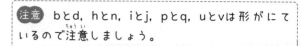

2

cow　　wolf　　fish

horse　　elephant　　tiger

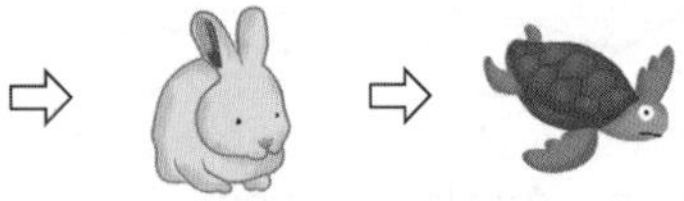

rabbit　　turtle

4 あいさつ・自こしょうかい　103ページ

2 (1)

(2)

(3)

I am nine.

I am Risa.

I am from Japan.

考え方 (1)「わたしは～です。」と言うときは, I am～. と言います。(2)自分の年れいを言うときは, I am のあとに数字を表《あらわ》す語をつづけます。(3)出身《しゅっしん》国を言うときは I am from のあとに国名をつづけます。

3 are , fine

考え方 fine は「元気な」という意味《いみ》です。

思考力トレーニング　英語 ❹　104ページ

1 (1)

(2)

(3)

See you.

Good night.

Good morning.

さん考 Hi. / Hello.（やあ。／こんにちは。）は 1 日中使《つか》えるあいさつです。

2 am , I am ,
America

考え方 自こしょうかいカードを見て「なまえ」「年れい」「出身国」をつたえるえい文を作ります。

国語

1 漢字の読み書き ①　105ページ

1 (1)急ぐ　(2)配る　(3)考える　(4)定める
(5)育つ　(6)曲げる　(7)美しい　(8)実る
(9)味わう　(10)落ちる

2 言 イ 木 冫 糸 氵

黄 录 永 周 欠 匕

3 (1)5　(2)11　(3)9　(4)12　(5)7　(6)9

注意 「返」の「反」のあとに書く部分《ぶぶん》は，三回に分けて書きます。

4 (1)した　(2)なかみ　(3)けさ　(4)つど
(5)のうぎょう　(6)ちゅうおう

5 (1)重　(2)寒　(3)勝　(4)暗　(5)弱

思考力トレーニング　国語 ❶　106ページ

(1)歯　(2)屋　(3)拾　(4)弟　(5)強　(6)鼻　(7)橋
(8)等　(9)病　(10)福

さん考 漢字《かんじ》は細かい部分まで気をつけておぼえることが大切です。

2 漢字の読み書き ②　107ページ

1 (1)夏祭り　(2)写真　(3)鼻水　(4)幸せ　(5)世界
(6)悪い　(7)住所　(8)遊園地　(9)早起き　(10)商店

2 (1)女子　(2)左手　(3)外野　(4)歩道　(5)心配

3 (1)4　(2)7　(3)5　(4)6　(5)2

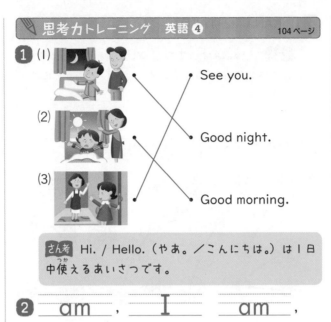

4 (1)やきゅう・しゅつじょう　(2)ひと・おも　(3)ふか・いき　(4)じどうしゃ・にもつ　(5)かぞく・そうだん

5 役・終・都・始・鉄（じゅんふどう）

注意　漢字は国語のき本です。くり返《かえ》し書いて，おぼえこむことが大切です。

思考力トレーニング　国語 2

108ページ

温度計

心	度	新	真
親	進	計	森
温	神	深	身

3 漢字の読み書き ③

109ページ

1 (1)き・け　(2)の・じょう　(3)ひら・へい　(4)あめ・あま　(5)ごと・じ　(6)かみ・じん

2 (1)ふでばこ　(2)しゅくだい・まった　(3)だいとし　(4)へや・ととの　(5)ひとりたび　(6)やっきょく・くすり　(7)みかた

3 (1)幸い　(2)温める　(3)動かす　(4)流れる　(5)守る　(6)転ぶ　(7)終わる　(8)短い

注意　送《おく》りがなをまちがえやすい漢字は，とくに注《ちゅう》意《い》しておぼえましょう。

4 医者・感想・注意（じゅんふどう）

5 (1)もくじ　(2)さよう　(3)さかや　(4)ゆうぐ

思考力トレーニング　国語 3

110ページ

(1)豆　(2)炭　(3)湖　(4)宿　(5)落　(6)新

4 言葉の使い方 ①

111ページ

1 （はじめから）**父・おりません・こられて・おっしゃって・帰られた**

考え方　このようなうやまう気持《きも》ちをこめた言葉《ことば》づかいを「敬語《けいご》」といいます。敬語を正しく使《つか》い分けられるようにしましょう。

2 （はじめから）**来た・まだ・かわいかった・それが・だけないくらい・なるだろう**

3 (1)**イ**　(2)**エ**　(3)**ア**　(4)**ウ**

思考力トレーニング　国語 4

112ページ

(1)**いっせい**　(2)**いっさい**　(3)**いっさい**　(4)**いっせい**

5 言葉の使い方 ②

113ページ

1 (1)**エ**　(2)**ウ**　(3)**イ**　(4)**オ**　(5)**カ**　(6)**ア**

2 (1)**キ**　(2)**カ**　(3)**エ**　(4)**ク**　(5)**イ**　(6)**ウ**　(7)**オ**　(8)**ア**

3 (1)**ウ**　(2)**ク**　(3)**ケ**　(4)**エ**　(5)**コ**　(6)**オ**　(7)**キ**　(8)**イ**　(9)**カ**　(10)**ア**

4 れい **わたしは，坂道《さかみち》で力いっぱい自転車《じてんしゃ》のペダルをこいだ。**

注意　いろいろな本をたくさん読み，自ぜんに言葉の使い方を身《み》につけるようにしましょう。また，短《みじか》い文を作るときは，主語《しゅご》と述語《じゅつご》だけでなく，「何を」などの修飾語《しゅうしょくご》もくわえるとよい文になります。

思考力トレーニング　国語 5

114ページ

わたしは弟といっしょに公園ですな遊びをしました。

6 国語辞典の使い方

115ページ

1 (1)**わたる**　(2)**ひくい**　(3)**さがす**　(4)**にぎやか**　(5)**やく**

2 (1)**ア**　(2)**イ**　(3)**イ**　(4)**ア**　(5)**ア**

3 (1)**きし→きじ→ぎし**
(2)**はん→ばん→パン**

さん考　国語辞典《じてん》の言葉《ことば》のならび方では，次《つぎ》の点に注《ちゅう》意《い》しましょう。
1．だく音は，せい音のあと。はんだく音は，だく音のあと。
2．カタカナののばす音は，ひらがなの「あいうえお」におきかえて考える。

4 (1)**ウ**　(2)**イ**

思考力トレーニング　国語 6

116ページ

あう・あるく・わらう・いわう・うく・きく・くう・さる・ねる・くる・うる　の中から4つ

7 ローマ字

117ページ

1 (1)**さかな**　(2)**めがね**　(3)**かんづめ**　(4)**てちょう**　(5)**にっき**　(6)**つくえ**

2 (1) senpûki　(2) okâsan　(3) koppu　(4) rôsoku　(5) Hokkaidô　(6) rappa

3 (1)**ke**　(2)**sa**　(3)**ti（chi）**　(4)**nu**　(5)**mi**　(6)**yo**　(7)**ri**　(8)**wa**

思考力トレーニング　国語 7　118ページ

(1)neko　(2)obâsan　(3)tegami　(4)zyôgi

考え方　(1)は「ねこ」，(2)は「おばあさん」，(3)は「手紙」，(4)は「じょうぎ」と読みます。

8 こそあど言葉　119ページ

1 (1)どれ　(2)あれ　(3)これ

2 (1)どこ　(2)この　(3)そんな

3 (1)山の空気　(2)ベンチ　(3)ウ

(4)(おばあちゃんの家で食べた) すいか

考え方　自分に近いものは「これ」，相手《あいて》に近いものは「それ」，自分からも相手からも遠いものを「あれ」と言います。

思考力トレーニング　国語 8　120ページ

落葉・坂道・相談・洋服・神社（じゅんふどう）

9 修飾語　121ページ

1 (1)①妹に　②えんぴつを

(2)①ずいぶん　②大きく

(3)①校庭で　②先週　③サッカーを

2 (1)運びます

(2)とびこみました

(3)あ花が　いさいていました

(4)あおまわりさんは　いこたえました

3 (1)さっそく・(教室のうしろの) 黒板に

(2)毎日・森を・せっせと

(3)大きな

(4)(学校のすぐ前に) 立っている・高い

思考力トレーニング　国語 9　122ページ

ア

10 チャレンジテスト 1　123ページ

1 (1)ア　(2)(おひゃくしょうたちに土地をかしている) 地主が，とてもよくばりで，お米や麦などをどっさりと横取りすること

(3)ア　(4)れい おひゃくしょうたちがしっかりはたらくように見はるため。　(5)ウ

(6)あ者　い助

考え方　文と文をつなぐ言葉は，それぞれどのような意《い》味《み》をもっているかをおさえましょう。

2 (1)分　(2)暗　(3)息

3 (1)ア　(2)イ　(3)ア　(4)イ

思考力トレーニング　国語 10　124ページ

(1)行　(2)記　(3)屋

11 細かい点に気をつけて読む　125ページ

1 (1)うちゅう食

(2)うちゅう船

(3)アだから　イさらに　(4)イ

(5)れい (長くおいておいても) くさらないこと。

れい 軽いこと。

(6)店

考え方　「ひつようです」と「大切です」は同じようなことがらをならべています。

2 (1)雨がふっているから，今日の遠足は中止だろう。

(ので)

(2)テストはむずかしかったけど，ぼくはよい点が

(けれど，けれども，が，のに，ものの)

とれた。

(3)ねこが近づいてきたので，ねずみがにげた。

(から)

思考力トレーニング　国語 11　126ページ

②→②→①→②→②→②

12 段落ごとにまとめて読む　127ページ

1 (1)③　(2)れい 神様が家にやってくる行事。

(3)ウ

(4)れい なまけものをしかる。

(5)イ

(6)れい 新しい年をむかえるおいわいの意味。

考え方　③段落《だんらく》からは，「なまはげ」について書いてあります。

思考力トレーニング　国語 12　128ページ

ランドセル・ヘリコプター・トライアングル・クリスマスツリー

13 文章を正しく読む　129ページ

1 (1)エ

(2)氷河期の生きのこり。

(3)①れい りくが海にへだてられていたから。

②れい 高い山をすみかにした。

(4)ア

考え方　理由《りゆう》は，「なぜなら」や「から」などの言葉《ことば》をさがして読みとりましょう。

思考力トレーニング　国語 13　130ページ

ウ

さん考　書いてあることを正しく読みとることが大切です。

14 説明文を読む ① 131ページ

1 (1)イ　(2)㋐ア　㋑ウ　(3)短い月。

(4)れい 二月で日数を調せつするというきまり。

(5)ローマ・さい後

考え方 「それ」などがさしているものは，すぐ前に書かれていることが多いので，すぐ前をよく読みましょう。

思考力トレーニング　国語⑭ 132ページ

あんしん・かんしん・れんこん・あんぜん・うんてん・へんしん・たんにん・にんじん・でんせん・おんせん・まんてん・ざんねんなど，正しい言葉なら正かいです。

15 説明文を読む ② 133ページ

1 (1)みなさんは

(2)ア　(3)ミツバチ

(4)(ミツバチの) はり

(5)ミツバチ

(6)れい (たいせつな) ハチのすを守るため。

(7)れい さわぐこと。・あばれること。

考え方 質問《しつもん》を投《な》げかける場合には，終《お》わりに「か」がついていることが多いので，注意《ちゅうい》して見つけましょう。

思考力トレーニング　国語⑮ 134ページ

姉・社・池・買・絵（じゅんふどう）

16 説明文を読む ③ 135ページ

1 (1)「年上（〜）な言葉

(2)イ　(3)おねえちゃん

(4)①・②

(5)年上・ていねい　(6)年

考え方 それぞれの国で「年」をどう考えるかについて書かれた文章《ぶんしょう》であることをおさえましょう。

思考力トレーニング　国語⑯ 136ページ

れもん・もも・ぶどう・なし（じゅんふどう）

17 チャレンジテスト 2 137ページ

1 (1)じぶんのう（〜）えっていく（から。）

(2)れい ハトやネコは，そとがみえないようにして，はこばれてもかえってくる。

れい ツバメは，うみの水にめじるしがなくてもかえってくる。

(3)イ

(4)ハトや，ツ

考え方 理由《りゆう》はすぐ近くに書かれていることが多いのですが，答えにあてはまらない場合は，同じようなことがらが書かれている部分《ぶぶん》をさがしましょう。

思考力トレーニング　国語⑰ 138ページ

ウ

18 物語を読む ① 139ページ

1 (1)れい すぎでっぽうをうった音。

(2)れい すぎの実が首にあたったから。

(3)服でも，つくえのふたでも通してしまう光。

(4)ア

(5)あきら

(6)れい 先生にすぎでっぽうをうったのが自分だと思われたくないから。

さん考 場面《ばめん》を想《そう》ぞうして，登場人物《とうじょうじんぶつ》の気持《きも》ちを読みとることが大切です。

思考力トレーニング　国語⑱ 140ページ

大人気

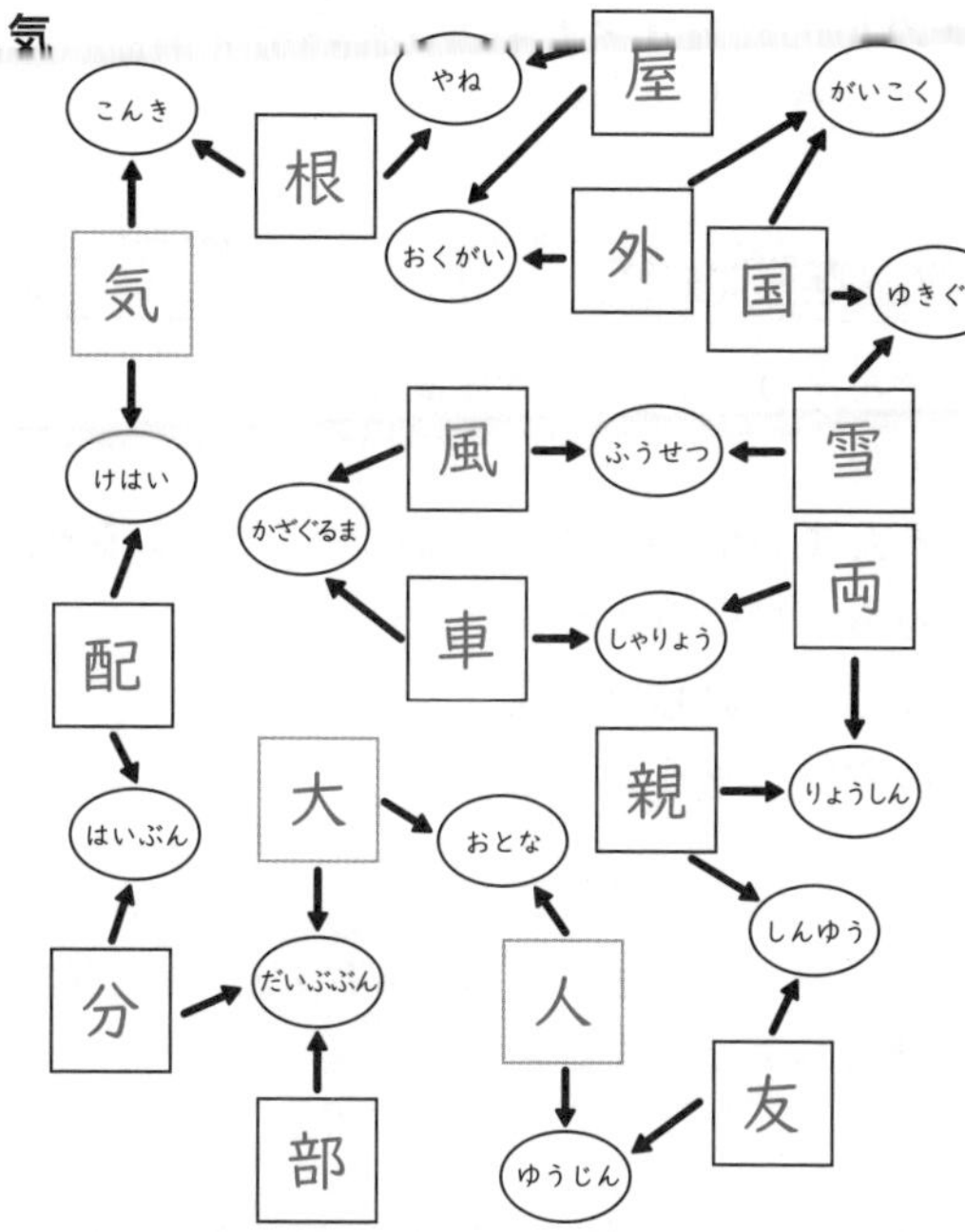

19 物語を読む ② 141ページ

1 (1)れい ぼうやのきつねがぶじに帰ってくるかということ。

(2)ふるえながら(待っていた)。

(3)イ

(4)お母さんぎつね・ぼうやのきつね

(5)森のほう

(6)温かいむねにだきしめて，なきたいほどよろこびました。

(7)れい 銀色に光っていた。

(8)イ

注意 登場人物《とうじょうじんぶつ》の気持《きも》ちを読みとるときは，様子《ようす》を表《あらわ》している言葉《ことば》をうまくさがすことがひっようです。

思考力トレーニング　国語⑲　142ページ

ポルトガル・アルゼンチン・オーストラリア・ニュージーランド

20 物語を読む ③　143ページ

1 (1)**せんそうのまっさいちゅう**

(2)**広島**

(3)**まんまるい・(いつも，いつも，「うふふっ。」と)わらっているよう**

(4)**女の子・おじいさん**

(5)**わらいじぞう**

(6)**ウ**

注意　せんそうをしていた時代《じだい》を想《そう》ぞうしながら，文章《ぶんしょう》を読みとりましょう。

思考力トレーニング　国語⑳　144ページ

写真・植物・食事・流星・筆箱（じゅんふどう）

21 伝記を読む　145ページ

1 (1)**ふべん**

(2)**・(ねだんが)高い。**

・手もとをわずかにてらすだけ。

(3)**夜のやみ。**

(4)れい **進歩し，発達した。**

(5)①**勉強や仕事**　②**知しき**

(6)**あかるく**

考え方　電灯《でんとう》がつくりだされたことによって，人々《ひとびと》の生活や世《よ》の中がどのようにかわったかを読みとりましょう。

思考力トレーニング　国語㉑　146ページ

ウ

酒	族	血	急	始
級	世	度	童	路
薬	係	商	神	帳
祭	銀	勉	談	央
農	整	様	暑	次

22 チャレンジテスト 3　147ページ

1 (1)**(力を入れて，こげばこぐほど，)意地悪く止まってしまう。**

(2)**ア**

(3)れい **ぶらんこの練習。**

(4)れい **公園にだれもいなかったこと。**

(5)**ウ**

(6)れい **ゆれているのは，二つならんだぶらんこのかた方だけだったから。**

(7)③

考え方　(5)「ぎくり」などの様子《ようす》を表《あらわ》す言葉《ことば》から，そのときの登場人物《とうじょうじんぶつ》の気持《きも》ちを読みとることができます。

思考力トレーニング　国語㉒　148ページ

(じゅんに) 画・園・所・有

23 記録文を読む　149ページ

1 (1)**イ**　(2)**ア**　(3)**一か所**　(4)**ア**

(5)**公園・ブランコ**

考え方　人から聞いたことを書くときに「そうです」や「ということです」などを使《つか》います。記録《きろく》文にはよく出てくるので注意《ちゅうい》して読みとりましょう。

思考力トレーニング　国語㉓　150ページ

木曜日

考え方　表をつくるとわかりやすくなります。

	月	火	水	木	金	土	日
お父さん	○	○	×	○	○	○	○
弟	×	×	○	○	○	×	×
お兄さん	○	○	○	○	×	×	×

24 生活文を読む　151ページ

1 (1)**教室のそうじについて。**

(2)㋐**そういえば**　㋑**そういわれて**

(3)れい **きれいな教室で気持ちよくすごすため。**

(4)れい **ぼく(わたし)たち**

(5)**イ**

(6)**ウ**

(7)れい **(これからは)もっとがんばって，きれいな教室にしていこう。**

さん考　生活文では，書きたかったことの中心を読みとることが大切です。

思考力トレーニング　国語㉔　152ページ

ス

25 詩を読む ① 153ページ

1 (1)**夕日・ぼくら**　(2)**ウ**　(3)れい **夕日の光**

(4)**夕日**　(5)**イ**　(6)**夕方**

考え方 詩《し》では，作者《さくしゃ》がどこで何を見，どんなことを考えているかを読みとります。作者は夕日を人間のように見ています。

2 (1)**ア**

(2)れい **体がかわいて，やせてしまったのではないかと心配《しんぱい》になったから。**

考え方 「おれは　ひあがる」とあります。かたつむりは水分がなくなって，体がちぢんでしまうのではないかとおそれているのです。

思考力トレーニング　国語㉕ 154ページ

(1)様　(2)都　(3)息

考え方 (2)の「都合」は「つごう」と読みます。

26 詩を読む ② 155ページ

1 (1)**四(つ)**

(2)れい **子ども・お母さん**

(3)**生まれたばかり・はねをひらこう**

(4)**ウ**　(5)**ウ**　(6)**イ**

考え方 生き物《もの》が生まれはじめた春の日に，母親と子どもが息《いき》をひそめて，とびたとうとするちょうを見ている様子《ようす》を思いうかべましょう。

思考力トレーニング　国語㉖ 156ページ

（じゅんに）**代・面・談・題・相**

27 作文の力 ① 157ページ

1 (1)**白い**　(2)**つばめが**　(3)**犬が**　(4)**すずめ(鳥)が**

(5)**すわっている**　(6)**かめが**

(7)**四羽だ**　(8)**さくの中だ**

さん考 （　）の前後につながる正しい内容なら正かいです。

2 (1)れい **たけしさんは，バットを持《も》って，かまえました。ピッチャーがボールを投《な》げると，たけしさんは，思い切りバットをふってボールを打《う》ちました。**

(2)れい **公園で，お兄さんのひくギターに合わせて，お姉さんが歌を歌っています。その前では，男の子がけん玉で遊《あそ》んでいます。**

考え方 絵を見て文章《ぶんしょう》を作るときは，何をしているかをつかんで述語《じゅつご》にし，それに合う主語《しゅご》を書きましょう。

思考力トレーニング　国語㉗ 158ページ

医・終・写・界・童（じゅんふどう）

28 作文の力 ② 159ページ

1 (1)**ゆかり・おじいちゃん**

(2)**おじいちゃん，だいぶすずしくなってきたけれど，お元気ですか。**　(3)**ア**

さん考 問題《もんだい》文はゆっくりていねいに読みましょう。また，大切なところに線を引きながら読むのもよいでしょう。

2 (1)**まらそん→マラソン・休→休み・走しる→走る・走しり→走り**

(2)**すけーと→スケート・習らう→習う・教て→教えて**

(3)**いつしょ→いっしょ・まい上ります→まい下ります・消えたり→消したり**

さん考 作文を書くときは，このようなまちがいをしないように，書いたあとに読んで直しましょう。

思考力トレーニング　国語㉘ 160ページ

先生は黒板に大きな字で名前を書いた。

29 チャレンジテスト 4 161ページ

1 (1)**イ**

(2)**山に林道を通す工事の人たち。**

(3)**ふとん・おぜん・ひとり・旅館**

(4)**ウ**　(5)**ウ**

(6)れい **今とまっているお客さんたちが帰るまで，だれかにてつだってほしいということ。**

考え方 物語《ものがたり》文では，話し言葉《ことば》の中に，人物《じんぶつ》の気持《きも》ちが表《あらわ》れていることが多いので，注意《ちゅうい》して読みとりましょう。この文章ではさい後のつぼみさんのひとり言《ごと》に注目しましょう。

思考力トレーニング　国語㉙ 162ページ

(1)朝　(2)石　(3)意

30 仕上げテスト ① 163ページ

1 (1)**イ**　(2)**ア**　(3)**エ**

2 (1)**目・山・鳥**　(2)**上・中**　(3)**林・岩・明**

(4)**晴・花**

3 (1)**こけこっこー→コケコッコー**

(2)**よおぐると→ヨーグルト**

さん考 カタカナで書くものは，外国からきたもののほか，音を表《あらわ》す言葉《ことば》もあります。

思考力トレーニング　国語㉚　164ページ

一日千秋・品行方正（じゅんふどう）

さん考 「一日千秋」は，「いちじつせんしゅう」と読み，一日を千年に感じるほどまちわびることです。「品行方正」は，おこないがきちんとしていることです。

31 仕上げテスト②　165ページ

1 ⑴㋐**カ**　㋑**ア**　㋒**ウ**　㋓**イ**　㋔**エ**　㋕**オ**

⑵(あ)**水平線**　(い)**太平洋**

⑶れい **海と陸で，広いの（は）**

⑷①**ウ**　②**イ**

⑸**海・深い・二千二百メートル**

考え方 陸《りく》の八千八百メートルと海の一万一千メートルをくらべます。どれだけ長いかは引き算をして答えましょう。

2 れい **わたしは，友だちと四人でハイキングに出かけました。晴れていたので，とても楽しくすごせました。**

思考力トレーニング　国語㉛　166ページ

のこぎり

	①		②		
	お		は		
④	た	ま	ね	ぎ ウ	
	ま		つ	③	
	じ		⑤ き	の ア	こ イ
	や			り	
⑥	く	り エ	す	ま	す
	し			き	

32 仕上げテスト③　167ページ

1 **オ→イ→エ→ウ→ア**

2 （はじめから）**ウ・エ・イ・オ・ア**

3 ⑴**仕事・農業**

⑵**海岸線・美**

⑶**重・鉄板・運**

⑷**部屋・勉強**

⑸**落・葉・拾**

4 ⑴**全く**　⑵**助ける**　⑶**温める**　⑷**悲しい**

⑸**表す**

5 ⑴れい **ぼくは，やっぱりさか上がりができなかった。**

⑵れい **わたしのしっぱいを，お姉ちゃんはなかなかゆるしてくれない。**

さん考 「なかなか」は，「ずいぶん」と，「かんたんには」という二つの意味《いみ》があります。「かんたんには」という意味で使《つか》うときには，「なかなかできない」などと，あとに「ない」などの言葉をつけます。

思考力トレーニング　国語㉜　168ページ

ゆうたさん

考え方 ひろしさんは，一度《いちど》かぎがあることをたしかめているので，図書館《としょかん》の前で転《ころ》んだときに落《お》としたのではないことがわかります。

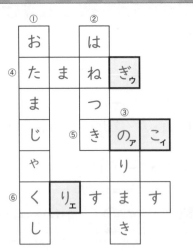

メモ

☆20